解体と遡行　ハイデガーと形而上学の歴史

解体と遡行

ハイデガーと形而上学の歴史

村井則夫著

知泉書館

まことに奇妙なことだが、ひとは書物を読むことはできない。ただ再読することができるだけだ。良き読者、一流の読者、積極的で創造的な読者は再読者なのである。

V・ナボコフ『ヨーロッパ文学講義』

序

『存在と時間』の公刊以前の私講師時代に、その哲学史的学識の深さと解釈の斬新さによってすでに「哲学界の隠れた帝王」と呼ばれるほどの異彩を放っていたハイデガーは、二十世紀初頭の現代哲学の揺籃期にあって、抜群の歴史感覚と哲学的思考の圧倒的な力量によって、哲学におけるテクスト解釈という営為そのものに新たな命を吹き込んだ。解釈によって歴史を思想的な創造の場とするその読解は、人文主義・ロマン主義に始まり、ニーチェにおいて大胆な表現を取った創造的な文献学の継承であり、さらに遡るなら、古代・中世の聖書釈義学によって見出された意味の多重性理論の実践でもあった。歴史を複数のテクストの錯綜体とみなし、幾重にもわたる意味の重なりを識別し、多層羊皮紙《パリンプセスト》から古い世代の文書を慎重に読み取る文献学者さながらに、ハイデガーの読解は、思想の位相《レイアー》のひとつひとつを剥離し、それぞれの哲学的単位とその軌跡を丹念に叙述していく。哲学の遺産を蒐めた収蔵庫《アーカイヴ》を開いて、知の占有の欲望に逆らいながら、新たな可能性と潜勢力を解放することで、ハイデガーの哲学の内に解釈と歴史の問題が深く刻み込まれる。そのため、修学時代の最後を飾る後期スコラ学の分析や、初期のアリストテレス解釈、原始キリスト教・アウグスティヌス解釈などを始めとして、ハイデガーの文献読解は、自身の思考形成と分かちがたく結びつき、忠実なテクスト釈義の枠を溢れ出て、それ独自の力を獲得していく。解釈の繊細さ、そしてそれを上回る過激さは、初期のテクストで「過剰照明」や「流動化」とも呼ばれ、また『存在と時間』において解釈の「暴力性」が語られることによって力強く宣言され、哲学の歴史全体に対して自覚的に遂行される。ハイデガーにとって、歴史とは時系列の単線的な連なりではないし、解釈とは事実的にその正否を判定しうる実証的な作業ではない。歴史は自らを裏切るように解釈者をそそのかし、テクストは、テクスト自身の意に反したことを語るようにと読者を誘惑するのである。

　歴史や解釈に対するそのような態度は、『存在と時間』における解釈学的現象学によって、了解と解釈の理論、および時間性と歴史性をめぐる存在論的な考察を通じて詳細に分析され、理論的な根拠が与えられる。了解と解釈とはそれ自体が時間を生きる人間の将来的存在に根差し、自らが投げかける先行的な地平に縁取られると同時に、歴史的に沈澱したさまざまな意味によって侵食される。それどころか解釈にとっての過去は、けっして過ぎ去った不動の事実ではなく、むしろ解釈に対して常に先回りして、その行き先で密かに解釈を待ち受けている。したがって解釈は、薄れた原文をなぞってそれを復元する作業ではなく、ひとつの意味の背後に別の意味を読み取り、それらの相互作用の内に了解の活動空間を活性化する営みである。解釈は意味の内的空間を切り開き、何ものかの意味を規定すると同時に、解釈という行為そのものの核心を、解釈自身に打ち明ける。その限り解釈の遂行は、意味的世界の現出であるとともに、解釈者自身の世界との関わりを変える変容作用でもある。解釈はあらかじめ想定された意味に到達するのではなく、意味それ自身の「発生」を解釈し、当の解釈の過程を自らの内で解釈する。解釈が意味の発生に参与し、解釈そのものが多重化することで、解釈は何ものかの解釈であるというより、解釈自身の再帰的な自己解明となる。そこで解釈は、意味の領域から徐々に遠ざかりながら、意味地平の背後に回り、その深淵に存在の痕跡を発見するだろう。

　解釈が哲学的に重要な位置を占めるのはこの場面である。なぜなら、解釈と被解釈が反転を続けるこの運動において、伝統的に哲学的思考の根幹をなす「ア・プリオリ」という観念自体が、そこに含まれる「先行性」という要素とともにその姿を一新し、それにともなって哲学的な「根拠づけ」の理念に大きな変更がもたらされるからである。「解釈学的循環」と呼ばれるその自己関係的な過程は、発生論的ア・プリオリ、あるいは準超越論的とも言えるような着想に近づき、やがてそれ自身の時間的本質を顕わにし、歴史の次元に接続していく。哲学はもはや、経験に先立って自立する抽象的で理念的な根拠を探究し、それによって根拠づけられるのではなく、むしろそれ自体が歴史的経験の内に入り込み、その経験に巻き込まれながら、自らの条件を絶えず自己検証の眼差しにさらし続ける。したがって、哲学とは純粋に無時間的な思考実験ではなく、歴史の内で自らを実現し、その動きとともに変動する不確定性と偶然性を内部にはらんでいる。しかしながら、歴史が哲学の生起であり、存在理解の変遷であるならば、この歴史的な偶然性もまた、存在をめぐる思考にとって避けることのできない本質的な動向である。存在論の歴史の内で働いている不確定性と不可避性は、存在を問おうとするわれわれの深部でわれわれを駆り立てる存在が自らを伝える兆候であり、そのかすかな余韻なのではないか——存在論の歴史を遡り、哲学史上のさまざまな思考をその細部にわたって検証する際にハイデガーを導いたのは、そのような洞察であった。

ハイデガーが辿る存在論の歴史の構想は、思考そのものの根拠ならざる起源を探り、哲学という学知の発生へと向かう遡行であり、思索の始源への回帰である。しかもその歴史的な遡行は同時に、学説史《ドクソグラフィー》と呼ばれる歴史物語《ナラトロジー》に逆らって、哲学史の意味をその内部から変質させる「解体」の遂行でもあった。思考の始源への探究は、「揺るぎなき地盤」を確立することでもなければ、特定の思想を絶対化してその内に哲学そのものの規範を求めることでもない。始源はいつでも動揺し、始源に対する想起を逃れ、隠蔽性という闇の内に沈んでいく。思い出そうとしても思い出せない「始まり」がわれわれの記憶と思考を規定しているのだとしたら、そこには思い出すことを阻む何かがあり、その覆いを取り除くことは、われわれの存在と思考の存立を脅かし、それらに全面的な変更を迫るものであるかもしれない。「解体」とは、外的で客観的な歴史観の破壊を意味するだけではなく、われわれ自らの内に働く歴史性そのものを改変し、歴史性と将来性、始源と未来とのあいだに開ける広大な可能性の領域を解放していくものでもあるだろう。

歴史と思考との密接な相互関係を体現するかのように、ハイデガーの思想形成は、哲学史上の思想家との対話を通して展開されている。『存在と時間』の当初の計画では、第二部の歴史的解体が第一部の体系的考察の具体化とみなされているため、「解体」はなおも補助的な位置に設定されているようにも見えるが、実際には書かれることがなかったその第二部――カント、デカルト、アリストテレスへと遡る存在論史の解体――の構想は、『存在と時間』を取り巻く講義群においてさまざまなかたちで展開され、ハイデガーの哲学的思考の深化を促し、『存在と時間』を踏み越える可能性を提起しているとも考えられる。『カントと形而上学の問題』に集約されるカント解釈は、実存論的・超越論的分析の理論的な支柱を提供するのはもとより、超越論的思考そのものの未来、あるいは人間論の変容の可能性を示唆する。さらに『存在と時間』公刊後のライプニッツ解釈では、世界と超越との関係を軸にして超越論的思考が徹底され、存在と思考との緊張の内に、世界の現れと存在者の現出との相互作用、あるいは振動や分散という存在論的な動態が見出される。

超越論的次元と経験的次元を接合するこの問題群は、「解釈学的循環」として示されていた思考の自己関係的運動と結びつきながら、思考と存在の中間領域である「媒体」ないし「媒介」という主題を浮上させる。自己超出的で自己再帰的な媒体の思考は、カント的意味での超越論的論理学と超越論的図式論の積極的な変容であり、絶対的な自己媒介であるヘーゲル的な現象学とも類縁性をもつ。ここにおいてカントおよびヘーゲルとの対話が、ハイデガー自身の内的対話とも言えるような深刻さを帯び始める。ハイデガーにとっての媒介性の思考とは、媒介自身を時間化の発生と捉えるとともに、その発生の内で不断に自らを形成するものであるため、絶対知の「現前」によって先導されるヘーゲルの弁証法的論理とは一線を画す。それゆえハイデガーは、知の内部で媒介が自己完結する地点でヘーゲルを離れ、超越論性の破れの現象に注目しながら、カント的な超越論的思考の変貌を経験する道を辿る。超越論的媒介の思考に対するこうした徹底した反省は、ドイツ人文主義が展開したカント批判――「メタ批判」と呼ばれる超越論性の自己吟味――や、言語そのものの再帰的現象性に注目したロマン主義・ドイツ観念論の詩学・芸術哲学にも通じるものである。そのため、ハイデガーが存在者の現出の媒体を「言語」の内に見出し、その歴史的・存在論的意味への探究を深めていくに当たっては、人文主義・ロマン主義・ドイツ観念論をめぐって、それらとの類同性と差異が重要な問題となる。存在はどのように思考され、どのように語られるのかといった問題が、知の超越論的な自己解明のみならず、言語表現の現れ、そしてまた言語そのものの生成と歴史といった主題とともに考察される。

こうして、来たるべき存在の思索、あるいは存在そのものの未来を遠望するハイデガーにとって、ギリシア思想から始まる存在の思考の歴史、つまり形而上学の歴史に対する省察は、もはや存在の思索そのものと区別できるものではない。形而上学の内に響く始源の残響《エコー》が、終末の主題とときに調和し、ときに不協和をなしながら、「第一の原初」と「別なる原初」とを分岐させ、その差異の内に、存在の思索が鳴り渡るべき空間が開かれる。ハイデガーにとって、前ソクラテス期の哲学者たちとニーチェとは、そうした意味で歴史の位相転換を引き起こす特異点であった。そこでは始源と終末が反転しながら直結し、過去と未来への相反する方向が直接に出会うことで、歴史の潜勢力を炸裂させ、思考の反響板に特異な共鳴を引き起こし、思考の跳躍を促しながら、哲学の営みを形而上学の彼方、思索の将来へと駆り立てる。こうして形而上学の歴史の内に「存在の問い」の反響を聴き取ることで、哲学の歴史の書き換えを図るハイデガーの思考は、哲学史全体の総決算を意欲したヘーゲルとは異なって、問題同士の微視的な差異と隠れた関連を取り出す鋭敏な思想的嗅覚を具え、その眼差しには、哲学全体を力づくで丸ごと転倒しようとしたニーチェとはまた別の過激さが宿る。

　ハイデガーと形而上学との対話を主題とする本書は、ハイデガーが扱った個々の思想家・思想運動にそれぞれ照準を合わせながら、哲学史を舞台とするその思考の運動を、可能な限り鮮明に取り出すことを目的としている。ハイデガーが個々の哲学者から受けた影響を実証することや、ハイデガーが「存在史」の名称のもとで語る哲学史の再編の正否を検証することではなく、ハイデガーが個々の思想家と出会うことで起こった哲学的問題の出現と変容を目撃し、その問題が複雑さと先鋭度を増していく過程に立ち会うことが、本書全体を貫く動機となっている。その意味で本書は、「形而上学の歴史」を主題としながらも、ハイデガーが語る「存在史」という同一性の物語を回避し、ハイデガー自身の思考の歩みと個々の哲学の解釈との多様な相互触発を捉えることを目指している。「存在史」とは、けっしてある種の図式《チャート》を俯瞰的に哲学史に当てはめるものではなく、それ自体が存在の思索とともに生成するものと理解されなければならない。したがって本書は、ハイデガーの「存在史」の構想をそのまま肯定することも否定することもせず、それを一個の運動と理解し、いわば「存在史」の一歩手前で、「存在史」が身を起こそうとする寸前の気配を感じ取ること、その一瞬前の光景を網膜に焼き付けることを狙っている。

　そのため本書が試みるのは、ハイデガーの側から一方的に哲学史を照射することではなく、むしろ哲学史上のさまざまな思想家の発する光がハイデガーという思考の光学体《プリズム》を貫いたとき、そこにどれほどの分光と偏光が生じるか、その屈折率を測定することである。ハイデガーが意図する「存在論史の解体」、あるいは「形而上学の克服」とは、けっして形而上学の全否定ではなく、形而上学の内的変容であり、形而上学的思考の屈曲である。「破る・打破する」(brechen) という語が光学的には「屈折」を指し、「克服する・耐え抜く」(verwinden) の語が物理的には「捻転《ツイスト》」を意味するように、形而上学の打破は同時に屈折であり、その克服は同時に捻転である。形而上学を耐え抜くと同時に、形而上学の力を使って形而上学そのものを脱臼させること、テクストをひねり、形而上学をかわし、偏移させることが、ハイデガーの解釈のさまざまな局面で起こっているのではないだろうか。本書は、そのような偏向と逸脱を見定める、思考の屈折光学の試みである。

目次

解体と遡行

――ハイデガーと形而上学の歴史――

第一章　始源への遡行

——ハイデガーと前ソクラテス期の哲学者たち——

序　終末と始源

始源はいつでも闇の中にある。しかしそれは、降り積もった時間の堆積が視界を遮るためでもなければ、伝承過程で生じる知識の摩耗がわれわれの洞察を曇らせるためでもない。時間の隔たりゆえに始源が暗く見えるのではなく、始源は、それ自体が暝《くら》いのである。そしてこの始源の暝さは、その対極に位置するであろう終末の暝さに呼応している。歴史の未来が見通せなくなり、終末を予感する闇が深くなればなるほど、逆に始源を探求する欲求も高まり、より原初的な始源を求める遡行の旅は、いまだ知られていない歴史の深みへと踏み出し、際限のない闇の奥へと歩みを進めることになる。始源と終末とが競い合い、お互いの闇を深め合うこのような関係は、現代哲学の起源となった二十世紀前半に、ヨーロッパを見舞った危機的状況を端的に表してもいる。それというのも、すでに十九世紀末から始まっていたヨーロッパ思想の変動は、二十世紀初頭の政治的・社会的情勢によっていよいよ拍車がかかり、ヨーロッパ世界全体にある種の終末論的意識を蔓延させる一方で、その反動として、新たな始源や未知の希望を謳う新生の期待をも呼び起こしていたからである。闇の帳《とばり》が覆う時代にあって、仄かに光る地平線は黄昏とも曙とも見分けがたく、その薄明の中で、始源と終末の問題がいやがうえにも深刻さを加えていく。

　第一次世界大戦がドイツの敗北に終わり、第二次世界大戦の破局を迎えるまでの「戦間期」には、ハイデガーも初期の講義でたびたび触れているように(1)、シュペングラーの『西洋の没落』（一九一八―二二年）を機縁にして黙示録的思想が燎原の火となって拡がる一方、ブロッホの『ユートピアの精神』（一九一八年）やローゼンツヴァイクの『救済の星』（一九二一年）が、預言者的な昂揚感をもって新たな始まりを予告している。またそれと並行して文学においても、想起の詩学であるプルースト『失われた時を求めて』（一九一三―二七年）や、「過去という泉は深い」の一節で長大な四部作の幕を開けるTh・マン『ヨゼフとその兄弟たち』（一九三三―四三年）といった二十世紀を代表する大小説は、個人史と人類史という相違はあるにせよ、ともに記憶を手繰り寄せ、時の彼方にある始源を呼び起こそうとする回帰と遡行の物語であった。

　没落を凝視する終末論と、再生や復興を待望する始源論が、時を同じくして澎湃と湧き起こるのは、極度の歴史意識の現れでもある。あたかも近代初頭のルネサンスにおいて、中世の「終末」という意識が、古代末期の教父を通して、プラトンという「始源」を再発見させたように、時代の転換期には、終末と始源が互いに呼び交わすような現象が随所に見られる。十九世紀後半から二十世紀初頭も、そのような時代のひとつの転機として、終末論的・黙示論的予感と、古代の再生という始源論の問題意識とが、尖鋭な時代意識・歴史意識に裏打ちされながら、思想・芸術の各方面で現れた時代であった。「神の死」を宣言し、「超人」の到来を待望したニーチェも、そして伝統的哲学の「解体」を通じて、「哲学の終焉と思索の課題」（一九六四年講演）を模索したハイデガーもまた、そうした時代の流れに敏感に反応し、未来の思考の開拓を時代の根本的な宿命として引き受けた思想家にほかならない。そしてニーチェにおいては、未来の人間像である「超人」が、古代ギリシア文化の古層に眠るディオニュソスの姿に重なっていたように、ハイデガーにおいても——とりわけその後期の思想では——伝統的哲学を超克した先に現れる「新たな始源」（「別なる原初」der andere Anfang）が、ソクラテス・プラトンをさらに遡った哲学の起源、つまり前ソクラテス期の哲学者の内に求められる。始源という問題の内には、それが将来へ向けての決断であり、未来への跳躍であると同時に、過去に潜む始源《アルケー》の探求としての考古学《アルケオロジー》（始源論）でもあるといった屈折して捩れた関係が潜んでいる。そのため始源の追求においては、終末と始源とのあいだの複雑な共鳴が聴き取られ、将来と過去の両側面をもつ始源の二重の性格がどこまでも探求されることになる。ハイデガーにとっても、前ソクラテス期の哲学者への遡行は、このような始源の謎へと一歩一歩迫り、そこに隠れる哲学の潜勢力を引き出すことであった。つまり、「哲学の始源」についての探求は、ハイデガーにおいて、単に歴史的な文献研究にとどまらず、「存在の終末論」[2]を見据えながら、始源そのものについて考察する「始源の哲学」を意味している。それゆえ、ギリシア哲学の再解釈を通じて「存在の問い」へと向かい、さらにソクラテス以前の思索者たちに遡るハイデガーの思考は、「哲学の始源」の探求であると同時に、始源そのものを思考する「始源の哲学」の展開でもある。そしてこの「始源」と「哲学」という互いに交叉し合う主題は、その背後に「歴史」と「思考」、「時間」と「現存在」という問題を透し見せ、それら両契機の媒介の運動を、哲学史という思考の現実化の過程から読み取る創造的・解体的文献学を起動させる。

一　ハイデガーとギリシア哲学

(1)　存在の多義性と存在の問い

『存在と時間』（一九二七年）の公刊によって、二十世紀思想の牽引役を務めることになったハイデガーにとって、「始源」という問題は、その思考の最初の段階から切実に問われていた事柄であった。なぜなら、ハイデガーが生涯にわたって取り組んだ「存在の問い」とは、二五〇〇年にわたるヨーロッパの哲学的伝統を通して形成された存在論に異議を唱え、その伝統によって覆い隠されてしまった原初的な存在の理解を取り戻すことを意味していたからである。ハイデガーにとって、根源的な存在理解の探求と、その歴史的変質を辿る省察は、互いに不可分の関係にあった。とりわけそこでは、中世末期から近代初頭に定着する哲学的な動向が、存在の原初的な経験を歪曲した歴史的要因とみなされる。それは端的に言うなら、存在の多様性の消失であり、存在の一義化、あるいは対象化と呼べるような動向である。学問的な客観性が存在理解の模範となる以前には、アリストテレスの「存在は多義的に語られる」という主張に見られるように、自然のそれぞれの領域に応じて、豊かで多様な存在の様相を認める原初的経験がなおも息づいていた。これに対して、中世末期から近代初頭にかけては、論理的・学問的関心が優先されることで、存在理解の豊かさが切り詰められ、存在の意味が「客観性」や「対象性」に限定される傾向が顕著になる。その傾向は、近代科学の発展や、哲学における主観・客観図式の確立によって強化されるとともに、存在そのものの意味は一元化され、その内実はますます乏しくなっていく。いわば「存在」の内に秘められていた奥行きや深みの次元が抹消され、単調で荒涼とした光景が拡がり始めるのである。あらゆるものが一望のもとに見渡せるが、どこを見ても同じ風景でしかない存在の砂漠が果てしなく拡がる。

「砂漠が拡がる……」――ニーチェが『ツァラトゥストラはこう語った』第四部に記したこの言葉を、ハイデガーは『思惟とは何の謂か』（一九五一／五二年講義）において引用し、さらにその状況を、シュペングラー『西洋の没落』が描いたヨーロッパ世界の精神的凋落と重ね合わせている。ヨーロッパ哲学の歴史全体を通して進行を続けた存在の空洞化・無意味化が、現代に至って、科学技術による実用主義的な世界観によって加速度的に進行し、ついにはニーチェによって予見された「最も不気味な客」であるニヒリズムの到来を招き、「西洋の没落」と呼ばれる事態を引き起こしたと考えられているのである。[3] どの存在者も一様に科学と技術の対象となり、すべての存在が平板化され、存在の意味そのものへの省察を欠き、「存在に関しては何もない[4]」時代が出現する。この存在の砂漠、あるいは意味の廃墟こそ、ハイデガーが予感したヨーロッパ思想の終焉の姿であり、黙示録的に幻視された終末の光景であった。

「存在」を対象性や客観性の一色に塗り込めていくこの殺伐たる風景においては、「存在」という主題そのものは、もはやあらためて問うまでもない自明の事柄として、哲学の問いから脱落していく。「存在の問い」は、応答される以前に、すでに問う必要のないものとして消去され、自明性の内にその姿を没するのである。問いに対する解答が得られないというのではなく、むしろ問いそのものが糊塗されるという仕方で、「存在忘却」と呼ばれる最大の哲学的隠蔽が行われる。ハイデガーが望んだのは、そうした存在忘却の只中にあって、「存在の問い」そのものに問いの衝撃力を取り戻させ、その問いが秘める荒々しい力を解き放つことであった。『存在と時間』の序論冒頭では、「存在をめぐる巨人たちの争い」というプラトン『ソピステス』の言葉が引用され、古代ギリシアに萌した存在の問いが生々しく思い起こされる。ハイデガーは、古代ギリシアにおける原初的な存在経験を正確に受けとめ、「存在」の意味にさまざまな色調や陰影を見出し、その豊かな諧調を描き出すことを目指すのである。現実には多様な相貌があり、存在にさまざまな段階や次元があるということ、一見すると一切が均質な存在の海に見えながら、その海には深さがあり、その深みに潜行するなら、そこにはまた表層とは異なった存在の風景が拡がって見えるということ、表面の凪の奥底にはむしろ激しい渦動の世界が隠されていること――ハイデガーが示そうとしたのはそうした存在の多層性であり、存在の深みの次元であった。

（2）現象学と歴史経験

ハイデガーの思索の道は、「存在の問い」という唯一の主題に導かれながら、現象学を手引きとして、原初的な存在経験を掘り起こす一貫した行程であったと言える。哲学の伝統の内で忘却された「存在の問い」を立て直し、「自然《ピュシス》」の名で呼ばれていた古代ギリシアにおける存在の古層を発掘するために、ハイデガーはすでに『存在と時間』の公刊に先立って、「アリストテレスの現象学的解釈」と名づけられた計画に着手していた。その試みは、「事象そのものへ」を標榜するフッサールの現象学の基本的構想に従いながら、それをアリストテレスにおいて集約されたギリシア的な存在経験に立ち返って新たに規定し直すことを意味していた。そこでは、「現象学」（Phänomenologie）という名称が、ギリシア語に含まれる原初的な存在理解に遡って、「自らを示すこと」を意味する「現象《ファイノメノン》」（φαινόμενον）と、「それ自体の側から示させること」を指す「学《ロゴス》」（λόγος）に即して理解され、近代的な哲学的概念からの解放が図られる。そうした手続きによって構築された現象学の再定義――「自らを示すものを、それ自体の側から、自らを示すがままに示させること」[5]――は、高度に抽象的であると同時に、きわめて純度の高い現象学の概念を定式化するものであった。なぜなら、あまりに形式的とも見えるこの「現象学」の定義においては、現象を「何ものかの」現象と捉える実体論的な発想や、現象を「意識的主体にとっての」現象と理解する主観主義的構図がともに排除され、ひたすら「現象」ないし「現出」という事態それだけが主題とされるからである。ここにおける「現象」は、もはや「実体の現れ」でもなければ、「意識的主観にとっての表象」でもない。現出という事態は同時に現出者の成立であるため、現出の生起はいつでも現出者の影となり、その生起そのものとしては現出しえない。したがって現象学的に厳密な意味での現象概念とは、「差し当たりたいていは自らを示さないもの」であり、現出者の意味と根拠でありながらそれ自身は隠蔽されているもの、それゆえ顕示と隠蔽の緊張の内に発見されねばならないものである。現象学はそのため、あらかじめ特定の存在者に依拠したり、何らかの存在領域を前提しうるものではなく、自らの内に現出者と現出の次元差を産み出し、その差異化の運動そのものを自らの学知の内に組み込まなければならない。知が現出の場にさらされ、現出という出来事自体に身を開くことが知の真正さの証しとして要求される。

こうして純化された現象学は、実体や意識主体といった理論的装置を解除し、さらには対象性や客観性といった特定の存在観を介在させることなく、「現象」そのものを、「それ自体の側から」という自体性の契機と、「現出する」という動詞的な運動に即して思考する。このような純粋な現象学概念は、アリストテレスにおける形而上学（存在論）の定義――「存在としてある限りの存在の学」という規定――と重なり合い、「存在の問い」への接近を促すのである。そのためハイデガーにとっての現象学の遂行とは、現代の哲学的関心に応じた現象学の鮮烈な問題意識と、哲学の始源に位置する古代ギリシアの哲学的思考との創造的な対話を意味していた。現代の哲学的な問いが歴史の始源へと遡り、はるか古代ギリシアと響き合う、そうした衝撃的な出会いを、ハイデガーは具体的に実現しようとしていた。ハイデガーにとって、ギリシア的存在理解にもとづく現象学の刷新は、現象学による古代ギリシア的思惟の覚醒と同時に進行する。ハイデガーの理解する現象学は、現象をその本質的かつ具体的なあり方において分析し、現象の法則性を見出すという意味で、アリストテレスの言う「現象の救出」(6)（σῴζειν τὰ φαινόμενα）であり、時間の地層の中から過去の思惟を新たに掘り起こし、そこに隠れている可能性を呼び起こすという意味では、同時に「歴史の救出」でもあった。

このような理解を元に、ハイデガーは哲学の根本問題としての「存在の問い」を、人間の歴史的な自己理解の問題、およびその根底に働く生の事実性の主題と結びつけ、歴史的・時間的な問題として解釈していった。歴史の中に自ら巻き込まれながら自己の存在を遂行していく人間存在は、もはや主観としても客観としても規定することができない中間領域であり、主観と客観を媒介する存在経験の境位を具現化するものとみなされる。この人間存在のあり方が「現存在」（Dasein）と呼称されるのは、世界の中で事実的・歴史的に生きながら、さまざまな存在者と関わる人間存在が、存在の「現出」そのもの、あるいは「生起」そのものを遂行する場（「現」Da）と理解されるためである。「現存在」としての人間存在は、それ自身がひとつの存在者である以上、実存として自己の存在を遂行しながら、それと同時に、自己の生と存在に常に「関心」をもち、自らと関わり続けるという再帰的関係をもっている。つまり「現存在」とは、それ自身が存在遂行であると同時に、存在についての何らかの理解、つまりは存在了解の表現でもある。『存在と時間』は、まさにこのような両義的性格をもつ現存在に定位し、現出と生起の問題を現存在自身の自己分析を通して解明していく。現出の遂行の場としての現存在が、多様な時間的・歴史的な存在様態に即して分析されることで、ここに「存在の問い」のひとつの方向が示される。それはまさに、存在の多義性の問題を、現存在の実存のさまざまな様態との関係において理解し、存在の深みの次元を、現存在という人間の実存の深みとして取り戻すことであった。

二　ハイデガーと前ソクラテス期

（1）　構造から歴史への移行

「アリストテレスの現象学的解釈」の構想から出発して、ハイデガーは『存在と時間』においては、人間存在をその歴史的・時間的構造について徹底して分析する道を取った。現存在分析、あるいは実存論的分析と呼ばれるその方法論は、近代的な主観概念と訣別して、人間の事実的生のあり方を「世界‐内‐存在」と規定し、各契機ごとに、その内部構造を現象学的に分析する精緻な論理構成を特徴とする。「現存在」として洞察された現出の場を、生の運動性を元に、現存在の多様な様態をその時間性に遡って分析することで、同時に現出の多様性を解明することこそが、そこでの目的であった。そこにおいて初めて、近代的に一義化された存在観に限定されることなく、存在自身に属する広大で豊かな領域が開けるというのが、ハイデガーの見通しであったのだろう。そのため『存在と時間』では、存在了解一般の具体化である現存在自身が、それ自体の再帰的構造にもとづいて反省的に自らの時間的構造を解明し、その時間性の構造変容から存在了解の多様性を示すという鮮やかな手法が取られたのである。

こうして『存在と時間』においては、方法論的に緻密な構成によって現存在の存在が分析され、存在了解の成立構造が解明されることになった。しかしながらその議論は、現存在の再帰的構造に立脚した自己完結的な性格を強くもち、厳密な根拠づけを行う方法論的関心に大きく傾いていったというのも否定できない。そこで主題となったのは、あくまでも現存在の「構造」や存在了解の「可能根拠」なのであり、存在了解そのものの変遷や、その了解の生成過程についての関心は、ともすると後退しがちであった。そのような議論の構成ゆえに、『存在と時間』の試みは――それが当初の計画を完遂していない未完の著作であるという事態も相俟って――主観性の構造についての反省論の構図に依拠し、伝統的な観念論の難点から抜け出せていないといった誤解を招くことにもなった。そこでハイデガーは、『存在と時間』公刊以降、自らの議論を自己批判的に拡張し、存在了解の「構造」ではなく、むしろ存在了解が現実において成立し変遷する多様な「歴史」を、より直接的に解明する方向へと歩みを転じていく。「存在の問い」そのものが、もともと歴史と密接な関係をもち、ギリシア的な始源の反復という着想に裏打ちされていたとするなら、ここでハイデガーは、歴史を現存在の「構造」と捉えるだけでなく、自らがその始源へと向けて歴史を遡行し直し、その探求の中で構造自体の歴史的生起を主題化することによって、自身の存在論を創造的に変貌させる道を選ぶのである。

　哲学史的な観点から言うなら、古代ギリシアの存在経験を「反復する〔取り戻す〕」(wieder-holen) というハイデガーの意図は、『存在と時間』においては、主にアリストテレスに由来する関心によって規定されていたと考えられる。実際『存在と時間』において結実する「現存在」のさまざまな規定は、主にアリストテレスを扱った複数の講義や論考において、事実的生をめぐる考察として展開されてきた成果を巧みに総合したものであった。そこではとりわけ、アリストテレスの『ニコマコス倫理学』や『弁論術〔修辞学〕』を手がかりとした人間の事実的・日常的生の分析、および『自然学』における「運動」の理解、特に可能態《デュナミス》・現実態《エネルゲイア》論が大きな役割を果たしていた(7)。これらの理論的枠組みは、『存在と時間』において現存在を記述する概念的支柱として、きわめて重要な意味をもつが、それはなおも、一種の構造記述の概念として機能的に援用されたにとどまり、その存在了解の深部にまで遡って十分に検討されたとは言いがたい。何よりも、『存在と時間』の問題設定そのものが、アリストテレスの「存在は多義的に語られる」という見解を基盤に形成されており、その意味では、ここでの存在の問いそのものが、存在了解の構造論と分節の理論、すなわちアリストテレス的な範疇論の問題意識に沿うものであった。そこで『存在と時間』以降のハイデガーにおいては、根源的な存在了解を取り戻すために、「歴史的省察」を通してアリストテレス以前のギリシア的古層に遡り、その原初的経験を存在了解の始源として反復するという課題が、より切実な問題となって浮上してくることになる。

（２）始源への遡行

歴史的経験をその始源のもつ根源的な力へと遡って理解し、さらに歴史をその可能性へ向けて開くことが、ハイデガーの「歴史的省察」の核心をなしている。それは歴史的事象の系列を実証的に再現することでもなければ、過去の歴史を現在の視点から解釈し、調和の取れた歴史的総合を実現することでもない。歴史的省察そのものが、それ自体として新たな歴史の経験となり、未知の歴史的可能性を切り開くことが期待される。歴史的実存の「構造」を分析し、存在了解の「可能根拠」を解明した『存在と時間』に対して、それ以降のハイデガーは、存在了解の歴史を思索そのものの経験として引き受け、歴史的始源に対する「回想」（Andenken）によって、歴史の可能性を開披することを目指すのである。ここにおいて「始源」という現象が、過去の「事実」であると同時に「可能性」でもあり、いわば過去でありながら将来でもあるといった、極度に逆説的な事態を具現化する。ここで問われるべき始源とは、ある歴史的経過を前提としたうえで、そこから遡って逆算される実定的・経験的な「始まり」（Beginn）ではなく、それ自体が未知の可能性と潜勢力を秘めた、存在了解の源泉としての「原初」（Anfang）である。[8] こうした始源に関する始源論的・考古学的考察は、とりわけ一九三〇年代半ば以降顕著になり、『哲学への寄与』（一九三六—三八年）においては、哲学（形而上学）の歴史全体から遡及的に設定される「第一の原初」（der erste Anfang）と、未知の潜勢力としての「別なる原初」（der andere Anfang）を区別し、歴史的省察による哲学史の解体的遡行を通して、存在了解の未来を照らし出すための思考が展開される。

始源に関わるこのような思考に従って、ハイデガーはギリシア的存在経験の原初に立ち返り、いわゆる「前ソクラテス期」の哲学者たち——とりわけ、アナクシマンドロス、パルメニデス、ヘラクレイトス——の思索を、その新たな可能性に向けて解き放とうとする。その際には、ハイデガー自身が論考「アナクシマンドロスの言葉」で検討しているように、「前ソクラテス期の哲学者」（Vorsokratiker）という名称そのものがまずは疑問視されることになる。この名称は、二十世紀に入ってすぐ、ディールス（Hermann Diels, 1848-1922）の編集・翻訳による『前ソクラテス期哲学者断片集』（一九〇三年。のちにクランツ［Walther Kranz, 1884-1960］が補綴）が公刊されることで定着したものだが、それ以前には、ギリシア初期の思想家たちを名指す呼称として、例えばニーチェは「前プラトン期の哲学者」（Vorplatoniker）という語を用いており、(9) ハイデガー自身の初期の講義『古代哲学の根本諸概念』（一九二六年）でもこの呼び方が踏襲されている。またヘーゲルの『哲学史講義』においては、アリストテレスを最高峰とするかたちでギリシア哲学史が叙述されているため、その視点からするなら、初期ギリシアの思想家たちは、「前アリストテレス期の哲学者」（Voraristoteliker）ということになるだろう。(10) ハイデガーもまた「存在の問い」の形成段階において、アリストテレスに多くの論点を負っていたことを思い起こすなら、『存在と時間』の時期のハイデガーは、ギリシア哲学に対しては、哲学史的にヘーゲルと同様の観点を取っていたとも言えるのである。

こうした名称の議論から浮かび上がるのは、これらの「前……期」（Vor ...）という名称は、何らかの基準を立てたうえで、「……より前」（vor）という規定を行っている以上、そこで総括される時代は、基準となった哲学者に対する準備段階という二次的な役割に限定されてしまうということである。しかしそれは、ハイデガーも語っているように、「カントを〈前へーゲル期の哲学者〉として一括するのと同じくらい無意味な観方」[11]と言うべきだろう。そこでハイデガーが望むのは、初期ギリシアの哲学者たちを、その「前……」という制限から解放し、それ自体として充実した存在経験を内包したものと捉え、それ以降の哲学史全体を凌駕するほどの力をそこに見出していくことであった。「原初」という現象を、何らかの到達地点の「前」とみなすのではなく、むしろそれ以降の歴史全体を発生させた高密度の潜在性として理解すること、つまり、何らかの基準の「前」ということではなく、のちの歴史においては十分に展開されていない可能性すらはらんだ「先行性」そのもの、純粋なア・プリオリ性として捉え直すことが、ハイデガーの初期ギリシア解釈にとっては最重要の課題となる。そこでは、始源を歴史の成立の可能根拠（「第一の原初」）としてではなく、歴史に対する圧倒的な余剰（「別なる原初」）として理解することが目指される。このような「始源《アルケー》」という歴史的な規定を、哲学的な「根源《アルケー》」ないし「ア・プリオリ」と二重写しにするなら、ア・プリオリとして設定される哲学的「根源」に関しても、「始源」をめぐるのと同様の論理が当てはまる。歴史的始源が、それ以降の歴史の中で展開しきれない過剰な可能性を有するのと同様に、存在者の「根源」としての「存在」もまた、存在者には解消されえない秘匿された充実をそれ自身の内に宿しているはずなのである。ハイデガーが求めるのは、ある固定した出来事を基準にその起源や可能根拠を推定することではなく、始源と根源が有するこうした圧倒的な過剰を、それ自身として顕現させることであった。

三　古代ギリシアにおける存在経験と言語経験

（1）自然の再解釈

古代ギリシアの原初的な存在経験を哲学的に解明するという課題は、すでに『存在と時間』に代表される前期ハイデガーが構想したことでもあったが、一九三〇年代半ば以降のハイデガーは、アリストテレスを模範に構築された『存在と時間』の理論的装置を解除し、むしろ学問的概念によって固定化される以前の存在経験を新たに発掘しようとする。その探求においては、「ピュシス」（φύσις 自然）や「アレーテイア」（ἀλήθεια 真理）、さらには「ロゴス」（λόγος 言語・理性）といった哲学の基本的概念が形成される発生段階へ遡り、根本的な自然経験や存在経験が哲学的言語へと結実していく過程が追跡される。『存在と時間』においては、現存在が有する存在了解が想定されたうえで、その了解の基本的構造を反省的に分析することが目指されたのに対して、『存在と時間』以降のハイデガーは、存在了解が形成される経験そのものの深層へと降り立って、人間が存在に出会う場面に目を凝らし、それが言葉として発せられる生誕の声に耳を澄まそうとするのである。

既存の理論的枠組みや概念装置を前提とせずに、ギリシアにおける存在経験を取り出そうとするハイデガーにとっては、アリストテレスやプラトンによって練り上げられた哲学的表現に先立って、悲劇詩人や初期の思想家たちによって、詩的表現や断片のかたちで伝えられた洞察が重要な位置を占めている。そのひとつとして、ハイデガーが講義『形而上学入門』（一九三五年）で展開した、ソポクレス『アンティゴネー』のコロス合唱歌「第一スタシモン」についての解釈がある。「不気味なものは数あるなかで／人間にまさって不気味なものはない。／

人間は、冬ともなれば吹きすさぶ南風に身をさらし／泡立つ怒濤に乗り出し／山なすうねりのはざまを縫って／波頭砕ける海原を押し渡る……」といった章句に始まるこの合唱讃歌に、ハイデガーは自然《ピュシス》と人間との原初的な関係を読み取ろうとする。鍵となるのが、ギリシア語「デイノン」（δεινόν）の語であり、ハイデガーは、これを「禍々しい」（ungeheuer）と訳したヘルダーリンの翻訳(12)をもおそらく考慮しながらも、この語に「不気味な」（unheimlich）という訳語を当てて、そこに自然と人間相互の凶暴性や領域侵犯といった、過剰な暴力性を重ねていく(13)。この合唱歌に描き出されているのは、波打ち響《どよ》もす巨大な海洋の破壊力であり、またその荒波に敢然と乗り出し、それを制圧しようとする人間の突出した支配欲である。そこでこの一節では、存在としての自然が人間に襲いかかる法外な力と、それとは逆に人間が自然に対して揮う過度の支配欲の双方が、「不気味な」という語によって同時に表現されている。自然は人間を、神的な秩序としての「ディケー」（δίκη 正義、摂理）によって支配し、一方で人間は、狡知としての「テクネー」（τέχνη 作為、技術）を通して自然を制圧しようとする。自然と人間は、それぞれが相手にとっての脅威でありながら、その関係は、どちらかの一方的な勝利によって単純に終結するということがない。なぜなら自然は人間に出会うことによって自然として現前し、人間は自然の中で、それを統御することで自然の一部として存在するからである(14)。

自然と人間は二元的に対立しているのではなく、双方が出会い、互いが互いにとっての過剰となる「不気味さ」によってこそ、自然は自然として、人間は人間として初めて理解可能になる。つまり、「不気味さ」とは、自然と人間が出会う中間領域の原初的なあり方であり、自然と人間の邂逅によって開ける存在の亀裂の名称なのである。したがって、「不気味さ」と呼ばれる事態は、けっして自然と人間のどちらか一方の属性などではなく、むしろ両者の緊張関係そのもののあり方なのであり、相互に出会いながらも完全に合致することはなく、むしろ相互が相互を圧倒しようとする二重の過剰、さらに言うなら、存在の現出の場である「現存在」の深淵を意味する。

そしてこの同じ「第一スタシモン」の後半で、人間にとって「逃れるすべ」のないものとして、「死」が謳われるとき、局面はさらに一変する。人間は自然に抗して、言葉や知性を発見し、国家を造り、建設的な技倆を体得したとしても、「ただひとつの衝撃である死を逃れるすべだけは見出すことができない」。こうして人間にとって「死」が現前する場面において、自然と人間との相互性が破られ、自然に対する人間の脆弱さが示されるとともに、その脆弱さゆえに自然とのさらに根源的な関わりが開かれる。自然と人間の相互関係において認められた「不気味さ」が、存在の深淵の破れ目として、存在者を存在者として顕現させる次元を指すとするなら、この破れ目はさらにもう一度、人間の側へと折り返され、人間の内部に「死」というかたちで捩じ込まれるのである。事実的な人間存在は、たとえ自然を制圧することはできても、時間的・歴史的な存在者として死にさらされている以上、自ら自身を完全に統御することはできず、いわば自身の内に「不気味さ」が侵入するのを阻むことができない。そこにこそ人間が、「最も不気味なもの」(δεινότατον) と呼ばれ (「人間にまさる不気味なものはない」)、不気味さが最上級で語られる所以がある。人間存在は自身の内に、人間自身にとっても未知で異他的な (unheimlich) 次元を擁しており、存在の現出の場を開く破れの生起とともに、「死」という刃《やいば》が人間の内奥の空間を切り裂いていく。「歴史的人間の〈現-存在〉とは、破れ (Bresche) として打ち開かれてあることであり、その破れの内に、存在の圧倒的な力が現出し、押し破ってくるため、その破れ自身が存在に当たって砕けるのである」(15)。現存在の内に開かれる破れは、そこで現出する存在の余剰そのものによって破砕され、存在の前に打ち崩れる。死の空洞を破る亀裂は、裂けるものの存在しない裂け目であり、無の淵に走る不可視の分節線なのである。

（2）　歴史と解釈

こうしてソポクレスの表現から初期ギリシアの自然理解を取り出すことによって、ハイデガーは人間の原初的な存在経験の成立を説き明かし、その経験が生起する次元を示そうとする。自然と人間の関わりをめぐるこのような解釈は、ハイデガー独自の言語感覚にもとづいているとはいえ、その世界観に関しては、例えばニーチェのディオニュソス的なギリシア観（『ギリシア悲劇時代の哲学』）や、第二次世界大戦の終結後（一九四七年）に『アンティゴネー』を改作・上演したブレヒトの理解、あるいはギリシア学の領域でE・R・ドッズが『ギリシア人と非理性』（一九五一年）において提起した見解にも近い。ブレヒトは『アンティゴネー』の同じ「スタシモン」をめぐって、「自然を従属させるとき、人間は怪物的に偉大な存在であるが、他の人間を従属させるとき、人間は大いなる怪物となる」と、その「演出ノート」に書きとめ、[16]またドッズはソポクレスに関して、「神の神秘に直面した人間の無力さ、また、あらゆる人間の功業を待ち受けている狂乱《アーテー》についての圧倒的な感覚」を語っている。[17]これらはどれも、野生の存在の底知れぬ威力と、それに触れる人間の原初の戦慄《おのの》きを鮮烈に描き出す点で、十九世紀末から二十世紀にかけて典型的に現れた始源的世界への憧憬と畏怖を表現したものと考えられる。さらに加えるなら、ニーチェとほぼ同年代で、同じくギリシア悲劇に親しんでいたロートレアモン（イジドール・デュカス）が『マルドロールの歌』第一歌（一八六八年）において、「年ふりた大洋よ、……最も重い測深器でさえ接近不能と認めた深淵を汝は抱えている。……私はしばしば自問した。大洋の深さと人間の心の深さ、どちらが容易に探索できるだろうか」と呼びかけ、「人間が大洋にとって恐怖である以上に、大洋は人間にとって恐怖である」[18]と謳った詩句に、『アンティゴネー』のコロスの響きを聴き取るのも、あながち不可能ではないだろう。しかしながらハイデガーの解釈は、こうした古代的《アルカイック》な「世界観」を実証的に炙り出したり、過ぎ去った「ギリシア精神」を復興することを目的にしているわけではない。世界に対する特定の全体像や「表象《イメージ》」を提示するのではなく、世界と人間、存在と思考との始源的な結びつきを探ること、しかもそれを客観的な事実としてではなく、存在了解の場である「現存在」の生起として叙述することにこそ、ハイデガーの狙いがある。現存在のそのような生起は、「存在の解放された圧倒的な諸力が突如として現出する中間的事態（Zwischen-fall 突発的事件）」[19]と言われるように、構造的には世界と人間の「中間」であり、経験的には「突発的現象」として、ある歴史的事実のかたちを取って現れる。そのためハイデガーにとって、ソクラテス以前の古代ギリシアとは、歴史の内部に見出される「一時代」でありながらも、それ自身が歴史的現存在を成立させ、歴史を可能にするという捩れた構造をもっている。それは、存在の破れ目である「現存在」が生起する予測不能な事件なのであり、歴史の内部に属しながらも、人間の歴史を人間それ自身の内に差し戻し、さらにその外部へ向けて反転させてしまうような、位相上の特異点を意味する。「時代《エポック》」の語が、「抑止」を意味するギリシア語「エポケー」（ἐποχή）を語源とすることに依拠しつつ、ハイデガーは「古代ギリシア」を、歴史の「一時代」でありながら、同時に歴史の「停止」でもあるような凝集点と理解する。[20]時代というかたちで歴史の内部に属しながらも、歴史の内に穴を穿ち、現存在という裂け目を生じさせるこの場所こそ、ハイデガーが望見する「別なる原初」なのである。

（3）解釈学の変貌

このような「別なる原初」の経験を浮彫りにするために、ハイデガーは、言語的・文法的にもきわめて独特な手法をもって、ホメロスや悲劇詩人、そして何よりも古代ギリシアの原初的思想家たちの断片を解釈していく。そこでは、バーネット（John Burnet, 1863-1928）、ラインハルト（Karl Reinhardt, 1886-1958）、スネル（Bruno Snell, 1896-1986）らによるギリシア学の蓄積を前提としながらも、基本語に関する定訳の確定や、断片に関する精確な翻訳といった着想を一蹴し、一般的な感覚からすればきわめて不自然で無謀な解釈を、次々と波状的に積み重ねていく。もとより古代ギリシア時代の文献は、伝承経緯が複雑なうえに、神話的な世界観や古代的な言語感覚ゆえに、現代人にとっては違和感の強いものであるため、通常はその読解に際しては、古代的な自然観・宗教観といったものを解釈の背景に設定することによって、それらを歴史的に理解する方策が採られる。これに対してハイデガーは、古代ギリシアの根本的な特異性を主張し、その解釈においても原文のもつ難解さを解消するどころか、その異質性を極端に拡大するかのような破格の解釈学を展開していく。そこでは、理解内容の確定と一義化を目指す通常の「解釈学」（Hermeneutik）を離れて、謎めいた神託をさらに巨大な謎へと繰り延べていく「神託読解」（Mantik）を思わせる手法が駆使されていく。ハイデガーにおいては、古代ギリシアの思想家たち――とりわけソクラテス以前の思索者たち――の言葉は、通常言われるように、いまだ神話的な話法を残した古拙な表現ではなく、現代の観点からは適切に理解することができない、きわめて異質で鮮烈な存在経験を宿しているものとして扱われる。そこでハイデガーは、解釈や翻訳といったものが、読解者による意味の収奪や占有であることを十分に考慮したうえで、定説や定訳といった発想をどこまでも警戒し、解釈それ自身がきわめて強い違和感を発散するほどに異様な読解を繰り広げていく。それはあたかも、「釈義学」（Exegese）が理解のための正統な技法であることを放棄し、テクストを異他的なものに変成させ、未知の何ものかに向かって解き放つ秘技と化したかのようである。

理解や解釈を通じて原文の異他性を存分に引き出そうとするハイデガー独自の「釈義学」は、外部から歴史的知識をもちこんだり、その知識にもとづいて原文を説明することを禁じ、原文そのもの、そしてそこで用いられる言語そのものに集中していく。そこでハイデガーは、例えばアナクシマンドロスの言葉に現れる「不正」や「償い」などの語を、自然現象に対する道徳的・擬人的表現とみなしたり、パルメニデスの教訓詩に登場する「真理の女神」を、抽象概念の寓意的形象と見るような合理的解釈を拒絶し、断片に現れる言葉をそのままに捉えようとする。そこでは、ある語を一旦原文の文脈から切り離し、語源や周辺語彙に関連づけることで、その語が含んでいる潜在的な意味の拡がりが引き出される。例えば、通常は「真理」と訳される「アレーテイア」は、「隠れ」を意味する要素「ラトー」(λαθ-)と、欠如的接頭辞「ア」との組み合わせによって、「非隠蔽性」(Unverborgenheit)と理解され[21]、また一般的に「償い」と訳される「ティシス」(τίσις)は、「尊重する」を意味する動詞「ティオー」(τίω; τίνω)へと遡ることで、法的・道徳的意味を脱色し、「配慮」(Rücksicht)として捉えられる[22]。このようなハイデガーの解釈手法は、個々の単語を理解する際に文脈や時代背景との関係を考慮しながら、部分と全体との循環に従って調和的な意味を確定しようとする一般的な解釈学とはかけ離れたものである。ハイデガーが「逐語的解釈」、あるいは「並列的解釈」と呼ぶ手続きは、まずは個々の単語だけを独立して取り出し、その語を可能な限り逐語的・語源的に理解することによって、その語のもつ潜在力《ポテンシャル》を高めることを狙っている。そして、このように過剰な意味を担った語が再び元の原文へと差し戻されることによって、文章全体に過剰な意味の負荷が掛かり、原文はその自重に堪えかねて解体するのである。過度の電荷を帯びた個々の単語が、文脈の重力から解き放たれて浮遊し始め、それ自身の力学に従って、渦動状の新たな思考空間を形成する。常識的で一貫した読解が崩れ去り、意味の深淵が口を開けることで、その解釈は伝統的な読解から離れて、新たな思考を駆り立てるのである。このような解体的な解釈によって、いわば言語そのものの内に、思考が誕生する「裂開」（Riß）を開くことが、ハイデガーのギリシア解釈において試された。

解釈・翻訳されるべき原文を個々の単語に寸断し、それらを再び組み合わせることによって未知の思考を浮かび上がらせるハイデガーの手法は、ヘルダーリンがギリシア悲劇の翻訳に際して提唱し、のちにベンヤミンが積極的に引き受けた「逐語翻訳」の理念に近いものであった(23)。このような手法によってハイデガーは、プラトンやアリストテレスによって定着する哲学的概念に先行し、いまだ概念化されていない原初の思考へと繋がる回路を開こうとする。そのような解釈を経ることでハイデガーは、アリストテレス的な思考に依拠していた『存在と時間』での自らの構想を修正し、むしろ哲学的概念以前、あるいは判断や範疇以前の領域を開拓しようとしているとも言えるだろう。ハイデガーが目撃しようとしたのは、ある経験や事柄に直面して言葉が誕生する、その発生期の言語であり、いまだ「哲学」とは呼ぶことのできない微《かす》かな思考の幼生的な胎動であった。そこでは、ギリシアの思想家たち、特にハイデガーが「原初的思索者」とみなすアナクシマンドロス、ヘラクレイトス、パルメニデスの言葉を通して、未成の概念の中で囁く存在の声を聴き取ることが期待される。そのため、これらの思索者たちを主題にした講演や講義においては、それぞれの思想家の全体像を描き出すことが目指されるわけではなく、おおむねひとつの断片を中心に、しかもその中でも核心となるいくつかの根本語に焦点を絞って、その徹底的な解釈が試みられる。

四　原初の思索者たち

（1）アナクシマンドロス――現存と脱現存の接合

（i）「立ち来たり」と「立ち去り」

古代ギリシアの断片を解釈するに際して、ハイデガーが何よりも注目するのが、のちに「存在」「真理」「言語」などの術語へと形成され、やがては「イデア」や「エネルゲイア」といった哲学的概念へと結実していく思考がようやく形を取り始める、その胎生時の姿である。とりわけ、ギリシア思想のなかでも早い段階に属すアナクシマンドロスにおいては、「存在」や「存在者」といった言葉すらいまだ明確に術語化されておらず、その話法にも模索や試行錯誤が見られる点に、ハイデガーは、原初の思索が辿った歩みの痕跡を見ている。「存在」という抽象概念や、「生成」「消滅」といった理論的思考が介入する以前に、アナクシマンドロスは現象の最古層に触れ、現出者を現出させる微かな動きを感じ取り、その振動を言葉の内に掬い上げようとしたものと理解される。ハイデガーが、切れ切れに伝わったアナクシマンドロスの言葉の余韻の内に聴き取ろうとするのは、そうした現象が現象となる最初の分岐の表現であり、そこに潜む差異性という事態への示唆である。個々の現象ではなく、現象の現象性、つまり現出者を現出させる原基的な運動が、経験的な生成・消滅をモデルとすることなく、事柄自体として問われなければならない。そのためハイデガーは、のちの時代になって「イデア」や「エネルゲイア」といった哲学用語に定着され、やがてその概念の慣用化とともに忘却される存在経験に遡行し、「立ち来たり」（Hervorkommen）と「立ち去り」（Hinweggehen）、「現存」（Anwesen）と「脱現存」（Abwesen）が対抗的に生起する領域を「非隠蔽性」(Unverborgenheit) と名指し、根源的意味での「真理《アレーティア》」の在り処を見定めていく。シンプリキオスやヒッポリュトスによって伝承されたアナクシマンドロスのその言葉は、ディールスとクランツによれば、次のように訳される。

「存在する事物にとってそれから生成がなされる源、その当のものへと、消滅もまた必然に従ってなされる。なぜならそれらの諸事物は、時の定めに従って、相互に不正ゆえに罰と償いを与え合うからである(24)」。

しかしハイデガーは、バーネットらが行った各伝承の比較照合をも活用しながら、この言葉の中で直接にアナクシマンドロス自身に由来する部分を絞り込み、最終的には次の個所のみを真正の言葉と推量する。

「……必然に従って。なぜならそれらは、相互に不正ゆえに罰と償いを与え合うからである」。
(... κατὰ τὸ χρεών· διδόναι γὰρ αὐτὰ δίκην καὶ τίσιν ἀλλήλοις τῆς ἀδικίας)

引用文全体のうち、この個所以外の文言は、のちの引用者の補筆である可能性が高いために、アナクシマンドロスの言葉からは除外して考えなければならないとされる。とりわけ「生成」や「消滅」といった抽象度の高い術語は、のちの時代の挿入である公算が高いため(25)、ハイデガーはこれを原初的な思索の言葉からは除外して考えようとするのである。ここでアナクシマンドロスが語ろうとしたのは、自然学的に抽象化された意味での「生成」や「消滅」ではなく、むしろ何ものかが「立ち来たり」なおかつ「立ち去る」といった、存在者の具体的な振舞いだったのではないかというのが、ハイデガーの立てる推測である。「生成」と「消滅」という抽象的・理論的概念は、「否定」や「無」といった、それ自身抽象的な概念を前提とするが、アナクシマンドロスにおいては、むしろ経験における事物の現前と不在といった直接的な現象記述が問題だったと考えられるのである。具体的経験を概念的に抽象化するのではなく、直接の現象に即した記述を行うなかで、アナクシマンドロスは、のちに「存在」という術語で示される事象を、「立ち来たり」と「立ち去り」という具体的・事象的な仕方で――原初的意味における「現象学」に即して――述べていたものとみなされる。いまだ「存在」と「生成」を対立的に捉えることのないギリシア的な存在経験が、ここから読み取られなければならない。そこで、アナクシマンドロス自身の言葉とみなされる個所、特に「必然」や「不正」と訳される言葉の解釈が、ハイデガーにとっては何よりも重要となる。なぜならそこではまさしく、いまだ抽象化されていない存在の理解、つまり「立ち来たり」と「立ち去り」が相互に関係し合う、その根源的様相が主題になっているはずだからである。

アナクシマンドロスの言葉において、一般的に「不正」と訳される「アディキア」（ἀδικία）の語を解釈するに際して、ハイデガーはその語幹にある「ディケー」（δίκη）を――通常の「正義」という訳に逆らって――存在する事物の根源的な「接合」（Fug）と理解し、そこから、否定の接頭辞「ア」をもつ「アディキア」をも、その接合の欠如とみなし、それに「不接合」（Un-Fug）という特異な訳語を当てていく(26)。また同様に、「必然」と訳される「クレオーン」（χρεών）は、動詞「クラオー」（χράω 手にする、手渡す）の響きをそこに聴き取ることで、「包容」（Brauch 手中に収めること）と訳される(27)。こうして、これら「ディケー」や「クレオーン」という語は、「接合」や「包容」として、「立ち来たり」と「立ち去り」を結び合わせる関係性を名指す根源的な名称とみなされる。そしてアナクシマンドロスの文章の中では、「ディケー」そのものではなく、むしろその否定である「アディキア」（不接合）が語られているところから、そこでは「立ち来たり」と「立ち去り」との緊張関係が破られ、顕現と退去の相互関係が崩れる可能性が示唆されているものと解釈されるのである。

現象する事物は、「存在者」という一般概念で捉えられる以前に、まずはその現象に即して、現れの場の内に現前すること、つまり全面的な現前と全面的な不在との「中間地帯」（Weile）に留め置かれることと理解される。現象が現象として留まるこの中間領域は、「立ち来たり」と「立ち去り」が交互に流動的に関わり合い、相互にすみやかにその場所を譲り合う「あいだ」（Zwischen）である。その点で、現象が現出する「中間地帯」とは、「立ち来たり」（Hervorkommen）と「立ち去り」（Hinweggehen）、顕現（Her）と退去（Hinweg）という二つの運動に囲まれた「接合」なのであり、その接合の中でそれぞれの現象は、「そのつどのもの」（das Je-weilige）、つまり「時々に（je）中間領域に属す（weilig）もの」として現存する。ここで語られる「そのつどのもの〈束の間のもの〉」とは――たとえ一般にギリシア人の「ペシミズム」が語られることがあるにしても――現象の儚さや脆さ、あるいは総じて世の虚しさといった虚無感を示唆するものではなく、あくまでも現象をその生成の相のもとで見る発生論的考察を表現するものである。「現存」（Anwesen）は、現出の領域への「立ち来たり」と、それ自体としては現存とは言えないために「脱現存」（Abwesen）と呼ばれる「立ち去り」とに挟まれ、その二方向の運動が接合する中間地帯の内に生起する。「現存はそのような接合の内に本質生起（wesen）する。現存するものは、〈立ち来たり〉から出-現し（ent-stehen）、〈立ち去り〉の内へと退-去する（ver-gehen）。この両者は、現出するものが留まる限り、同時的なものである。中間地帯は、接合の内で本質生起する」[28]。

「現存」は、それ自身を取り巻く二方向の「脱現存」の運動とともに出現する。「立ち来たり」と「立ち去り」という逆向きの「脱現存」が同時的に生起し、その逆方向の緊張の「あいだ」に、「現存」の場が「そのつど」、現出の中核として形成される。脱現存との緊張関係を保ちながら、そこに現存が結びつくことが「接合」と呼ばれる以上、それは「中間地帯」の内に生じる現出の「揺らぎ」であり、現象を可能にする根源的な振動である。「接合」とは、経験的事物同士の堅牢な構築物や構造のようなものではなく、繋がりながら離れ、非連続でありながら連続している可塑的な推移であり、自と他が転化し合う変転的な過程を指す。この過程の「あいだ」で生起する「現存」は、二重の「脱現存」の内に自らが囲まれていること、その意味では「他」の内に自らを見出すことでもある。

（ii）恒存性と包容《クレオーン》

現象が生起する場面では、脱現存の闇の中から現存が浮上し、再び脱現存の暗がりへと沈み込んでいく。逆方向に向かう脱現存の二重の闇が踵を接するところに、現存の場の「明るみ」が成立する。暝さに囲まれているからこそ、存在の舞台が仄かに明るみとして浮かび上がる。ところが現象の生起の只中では、現存と脱現存の結びつきが破れ、両者の相互性の内に齟齬が起こりうる。アナクシマンドロスが語る「不接合《アディキア》」はまさにそのような事態である。もとより、そうした関係性の乱れは、事物の破壊や消滅といった経験的次元での出来事とはまったく異なった事態を指している。「接合」も「不接合」もともに、現象の現象性に関わるものであり、現出者の現出性格を表すために導入された用語であることを考慮するなら、「不接合」とは、現象の現象性の次元での不均衡であり、現出者が現出するという動態（「接合」）を閉ざしてしまう逆行的な運動と理解されなければならない。不接合は、現存と脱現存の関係を狂わせ、そこに生じていた振動を押さえ込み、ある特定の現存を閉域として囲い込む。そのような自己閉鎖をともなう排他的な現出を、ハイデガーは「存続の恒常性」（Beständigkeit des Fortbestehens）と呼び、その本質を現存の「恒存」（Beharren 固執・持続）の内に認めている。

現象という事態が、現存と脱現存の相互的な遊動から切り離され、「脱現存」の「脱」（Ab）という否定性の動態が忘却されるとき、存在者は脱現存の影をもたない現存において、闇をともなわない光の内に現前し、存在者としての強固な自己主張を始める。こうした事態を表す「恒存」（Beharren）の語からは、カント『純粋理性批判』の「原則論」に組み込まれた「経験の第一類推」、すなわち「実体の持続性（Beharrlichkeit）の原則」を想起するのは容易である。「諸現象のいかなる変遷にもかかわらず実体は恒存する〔beharren 持続する〕」[29]という第一類推は、経験的対象の「恒存性〔持続性〕」を導出するものであり、続く第二・第三類推が「持続性」と「同時性」を証明することによって、経験的対象全体の「連結」（nexus）が示され、経験的世界として安定した自然の統一が根拠づけられる[30]。このようにカントにおいては、因果性にもとづく連結によって「経験の可能の制約」が解明されたとみなされるその場所こそ、ハイデガーにとっては、「不接合」と呼ばれる逸脱が生じ、現象の乱調が起こる地点なのである。

実体の持続性と、それらの実体の一貫した因果系列、および実体同士の相互作用にもとづいて構築されたカント的意味での経験的世界は、現れの只中にありながら、その「現れ」という事態そのものを忘却し、「現存」という明るみの生起に不可欠であるはずの「脱現存」を消去してしまう。「理性の光」（lumen rationale）という人工的で均一な照明によって照らし出された存在者は、自らの現存に固着したまま、自己自身と一致し続け、その自己同一性を代償に、自己の内なる差異の契機を喪失する。実体の存在理解と自然科学的な法則性、そして「経験の可能性の制約」という認識論的な形式によって構築されるこの経験的世界は、因果律によって対象の全体を現前化し、認識形式の内で恒久的な秩序を与えられる。こうした対象的で一義的な存在了解においては、ギリシア的な「接合」に見られた現存と脱現存の差異と移行は見失われ、アナクシマンドロスの言う「不接合《アディキア》」が支配する。まさに存在が対象的存在に限定され、恒存性という一義性の空間が拡がり始める。ニーチェによって「砂漠が拡がる……」と語られた事態と、これはけっして別物ではないだろう。

現象がひとたび現出し、実体的なものとして規定されるやいなや、現存と脱現存の「接合」という揺動が停滞し、現象がその動態から切り離され、あらゆる事物が均一に現前化する「不接合」が生起する。このような偏移は、外的な理由によって引き起こされるのではなく、接合そのものの内に潜む危うさである。接合はそれ自身の内に、不接合へ転じる通路を開いてしまう。アナクシマンドロスとともにハイデガーが注目したのは、現象の現象性に内在するこうした二義性であり、それと同時に、不接合から接合を回復する現出の再生であった。それに応じて、通常は「不正《アディキア》ゆえに罰と償い《ティシス》を与え合う」と訳される個所が、現存と非現存の対称性の破綻である「不接合《アディキア》」に対して、再び「接合《ディケー》」を与え、現存と脱現存の「配慮《ティシス》」（Sorge）を復元することと読解される。「それらは不接合（の克服において）、接合と、そしてまた相互の配慮を帰属させる」。そして、アナクシマンドロスの断片ではこの一文の直前に置かれた「クレオーンに従って」（κατὰ τὸ χρεών）という句の内に、ハイデガーは、不接合がもたらす閉域を突破して、現存と脱現存の接合を修復する可能性を見出していく。そこで、通例は「必然《クレオーン》に従って」と訳されるこの「クレオーン」が、現存と脱現存の運動全体を司る非隠蔽性の「包容」（Brauch）として、また語源的に「手渡す」の余韻を強調しながら、「現存の手渡し」(31)（Einhändigen des Anwesens）として理解される(32)。つまりこの語の内には、現出者の現出とともに生起する現出の忘却を直視して、現存と脱現存の根源的な相互性を回復する動きが示唆されているというのである。現出者を再び接合の内に手渡し、現存と脱現存の振動へ立ち返らせること、揺動する現存へ向けて現出者を解き放つことが、クレオーンの意味だとするなら、それはまさに、現出者の現出を、経験の対象の恒存性とは違った次元において見守ることを示唆している。まさしく、「クレオーンとは、存在者の存在について思惟された最も早い名称である。クレオーンとは、思考が存在者の存在を言葉にもたらした最古の語なのである[33]」。

「接合」という現れの場の内に顕現することは、同時にその現象がある特定の現象として規定され、恒存性へと傾くことを意味する。そうした恒存性においては、持続的な存在者の「限定《ペラス》」（πέρας: Grenze）である「定義」が可能になる反面、現れそのものの動態、現存と脱現存の接合は見失われる。それとは逆に、現象そのものの現出を可能にする「包容」としての「クレオーン」は、それ自体としては規定不可能であるがゆえに、「アペイロン」（ἄπειρον）、すなわち「限定されることのないもの」、あるいはむしろ「限定を拒むもの」と命名される。したがって、これまでの議論を踏まえるなら、アナクシマンドロスに帰せられる言葉——「存在者の始源《アルケー》はアペイロンである」——は、その内実に即して、「そのつどのものの中間地帯の始まりは、限定を拒むものである[34]」と解釈されなければならない。こうしてハイデガーは、アナクシマンドロスの断片を導きにしながら、「立ち来たり」と「立ち去り」、現存と脱現存といった現象の生起の発生論的場面に潜行し、その起源の内に、対象的な規定を許さない「拒絶的な対向[35]」（wehrendes Entgegen）を見出していく。かつて『存在と時間』の時期のハイデガーが、アリストテレスの用語法にもとづいて「現象」概念を「自らを示すこと」と規定していたのを思い起こすなら、このアナクシマンドロス解釈は、ギリシア的「現象」概念をさらに原初的な場面に遡って、「自らを示すこと」の内に生起する闇と光の交錯、現前の内に生起する非現前——いわば、「自らを示すこと」の内に自らを示す「自らを示さないこと」——を、そこに潜む現存の謎とともに捉え直す試みであった。

（2）パルメニデス――存在と襞

（ⅰ）存在と存在者の襞

ハイデガーの理解に従えば、アナクシマンドロスによって提起された現象をめぐる原初的思考は、パルメニデスとヘラクレイトスとともに、「存在」をめぐる高度に抽象的な思考へと飛躍していく。そこでハイデガーは、パルメニデスを「存在」の思想家、ヘラクレイトスを「生成」の思想家と見る、ラインハルト以来一般化した対立を拒絶し、二人の思想の中に、アナクシマンドロスの問題意識がより高密度かつ高純度で展開された痕跡を見ようとする。とりわけハイデガーがパルメニデスに関して注目するのが、複数の断片（断片三、六、八）で言及される「存在」とその周辺語彙、つまり分詞「エオン」（ἐόν）、不定詞「エイナイ」（εἶναι）あるいは「エムメナイ」（ἔμμεναι）といった語である。パルメニデスにおいては、これらの表現が互いに絡み合って使用され、やがてはプラトンとアリストテレスにおいて名詞「ト・オン」（τὸ ὄν）という仕方で集約的に表現される「存在」の理解が、いまだ未分化の状態で、起源における混成状態をとどめていると考えられるのである。それらの語は、いまだ「存在者」「存在」「存在者性」、あるいは「本質」（essentia）と「実在」（existentia）といった概念的区別によって寸断される以前にあって、むしろ「存在する」という動詞の多様な変容を通じて、現象の活動的事態を剥き出しのままに描き出しているものとみなされる。

　このような原初的な存在了解を忠実に捉えるために、ハイデガーはとりわけ、「エオン」という分詞表現を重視している[36]。なぜなら分詞「エオン」は、動詞と名詞のふたつの性格に関わる二義性をもっており、「存在する」という動詞的意義と「存在者」という名詞的意義を分断することなく、そのどちらへも移行しうる可能性のままに表現していると考えられるためである。そして、ふたつの領域にまたがる中間領域とも言える「存在」の両義性を、ハイデガーは「襞」（Zwiefalt 捩れ）と呼び、「存在」と「存在者」が完全には分化せずに、ふたつながら折り畳まれている褶曲の形象によって理解する。それに加えてハイデガーは、文法上の区別である「分詞」（participium）を、プラトン『ソピステス』での議論[37]にまで遡って理解し、ギリシア語で「分詞」を表す「メトケー」（μετοχή）の内に「分有《メテクシス》」（μέθεξις）の思想を読み取ることで、文法的区別の哲学的起源を示すだけでなく、プラトンとパルメニデスとの相違を明確化しようとしている。プラトンにおける「分有」とは、イデアに対する個物の分有関係であり、そこには理念的次元と経験的次元のあいだの「分離《コリスモス》」（χωρισμός）が設定されていた。この着想は、のちの哲学の歴史を通じて、「ア・プリオリ」と「ア・ポステリオリ」や、経験とその可能根拠といった一連の区別を成り立たせる源泉となったものであるが、ハイデガーの見解では、これらの区別が成り立つその始源には、まずはパルメニデス的に思考された存在の「襞」が先行していなければならない。「一なるもの、すなわち存在者が他なるもの、すなわち存在に与るこの分有の内では、すでに存在者と存在の襞があることが前提されている。メテクシス、すなわち存在に対する存在者の分有は、文法的にエオン、オンというメトケー、すなわち分詞と呼ばれているものによって成り立っている[38]」。こうして、分詞「エオン」によって表される「襞」は、あらゆる哲学的・形而上学的区別に先立ち、対象化や根拠づけという発想そのものを凌駕する原初的次元を顕わにしているものと捉えられる。

両義性の折り目として理解される「襞」は、存在と存在者を分断するものでもなければ、それを連続した一枚の平面として平準化してしまうものでもない。緩やかに折り畳まれた布地が襞を形成し、その襞とともに、内側に陥入する面と外側に露出する面とが区別される。もし折り目が切断されて、ふたつの異なった領域に分断されるなら、そのとき襞は、襞としては消滅してしまうだろう。襞は折り畳まれながら内部と外部とをしなやかに繋ぎ、折り目によって平面の位相を区別する。区別にして同時に連続であるといったこのような襞のあり方が、存在と存在者との差異を理解する根本的な着想として、ハイデガーを魅了する。これはもはや、根拠と根拠づけられる次元を明確に切断する「分離《コリスモス》」の理論ではなく、名詞と動詞の両義性を特徴とする「分詞」に秘められた媒介的な両義性の思考なのである。

この両義性を顕著に示す証言としてハイデガーが注目するのが、パルメニデスの断片六の一節、通常は、「存在するものが存在するということを、語りかつ考えることが必要である」と訳される一文である。この一節を読解するためにハイデガーは、文章全体の文法構造を破壊し、個々の単語へと分解する異様な手法を採っている。ハイデガー自身が「統語的」（syntaxisch）と対比して、「並列的」（parataxisch）と呼ぶ手法——つまり「総合」（syn）ではなく、「異」（para）の論理——によって、この一節は単語の並列へと解体される。

「必要：語ることもまた思惟することもまた：存在するもの：存在すること[39]」。
（χρὴ: τὸ λέγειν τε νοεῖν τ᾽: ἐὸν: ἔμμεναι）

こうしてハイデガーは、この単語の羅列の後半に現れる「存在するもの：存在すること」、つまり「エオン：エムメナイ」（ἐόν: ἔμμεναι）という並列に関して、目的語や補語という文法的・統語論的関係を停止させ、名詞的意義と動詞的意義との二重性を読み取り、「襞」の揺らめきを見ようとする。つまりハイデガーは、通常は名詞的に処理される「エオン」を「存在するもの」としてのみ理解することを拒絶し、分詞「エオン」が、次に並ぶ不定詞「エムメナイ」に引き摺られて、名詞と動詞のあいだに宙吊りにされている状態をそこに見て取っている。ここではあたかも、ギリシア語原文を「文章」としてではなく、ほとんどイコン的図像のようにみなして、各要素の配置から隠された意味を読み解こうとする「図像学的《イコノロジー》」読解が実践されているかのようである。その限り「エオン：エムメナイ」の個所は、ギリシア語単語によって描き出された、いわば「襞」の図像のように眺められている。そうした着想によって、ハイデガーはこの一節を全体として、「語ることと思惟すること」と「襞」との関係を表すものと捉え、さらにその関係が「必要《クレー》」（χρή）といった中心語に繋がれているものと理解する。つまりこの一節の一語目の「必要」とは、「語ること」と「思惟すること」が存在の襞と出会う場面、つまり「レゲイン」と「ノエイン」が襞としての「エオン：エムメナイ」と結び合う接点を意味するのである。そして、ここで「必要」と訳される「クレー」に関して、ハイデガーは再び動詞「クラオー」（χράω 手にする、手渡す）との関係を指摘していることを見るなら、ここには、アナクシマンドロスにおいてなされた「必然《クレオーン》」の解釈と同じ方向性を見ることができる。なぜならアナクシマンドロスにおいて、「立ち来たり」と「立ち去り」の「接合」を与えるものとみなされた「クレオーン」も、この同じ動詞に遡って説明されていたからである。「クラオー」の語を軸として、アナクシマンドロスにおいて示された現出と隠蔽、現前と非現前の両義性が、パルメニデスにおいては言語と思考をも巻き込み、思惟の遂行全体と存在の襞との接合へと移行する。

（ii）分詞の思考

アナクシマンドロス解釈においては、現象論的場面での現出と隠蔽が生起する場を表すために、「必然《クレオーン》」の語が「包容」と訳されていたが、パルメニデス解釈においては、まさにこの「包容」が、現象論的場面からさらに思惟の成立の次元にまで及び、存在了解そのものの発生にいっそう明確な見通しを与えるものとなった。パルメニデスの断片において、「非人称的・無主語的文章」として現れる「クレー」は、アナクシマンドロスの「クレオーン」と同様に、あるいはまたEs gibt（それが与える、……がある）と同じく、現出者が現出し、「脱-現存（ab-wesen）との闘争の内で現-存（an-wesen）」が生起する接合を示唆し、その「顕現」（her-bei: παρά）と「退去」（hinweg: ἀπό）のあいだに招来される「本質生成」（wesen）を、何ものをも主語とすることなく、それ自体として語ろうとする努力が結晶した一語なのである。したがって、「包容」（Brauch）、あるいは「それは包容する」（es brauchet）と訳される「クレー」は、「何ものかがその本質の内に解放されることであり、包容することがそのものを放置しないという要求」[40]と理解され、現出の生起の動態を告げようとしている。

　これまでの理解を踏まえてパルメニデス断片六を再び翻訳するなら、「包容：言うことも思惟することもまた：エオン：エムメナイ」となるように、「本質への解放」である「包容」と、「エオン：エムメナイ」という存在・存在者の襞で挟まれた中央に、「語ることもまた思惟することもまた」という並列的な一句が置かれている。言語と思考という人間の活動に関わるこの一句は、包容と襞によって形成される額縁に囲まれ、それによって際立たせられているようにも見える。ここで言及される「語る《レゲイン》」と「思惟する《ノエイン》」は、プラトン以降の哲学的習慣においては「論理《ロゴス》」と「理性《ヌース》」として、さらにのちには「言語」（verburm）と「思考」（ratio）として捉えられるものである。しかしこれらの語の内にハイデガーは、主観による事象の論理的把握や、表象的思考の機能ではなく、現象の現出に対する根本的な体験を読み取ろうとする。それぞれの語は、その語源と慣用例に即して、「レゲイン」が「眼前に据えること」（vorliegenlassen）ないし「集約すること」（versammeln）と翻訳され、現出者の現出、存在者の存在に関わる基本的な関係へ差し戻されるのと並んで、「ノエイン」は「注視すること」（In-die-Acht-nehmen）ないし「認取すること」（vernehmen）として、つまり現出する現出者の把握として理解される[41]。要するにこの二語は、主観性の機能に還元される自立的で自己完結的な活動ではなく、主観性に先行する存在との関係を示し、主観・客観という関係自体を可能にする中間領域を名指すものと解釈される。

この断片の中での「集約《レゲイン》」と「認取《ノエイン》」の並列において、「集約」が「認取」の前に置かれているのは、まさしく「眼前に据えること」としての集約の優位を表し、眼前に立ち現れる何ものかの現存、つまり現存そのものの先行性を告げている。集約において、脱現存に逆らって到来する現存は、自らを認取に引き渡し、その現存の何ものかとしての規定において、その本質を成就する。そのため集約と認取は常に互いを要求し、相互の内へと入り込み、「接合態」(Gefüge)と呼ばれる相互帰属的・再帰的関係を形成する。この集約と認取の接合態は、アナクシマンドロスにおいて現存と脱現存の「接合」(Fug)がそうであったように、機械的な連動や構造的な組成ではなく、緩やかに連繋しながら自らの本質を互いに移譲し、自己の内に留まることのない開放系をなしている。したがって、認取に対する集約の先行性とは、ヘーゲルの「論理学」のように、思考の自己展開の内に存在の論理《ロゴス》性の完成を見るものでもなければ、二十世紀の哲学的解釈学が主張する言語《ロゴス》的了解の普遍性を語るものでもない。集約と認取の接合態は、それぞれが言語と認識の本質に関わることは確かだが、それらは個々に独立した機能として自己主張したり、それ自体の内で全体を総合する体系を構築するものではなく、一方では「存在《エオン》・存在者《エムメナイ》」の襞へ、そしてもう一方では、「包容する《クレー》」という非人称的・匿名的事態へと開かれている。接合態をなす集約と認取は、常に自己を他方へと委ね、それ自身の内でけっして閉域を作らないことが求められているのである。「集約と認取の接合態は、それ自身の内に完結しないという仕方で存在する」(42)。

(iii)　語る《レゲイン》ことと思考する《ノエイン》こと

こうして、「包容する」と「存在・存在者」の額縁《パレルゴン》の内に嵌め込まれた作品《エルゴン》のように出現した接合態は、それ自体としては不可視の現出に対して言語的思考の刻印を与え、匿名的な現出性に署名を付すかのような役割を果たしながら、最終的には、あたかも図と地が反転するように、言語と思考の接合態そのものの成立を、「包容」と「存在・存在者」の襞という自らの外部に明け渡す。こうして、額縁《パレルゴン》と見えていたものが実は本体《エルゴン》そのものとして自らを示し、襞の言語的図像が反転する。「集約と認取の接合態は（断片六によれば）、存在《エオン》・存在者《エムメナイ》、現存を、認取に対するその現象へと解放し、その際にある仕方で存在《エオン》から外部に保持する。思考は、ある点から見れば襞の外部にあり、襞に応じ、襞に求められつつ、襞への途上にある。他の点から見れば、この〈……の途上にある〉ことは、襞の内部にある[43]」。図と地が反転し続けるように、内と外が呼び合い、内在性と外在性が交叉する途上において、言語・思考の接合態と存在・存在者の襞が、両者を結び合わせる「包容」の只中で、それ自体は現出しない不可視の運動において振動する。

外部と内部の越境と反転は、パルメニデスの断片三にも描かれている。

「なぜなら、思考することと存在することは同じものであるから」。
（τὸ γὰρ αὐτὸ νοεῖν ἐστίν τε καὶ εἶναι）

ここに語られる「同じもの」（τὸ αὐτό）という語が、襞と接合態の関係についてのもうひとつの名称である。しかもこの断片は、パルメニデスというひとりの思想家に固有の見解というよりは、その射程ははるか哲学史全体に及んでいる。それというのも、思考と存在の関係について語っているこの断片は、のちにカントによって「ア・プリオリな総合判断」の「最高原則」として、すなわち「経験一般の可能性の制約は、同時に経験の対象の可能性の制約である[44]」という定式によって表現される問題を、より根本的なところで示しているからである[45]。

「最高原則」においてカントが示唆するのは、事象に向かう思考の脱自性と対象の自体性の総合であり、思考そのものの超越論的機能と対象の対象性との構造的合致である。その点でカントでは、パルメニデスと同じく、思考と存在の同一性が語られているように見える。しかしながらカントの「最高原則」は、「認識の客観的妥当性」という問題意識に貫かれ、主観性と客観性の合致を異なる二項の総合として考えようとしているのに対して、パルメニデスのこの断片においては、二項の共通性や合致を機能的に確認するのではなく、むしろ「同じもの」の側から思考と存在が分岐する事態が注目されている。この点を際立たせるためにハイデガーは、ギリシア語原文で冒頭に置かれている「同じもの」を――強調のために倒置された述語と理解する通常の読解に反して――主語とみなし、「根底に存するもの、担い、支えるもの」と捉えるのである[46]。その結果、パルメニデスの原文は、「同じもの〔根底に存するもの、担い、支えるもの〕が、思考することであり、存在することである」といったかたちで捉え直される。ここにおいても再び、思考の図像となった断片が、文法上の反転を経験する。

いまや断片全体の主語とみなされ、現象の生起の鍵を握るものとなった「同じもの《ト・アウト》」は、「開顕（Entbergung）の意味での襞の開襞（Entfaltung）」であり、存在・存在者の襞である存在論的差異を顕わにしながら、言語と思考の再帰的相互性、より正確には集約と認取の接合態を生起させる。「開顕しつつ開襞するものは、〈注視すること〉を、現存者の現存を集約し認取することへの途上にあるものとして授ける」[47]。襞とは、単なる平面を折り畳み、中立的で無差異のものを差異化したものではなく、襞という差異そのものを褶曲させることであり、差異を差異化する運動である。この襞は、存在者の平面で起こる屈曲ではなく、異なった位相のあいだに起こる次元の窪みであり、襞の襞化という自己言及的な事態を指す。そのためここで言われる「開襞」もまた、畳まれた襞を拡げて平面化することではなく、むしろ襞を襞として顕わにし、襞を撓ませる運動をそれとして生起させることにほかならない。存在と存在者を二項間の関係としてではなく、繋がりながら離れる位相の差異として捉える限り、襞を撓ませることと襞を開くことは、相反する動きではなく、同じひとつの運動の二局面にすぎない。「同じもの」としての襞、あるいは開顕としての開襞とは、それ自体が関係性の生起であり、存在論的差異と思考との関係を呼び起こすものである。「同じもの」としての襞ないし開襞が、思考を巻き込みながら存在論的差異を差異化し、思考とともに差異を作動させる。したがってこの「同じもの」は、形而上学的な根源的一者や実体的原理ではなく、差異性と思考の関係性そのものの発生であり、自己同一性ではなく、自己との非同一性あるいは自己差異化であり、実体的一性を根底から揺さぶり崩す活動態なのである。

(3) ヘラクレイトス――「現」の成立

(i) 襞と自然《ピュシス》

「存在」を表すギリシア語の分詞「エオン」を元に示された「襞」の形象は、存在と存在者の区別を示唆しながら、同時に両者の連続性を表現している。完全に開き切って一様となった平面はもはや襞ではないし、折り目に沿って切り裂かれるなら、襞の姿は跡形もなく消え去ってしまう。存在と存在者の差異が忘却され、それが一義的な存在理解の平面に解消されるなら、それを襞と呼ぶことはできないし、また存在と存在者とが完全に分断されるなら、襞の生じる場所そのものが失われるのである。こうしてハイデガーは、「襞」の形象に依拠しながら、存在忘却、あるいは存在の一義性に抗《あらが》い、その一方で、存在を存在者と別次元に属する「根拠」として定立する形而上学的発想をも拒絶しようとする。ハイデガーが警戒するのは、存在と存在者の差異が失われ、客観的存在が一面を蔽う「砂漠」が拡がることであり、また他方では、存在者から「分離」された「存在」が、それ自体何らかの根拠として自立化してしまうことであった。存在了解の平板化に逆らって、存在の奥行きの次元を探求することが、ハイデガーの早い時期からの関心であったが、『存在と時間』の時期のハイデガーが、「存在論的差異」を中心としてその問題に応答しようとしていたのに対して、ソクラテス以前の思索者を手引きにした後期の思想では、この「襞」という形象を手がかりに、あらためて存在論的・現象学的な思考が深められていった。

「襞」という位相、つまり差異性と連続性のはざまに、存在の独自の現出を見届けようとするとき、そこに浮かび上がるのは、襞の内に秘められている闇の深さである。襞は自らに折れ返ることで、その内側に暗がりを宿し、濃淡さまざまな陰影を生み出す。襞を形成する折り目は襞の内に隠され、また折り目はそれ自体としては見えなくなることで、襞を襞として成り立たせる。襞は自らを折り畳み、襞の本質である折り目を自らの内に秘匿するため、襞という現象には、視界から逃れる不可視の次元が本質的に含まれ、隠蔽と闇とが襞の揺らめきを彩っている。とはいうものの、折り目が襞の切断ではないのと同様に、その隠蔽や闇は、けっして二項対立的に捉えられた論理的な「否定」ではないし、否定によって媒介された二項を弁証法的に総合したものでもない。「襞を考えようとするとき、われわれは襞を分裂や対立として表象することはないし、ましてやその対立を矛盾と捉えて、最終的により高次の統一へと止揚することはない(48)」。襞という現象を正確に理解するには、伝統的な論理学や弁証法とは異なった仕方で否定や差異を捉える思考が要求されるのである。

襞をめぐるこうした思弁は、存在論的差異を現象学的に捉え直し、プラトンやアリストテレスによって形而上学化された存在論を、始源に向けて解放していく意味をもつ。その際に重要視されるのが、しばしばパルメニデスと対比される「逆説《パラドクス》」の思索者、「暗い人」ヘラクレイトスである。ヘラクレイトスの逆説的で矛盾に満ちた思考は、ヘーゲルによって「弁証法」の起源とみなされるばかりか、ヘーゲルの『哲学史講義』においては、「ヘラクレイトスの命題で、私〔ヘーゲル〕の『論理学』に取り込まれなかったものは一文とてない[49]」と言われるほど高い評価が与えられている。このようなヘーゲルの理解に対して、ハイデガーはヘラクレイトスの内に、論理学や弁証法に先行する思考の運動を読み取り、ヘーゲル的な形而上学の路線からヘラクレイトスの思考を奪還しようとする。そのためハイデガーにとってヘラクレイトスは、矛盾や対立を止揚して、より高次の総合を目指す「弁証法」の先駆者ではなく、むしろそこに含まれる否定や差異といった事態をその緊張関係のままに捉え、そこに「存在」や「自然」のもつ多重的性格を洞察した原初的な思索者なのである。

講義『西洋的思索の原初——ヘラクレイトス』（一九四三年）、およびその成果をまとめた論考「アレーテイア」においては、ディールスによって断片一六として分類された文言を中心に、集中的な読解が行われている[50]。

「けっして没することのないものに対して、ひとはどのようにして身を匿すことができようか」。
(τὸ μὴ δῦνόν ποτε πῶς ἄν τις λάθοι)

この一節の解釈に際して、まず注目されるのは、「没することのないもの」の内に含まれる「没する《デュノン》」(δῦνόν）の語が、語形的に分詞のかたちを取っている点である。そこでハイデガーは、パルメニデスに関する議論におけるのと同様に、「襞」の理解を背景にしながら、分詞の動詞的意味と名詞的意味の両義性を指摘していく。ヘラクレイトスの一節では、「けっして……ない」（μὴ … ποτε）という表現によって否定が介入することで、名詞的な意義を残しながらも、動詞的な働きが主要な役割を果たしている。その点から考えるなら、ここでの分詞は、名詞性と動詞性のふたつの性格を保ちつつ、その共属の仕方そのものが動詞的に理解されているとも言えるだろう。つまりここでは、襞という二重性そのものが動詞的側面を中心に理解され、いわば襞自身の動態が語られていると見ることもできるのである。この点を踏まえながら、ハイデガーはこの動詞的な「けっして没しないもの」を反転させ、動詞的・肯定的意味を際立たせることで、「不断に立ち現れること」と理解し、そこに現象の「立ち現れ」(Aufgehen)としての「自然《ピュシス》」の語を重ね合わせていく。

こうした繋がりの中で、「自然」に関して述べられた断片一二三が参照される。(51)

「自然は隠れることを好む」。
(φύσις κρύπτεσθαι φιλεῖ)

この一節に関しても、ハイデガーはまず「自然」を「立ち現れ」と理解することで、後半の「隠れる」との緊張をいっそう高め、その両者を結ぶ「好む《ピレイン》」(φιλεῖν)の語に過剰な負荷を掛けていく。そして、この「ピレイン」という語に帰せられる「好む・愛する」「……しがちである」といった語義をめぐり、ハイデガーはその意味の背景に前提される自己贈与という側面を強調する。何ものかを「好む」とは、そのものに対して自らを与え、そのものがそのもの自身のままに輝き出るのを促すことであるため、その意味合いを籠めて、この「ピレイン」が「恵みを贈ること〔贈恵〕」(Gunst gönnen)と訳される。それに応じて、断片一二三における「ピレイン」は、「ピュシス〔自然・立ち現れること〕」を主語にして、「隠れること」を目的語とする一方的な関係を表現するのではなく、「立ち現れること〔自然〕」(φύσις)と「隠れること」(κρύπτεσθαι)とを相互に結び合わせる互恵的な結合であり、相互贈与が生起する中間領域を指すのである。(52)しかもこの「ピレイン」は、「現れること」

と、「隠れること」ないし「没すること」といった相互に対立する二項目を総合するのではなく、両者の緊張関係を端的に表すものと理解される。現出者が立ち現れ、現出するには、それと交叉して自らを隠すという自己隠蔽が同時的に生起する。「現出は自己隠蔽に対して贈恵する。しかも自己隠蔽は現出に対して本質を贈恵するのであり、自らの本質が現出によって贈恵されるという恵みの内で、自己自身を保持するのである」(53)。

（ii）現存在の生起

現出と隠蔽とは、一方がその本質において成立するには、他方の本質の成立が不可欠であるといった相互的な贈恵の関係にある。「立ち来たり」（Anwesen）と「立ち去り」（Abwesen）の相互連携的な運動が、アナクシマンドロスでは「接合《ディケー》〔正義〕」と呼ばれ、その接合の破れが「不接合《アディキア》〔不正〕」として語られていたが、ヘラクレイトスにおいては、その接合が単なる連続的な推移としてではなく、相互授受的で絡み合う複合性において捉えられている。立ち現れと隠れは、襞を形成する明暗の波打ちのように、光が闇を抱きかかえ、闇が光を奮い立たせる。襞においては、光と闇の本質そのものが変わるわけではない以上、そこに概念上の矛盾が発生することはないが、襞というひとつの出来事を形成するには、光はかならず闇を求め、闇はまた常に光を必要とする。現象においても、「立ち現れ」と「隠れ」というそれぞれの項目を抽出して論理的に対比するなら、それらは概念的には相反するものではあるが、現象というひとつの生起の中では排除し合うことなく、相互に不可欠のものとして連携し合う。「立ち現れることと隠れることは互いに分離されるものではなく、一方が他方へと相互に傾倒している。それらは等しいものである」(54)。したがって「贈恵《ピレイン》」の語の内には、現出と隠蔽という対抗的な運動が圧倒的な緊張を保ったまま繋留されているのであり、その同じ状態をハイデガーはヘラクレイトスの「調和《ハルモニア》」（ἁρμονία）の語に見出し、この語に「接合」（Fügung; Fug）という訳語を当てていく(55)。つまりここでハイデガーは、すでにアナクシマンドロス解釈での「ディケー」（接合）や「クレオーン」（包容）、そしてパルメニデス解釈における「クレー」（必要・包容）といった、同じく「接合」にまつわる一連の語（Fug; Fuge; Fügung）を、ヘラクレイトスの思想の内にも透かし見ようとしているのである。[56] そして、ヘラクレイトスがこの調和を好んで「弓と竪琴」という形象によって語ろうとしたことを思えば、この「調和」とは、けっして静止的な融合ではなく、最高の張力によって引き絞られた力の充溢を意味していることが納得できるだろう。

　こうした迂回的な解釈を経て、再び断片一六「けっして没することのないものに対して、ひとはどのようにして身を匿すことができようか」に立ち返ることで、ハイデガーは現出と隠蔽の接合構造を、それに直面する人間との関係で理解する道を拓いていく。「ひとはどのようにして身を匿すことができようか」という後半の一節は、まさに人間の思考についての言及であり、その点では、パルメニデス解釈で見られた存在と思考の関係を、ヘラクレイトス的に表現したものと理解されるのである。したがって、断片一六をあらためて、「現出と隠蔽の相互関係に対して、人間は誰ひとりとして自らを匿すことができない」と書き換えるなら、ここにはまさしく、現出と隠蔽の場そのものに対する人間の思考の開示性が描写されているということになるだろう。このような文脈で考えるなら、ヘラクレイトスが「火」、あるいは「稲妻」という形象によって語る光の充溢、あるいは「宇宙《コスモス》」という語によって暗示する次元性の延展は、現出と隠蔽が交互する明滅の空間であり、人間の思惟は自らを超えてその場にさらされる脱自性の遂行である。[57] こうした一切を考慮するなら、断片一六は、人間が現出の場に引き出されるという事態、「立ち現れそのものに対して立ち現れる」[58] こと、つまりは存在了解そのものの原初的発生を語っているものと理解できる。言い換えればそれは、存在の立ち現れと、人間の思惟の脱自的遂行とが同時に生起する場面、つまり「現存在」の「現」（Da）が誕生する零地点《ゼロ》を記述しているということになる。

（iii）　襞の論理学

「現存在」の「現」の成立は、思考と存在が相即的に関わり合う次元に根差している。パルメニデスの断片三が、思考と存在の相関関係の発生論的起源を、「同じもの」として一元的に名指したのに対して、ヘラクレイトスはその関係の成立そのものを、対立をはらんだ緊張のままに、同一と非同一のはざまにおいて語ろうとしている。そのような関係が端的に表されているものとして、講義『論理学――ヘラクレイトスのロゴスの理説』（一九四四年）、およびそれを元にした論考「ロゴス」（一九五一年）において、ヘラクレイトスの断片五〇が詳細に解釈される。

「諸君が私にではなく、ロゴスに聴くなら、〈全は一である〉と、同等のロゴスで言うのが賢いことだ」。
（οὐκ ἐμοῦ, ἀλλὰ τοῦ λόγου ἀκούσαντας ὁμολογεῖν σοφόν ἐστιν ἓν πάντα εἶναι）

ロゴスを「眼前に据える」ないし「集約する」と捉えるハイデガーの基本的理解に従えば、この断片で語られる「ロゴスに聴く」、あるいは「同等のロゴスで言う《ホモロゲイン》」（ὁμολογεῖν）という事態は、集約としてのロゴスに従い、集約そのものを集約することであり、「同等のもの《ホモン》」（ὁμόν）を介して区別されながら接合されることである。したがって「同等のロゴスで言う」とは、「一なるものを等しいものとして、眼前にあるものを、眼前にあることの同等性において集約し、眼前に据えること」(59)と理解される。ここにおいては、「眼前にあること」そのものと、「眼前に据えること」という人間の思考との関わり、つまりロゴスとホモロゲインが、「同等のもの」の空間の中で分岐しながら呼応し合っている。ロゴスが包括的な存在論的・宇宙論的法則であるなら、「同等のロゴスで言う」という人間の思考のあり方は、それ自体がロゴスそのものではないが、その内にすでに存在との関係を含んでいる限り、自身とロゴスとの差異性のみならず、ロゴスにおける存在と思考の差異性を自らの内に折り畳んでいる。存在と思考の関係が、再びその関係を思考する思考の内に捩じ込まれ、そこに複雑な襞を形成する。「立ち現れそのものに対して立ち現れる」という事態がそうであったように、「ロゴス」と「同等のロゴスで言う」ことも、単なる包摂関係によって根拠づけられるのではなく、そこには次元性の差異と、それを繋ぐ褶曲とが刻印されている。こうした事態に対する洞察が、この断片において「賢いこと《ソポン》」(σοφόν)と呼ばれ、そこに「知恵《ソピア》」(σοφία)が具現しているとみなされる以上、ロゴスをめぐるこの関係こそが、知の発生の場面であり、知の組織化の叙述である「論理学」(Logik)の起源と考えられねばならない。

　知を主観性の構造契機としてではなく、ロゴスにおける現象と思考の接合性として理解する論理学こそ、ハイデガーによって「正しく理解された論理学」と呼ばれるが、それは同時に、真正な意味での「超越論的論理学」、あるいは「形而上学的論理学」の展開と考えることもできる(60)。なぜなら本来「超越論的」と呼ばれる事態は、思考が存在へと超出する関係をめぐって、その関係そのものと思考との次元性の差異と連繫——いわば関係性への関係——を視野に収める高度の反省を意味するからである。そして、複数の表象を総合する統覚理論と捉えられたカント的な超越論的論理学を、主観の反省という制約から解き放ち、思考の源泉としてのロゴスに差し戻すなら、この論理学はまさに、本来の意味での「超越論的論理学《ロゴス》」となることだろう。このように捉え返された超越論的論理学は、同一性を根本原則とする伝統的な論理学とは次元を異にする襞の論理学である。この論理学においては、同一性による差異性の根拠づけや、多数性の演繹ではなく、区別と連繫、差異と同一性が絡み合う接合こそが主題となる。「異なったものだけが同等でありうる。……同等なものの同等性が根源的になればなるほど、その同等性において差異は本質的であり、同等なものの同等性は緊密である」(61)。

差異性の同等性、同等性の差異性をめぐる思考としての「賢さ《ソポン》」（σοφόν）、すなわち「知《ソピア》」（σοφία）は、「明らか《サペス》」（σαφές）の語を引き寄せ、明るみを示唆しながら、ロゴスと知、そして現出の場としての「開かれ」と繋がっていく(62)。こうして「明るみ」、あるいは「開かれ」を仲立ちとすることで、知とロゴスの理論として考察された論理学は、「自然《ピュシス》」において注目された「立ち現れ」の理解と結び合い、その本質を現出と隠蔽の理論である現象学へと移行させる。ロゴスは、そのロゴスに呼応する人間の知と捩れながら接合し、超越論的論理学というメビウスの環を形成しながら、現出者の現出、存在者の存在という同語反復的で逆説的な関係を通して、自らの内部に向かって反転する。存在者が存在することによって、存在は存在者の内に畳み込まれ、現出者が現出することによって、現出者の立ち現れの内に、現出そのものが自己隠蔽として折り畳まれる。この逆説的事態に応じる人間の思考は、存在と存在者との差異性と同一性を、ロゴスと思考との差異性と同一性というかたちで自らの内に襞として刻み込む。「存在に対する人間の関連は、存在者に対する人間の関連と並存しているわけではない。それは、存在と存在者に関わる二つの分離した関連ではなく、人間が存在の現前の内に立ちながら存在者に関わること、そして存在者が存在の光の内で出会われることという〔二重でありながら〕唯一の襞なのである」(63)。襞としてのロゴスは、それ自身の内に顕現と隠蔽を併せもち、明るさと暝さを宿すことで、自らの内に差異性と同一性を護り続ける。その差異性と同一性は同時に、知の源泉である「現存在」の「現」そのものがもつ始源的な明るみと暝さでもあるだろう。

結語　始源と遡行

「始源とは、過去のものとしてわれわれの背後にあるのではなく、……われわれをすでに追い抜いてしまっている」[64]。われわれは始源を乗り越えてきたのではなく、むしろ始源に遅れを取っているという特異な確信に貫かれたハイデガーのギリシア解釈は、歴史の生起を貫く逆説を体現しながら、始源的思考をその可能性に向けて解き放とうとするものであった。その解釈は、ギリシア語に限らず、ドイツ語も含めて、言語に高圧を掛けることで、その内に歪みを発生させ、文法と論理が軋みを立てて壊れ始める、その一瞬を捉えようとするかのようである。その解釈は、歴史的・実証的に検証しうる領域を越えて、前ソクラテス期の思想家たちによって目撃された、存在をめぐる思考そのものの発生地点を目指して邁進していく。ハイデガーの思惟の過激性は、ヘラクレイトスの読解を通して、知の反省的完成としての論理学を解体し、その始源であるロゴスの理論へ遡ることによって、思考の超越論的起源そのものに遡及する。そこには同時に、アナクシマンドロスとパルメニデスの解釈によってプラトン以降の形而上学的・概念的思考の閉域を脱け出し、存在と存在者の差異性と同一性を現出の生成における動態へと差し戻して、現代における現象学運動を刷新しようとする動機が強く働いている。哲学の歴史から、単なる知識や情報ではなく、思考の可能性を最大限に引き出すことが、哲学にとっての歴史の役割だとするなら、ハイデガーのギリシア解釈は、破壊的解釈を通じて、思考自身の既存の枠組みを解体しながら、その始源に遡源しようとする「遡行的歩み」(Schritt zurück) であり、哲学史の最も過激な方式とも言えるだろう。そこでは、哲学の歴史を哲学的に理解すること、あるいはそもそも哲学的に思考することのすべてにまつわる問題が凝縮されたかたちで語られている。

歴史と思考の始源を辿る遡源の旅は、存在の現出と隠蔽の場へと向けて歩みを進めるが、その出会いの場は自らを匿し、始源はいつまでも闇の中にある。ヘラクレイトスが「暗い人」と呼ばれたのは、思索そのものの本質に即したことであった。「思索は、自らを隠蔽するものを思索しなければならない。……思索されるべきものは、その意味において〈暗闇〉であるがゆえに、……本質的な思索は、それ自体必然的に瞑《くら》いのである(65)」。

註

（1） M. Heidegger, *Grundprobleme der Phänomenologie* (1919/20), Gesamtausgabe (= GA), Bd. 58, Frankfurt a. M. 1993, S, 3; id., *Phänomenologische Interpretationen zu Aristoteles. Einführung in die phänomenologische Forschung* (1921/22), GA 61, Frankfurt a. M. 1985, S. 26, 74f.

（2） Id., Der Spruch des Anaximander (1946), in: *Holzwege*, 6. Aufl., Frankfurt a. M. 1980, S. 323 (GA 5, Frankfurt a. M. 1977, S. 327).

（3） Id., *Was heißt Denken?*, 4. Aufl., Tübingen 1984, S. 14, 26 (GA 8, Frankfurt a. M. 2002, S. 40, 63).

（4） Id., Die seinsgeschichtliche Bestimmung des Nihilismus, in: *Nietzsche* II, Pfullingen 1961, S. 338 (GA 6-2, Frankfurt a. M. 1997, S. 304): Das Wesen des Nihilismus ist die Geschichte, in der es mit dem Sein selbst nichts ist.

（5） Id., *Sein und Zeit*, 15. Aufl., Tübingen 1979, S. 34 (GA 1, Frankfurt a. M. 1976, S. 46).

（6） Aristoteles, *De Caelo*, 293a25; 296b6; 297a4, b24ss.

（7） Cf. S. Jollivet, Das Phänomen der Bewegtheit im Licht der Dekonstruktion der aristotelischen Physik, in: A. Denker et al. (Hgg.), *Heidegger und Aristoteles* (Heidegger-Jahrbuch 3), Freiburg/München 2007, S. 130-155.

（8） M. Heidegger, *Hölderlins Hymnen »Germanien« und »Der Rhein«* (1934/35), GA 39, Frankfurt a. M. 1980, S. 3; id., *Parmenides* (1942/43), GA 54, Frankfurt a. M. 1982, S. 1-14.

（9） Cf. Fr. Nietzsche, *Die vorplatonischen Philosophen* [WS 1869-1870(?); SS 1872; WS 1875-1876; SS 1876], Werke, Kritische

Gesamtausgabe, hg. von G. Colli, M. Montinari, Berlin/New York 1995, Bd. 4: Vorlesungsaufzeichnungen (WS 1871/72-WS 1874/75), S. 207-362.

（10）M. Heidegger, Der Spruch des Anaximander, in: *Holzwege*, S. 320 (GA 5, S. 324).

（11）Id., *Was heißt Denken?*, S. 113 (GA 8, S. 188).

（12）Fr. Hölderin, Sophokles, *Antigonae*, Übersetzungen, Sämtliche Werke und Briefe, Bd. 2, hg. von M. Knaupp, Darmstadt 1998, S. 331. 第1稿では同じ語が「荒々しい」（gewaltig）と訳されていた。Cf. id., Chor aus der Antigonä, *op. cit.*, S. 186.

（13）M. Heidegger, *Einführung in die Metaphysik* (1935), GA 40, Frankfurt a. M. 1983, S. 158f.

（14）*Ibid.*, GA 40, S. 168f.

（15）*Ibid.*, GA 40, S. 172.

（16）Cf. G. Steiner, *Antigones*, Oxford 1984, p. 173.〔G・スタイナー『アンティゴネーの変貌』海老根宏・山本史郎訳、みすず書房、一九八九年、二四六頁〕

（17）E. R. Dodds, *The Greeks and the Irrational*, Berkeley/London 1951, p. 49.〔E・R・ドッズ『ギリシァ人と非理性』岩田靖夫・水野一訳、みすず書房、一九七二年、五九頁〕

（18）I. Ducasse, Comte de Lautréamont, *Les Chants de Maldoror*, Œuvres complètes, Paris 1973, p. 34.〔ロートレアモン『マルドロールの歌』前川嘉男訳、集英社文庫、一九九一年〕この詩句は、ボードレール「人と海」の反響でもある。「人間よ、おまえの深淵の底を計った者は誰もいない。／海よ、おまえの水底に秘められた富を知るものは誰もいない。／……／そしてその間、数知れぬ世紀を経たが、憐憫も悔恨もなく、海と人は格闘する。それほどまでに、おまえたちは殺戮と死を好むのだ」（Ch. Baudelaire, L'Homme et la mer, in: id., *Les Fleurs du mal*, Œuvres complètes, t. 1, Paris 1975, p. 19.〔ボードレール「人と海」『悪の華』鈴木信太郎訳、岩波文庫、一九六二年、六〇頁以下参照〕）。

（19）M. Heidegger, *Einführung in die Metaphysik*, GA 40, S. 172.

（20）Id., Der Spruch des Anaximander, in: *Holzwege*, S. 333f. (GA 5, S. 337f.).

（21）Id. *Parmenides*, GA 54, S. 30-42.

（22）Id., Der Spruch des Anaximander, in: *Holzwege*, S. 354f. (GA 5, S. 358f.).

（23） A. Berman, *L'épreuve de l'étranger. Culture et traduction dans l'Allemagne romantique: Herder, Goethe, Schlegel, Novalis, Humboldt, Schleiermacher, Hölderlin*, Paris 1984.〔A・ベルマン『他者という試練——ロマン主義ドイツの文化と翻訳』藤田省一訳、みすず書房、二〇〇八年、三四八頁〕。「字句どおりの翻訳とは、そうした字義を目指すものであり、さらには、原テクストの傾向によってその字義が覆い隠されたり「否認」されたりする場合にはそうした傾向をいわば跨ぎ越して復元を行いさえするものである。原典とは実のところ不同の与件ではなく、ひとつの闘争が生起する場であり、しかもあらゆる水準においてそうなのだ」。

（24） H. Diels, W. Kranz (Hgg.), *Die Fragmente der Vorsokratiker*, 3 Bde., 6. Aufl. Berlin 1951-52, Anaximander (B), 1.〔『ソクラテス以前哲学者断片集』第一巻、内山勝利・国方栄二・藤沢令夫・丸橋裕・三浦要・山口義久訳、岩波書店、一九九六年〕

（25） G. S. Kirk, J. E. Raven, M. Schofield, *The Presocratic Philosophers. A Critical History with a Selection of Texts*, Cambridge/New York 1957.〔G・S・カーク／J・E・レイヴン／M・スコフィールド『ソクラテス以前の哲学者たち』京都大学出版会、一四一—一四二頁〕。『ソクラテス以前哲学者断片集』第一巻、一八一頁、訳註（1）も参照。

（26） M. Heidegger, Der Spruch des Anaximander, in: *Holzwege*, S. 350 (GA 5, S. 354).

（27） *Ibid.*, S. 361 (GA 5, S. 365f.).

（28） *Ibid.*, S. 350 (GA 5, S. 354): Anwesen west in solcher Fuge. Anwesendes ent-steht dem Hervorkommen und ver-geht in den Hinweggang, beides zumal und zwar, insofern es weilt. Weile west in der Fuge.

（29） I. Kant, *Kritik der reinen Vernunft*, A182 (Akademie-Ausgabe [= AA], Bd. 4, Berlin 1911, S. 124); B225 (AA 3, S. 162).

（30） Cf. M. Heidegger, *Die Frage nach dem Ding, Zu Kants Lehre von den transzendentalen Grundsätzen* (1935/36), GA 41, Frankfurt a. M. 1984, S. 227f.

（31） M. Heidegger, Der Spruch des Anaximander, in: *Holzwege*, S. 361 (GA 5, S. 366).

（32） 「ディケー」を「接合」（Fug）、「アディキア」を「不接合」（Un-fug）と捉える解釈は、すでに一九三二年の講義に見られるが、そこでは「クレオーン」は、「必然」（Notwendigkeit）、「強制」（Nötigung; Zwang）と理解されている。Cf. id., *Der Anfang der abendländischen Philosophie. Auslegung des Anaximander und Parmenides* (1932), GA 35, Frankfurt a. M. 2012, S. 9, 21.

（33） Id., Der Spruch des Anaximander, in: *Holzwege*, S. 358 (GA 5, S. 363).

(34) Id., *Spruch des Anaximander* (1942), GA78, Frankfurt a. M. 2010, S. 234: Der Beginn der Weile des Jeweiligen ist das Wesen, das der Grenze wehrt.

(35) *Ibid.*, GA 78, S. 233.

(36) Id., *Was heißt Denken?*, S. 133-138 (GA 8, S. 223-230).

(37) Platon, *Sophistes*, 261e.

(38) M. Heidegger, *Was heißt Denken?*, S. 135 (GA 8, S. 226).

(39) *Ibid.*, S. 111 (GA 8, S. 186).

(40) *Ibid.*, S. 114 (GA 8, S. 190).

(41) *Ibid.*, S. 125ff. (GA 8, S. 211f.).

(42) *Ibid.*, S. 126 (GA8, S. 213).

(43) Id., Moira (Parmenides, Fragment VIII, 34-41), in: *Vorträge und Aufsätze*, 4. Aufl. Pfullingen 1978, S. 242 (GA 7, Frankfurt a. M. 2000, S. 255).

(44) I. Kant, *Kritik der reinen Vernunft*, A158 (AA 4, S. 110f.); B197 (AA 3, S. 145).

(45) M. Heidegger, *Was heißt Denken?*, S. 148f. (GA 8, S. 246f.).

(46) Id., Moira (Parmenides, Fragment VIII, 34-41), in: *Vorträge und Aufsätze*, S. 241 (GA 7, S. 254).

(47) *Ibid.*: das nämlich entbergend die Zwiefalt Entfaltende gewährt das in-die-Acht-Nehmen auf seinem Weg zum versammelnden Vernehmen des Anwesens von Anwesendem.

(48) Id., *Der Anfang des abendländischen Denkens. Heraklit* (1943), in: *Heraklit*, GA 55, Frankfurt a. M. 1975, S. 324.

(49) G. W. F. Hegel, *Vorlesungen über die Geschichte der Philosophie*, Werke, Bd. 18, hg. E. Moldenhauer, K. M. Michel, Frankfurt a. M. 1971 (1. Aufl. 1832-1834), S. 320.

(50) M. Heidegger, *Der Anfang des abendländischen Denkens. Heraklit*, in: *Heraklit*, GA 55, S. 45-85.

(51) *Ibid.*, GA 55, S. 110.

(52) *Ibid.*, GA 55, S. 127-141.

(53) *Ibid.*, GA 55, S. 133: Das Aufgehen gönnt dem Sichverschließen, daß dieses jenem das Wesen vergönnt und so sich selbst in der Gunst des eigenen Wesens bewahrt, die ihm durch das Aufgehen gegönnt ist.

(54) Id., Aletheia (Heraklit, Fragment 16), in: *Vorträge und Aufsätze*, S. 263 (GA 7, S. 278).

(55) Id., *Der Anfang des abendländischen Denkens. Heraklit*, in: *Heraklit*, GA 55, S. 141.

(56) 「接合」（Fug）をめぐるこれらの語は、『哲学への寄与』の六つの「接合構造」（Fügung; Fuge）にとっても本質的となっている。Cf. id., *Beiträge zur Philosophie (Vom Ereignis)*, GA 65, Frankfurt a. M. 1989, S. 9.

(57) Cf. H. Hüni, Heraklit oder „anderer Anfang“, in: M. Steinmann (Hg.), *Heidegger und die Griechen*, Frankfurt a. M. 2007, S. 45f.

(58) M. Heidegger, *Der Anfang des abendländischen Denkens. Heraklit*, in: *Holzwege*, GA 55, S. 172f: Jedweder, der ist, muß, sofern er ist, so sein, daß er aufgeht gegen das Aufgehen selbst, daß Jedweder aufgehend zur φύσις sich verhält.

(59) Id., Logos, in: *Vorträge und Aufsätze*, S. 207 (GA 7, S. 220): Eines als Selbes, ein Vorliegendes im Selben seines Vorliegens gesammelt vorliegen-lassen.

(60) Id., *Logik. Heraklits Lehre vom Logos* (1944), in: *Heraklit*,GA 55, S. 230, 236.

(61) *Ibid.*, GA 55, S. 250.

(62) *Ibid.*, GA 55, S. 247.

(63) *Ibid.*, GA 55, S. 343.

(64) Id., *Der Anfang des abendländischen Denkens. Heraklit*, in: *Heraklit*,GA 55, S. 175f.

(65) *Ibid.*, GA 55, S. 32f.

第二章　スコラ学からアウグスティヌスへ
――初期ハイデガーと中世哲学――

序　思考の由来

思考の生成に起源と歴史があるように、思想家にもまた、固有の由来と来歴がある。古代ギリシアにおける存在理解の源泉に立ち戻ることを思索の課題として、前ソクラテス期への遡行を試み、ローマ的・カトリック的思考を原初的思惟の隠蔽と捉えた後年のハイデガーの「存在史」構想とは異なり、修学時代のハイデガーの思想信条はカトリック的なものであり、学問上の出発点はスコラ哲学の研究に置かれていた。「神学という由来（Herkunft）がなければ哲学的思考の道に踏み入ることはなかった[1]」という後年の証言にも見られるように、キリスト教神学は、カトリック復興という同時代の環境とも相俟って、ハイデガーの哲学的思考を触発する大きな要因であった。その点から、ハイデガーにとっては中世哲学や聖書解釈学が学問的にも心情的にも身近なものであったことは十分に推察できるが、他方でハイデガーが修学期にあった二十世紀初頭は、哲学的には新カント学派の全盛期であると同時に、哲学の新たな始まりを告げる現象学の黎明期でもあった。カント的な超越論哲学を現代的に再解釈する新カント学派、そしてまた、ドイツ観念論の伝統に異議を唱え、超越論哲学の新たな可能性を探るフッサールの現象学、さらには生の躍動性と文化的創造性を訴える「生の哲学」など、その思想的風土は哲学的な創造力に富み、稀に見る刺戟と魅力を発散していた。したがって、ハイデガーと中世哲学との関わりを考えるに当たっても、それを純粋に神学的な意図やキリスト教信仰の深まりといった宗教上の動機に帰することはできないだろう。むしろキリスト教思想はハイデガーにとって、新カント学派から現象学へと移行するに当たり、哲学的思考をときどきの場面で突き動かし、その姿を変貌させる哲学的な意味をもっているのである。

最初期の教授資格論文『ドゥンス・スコトゥスの範疇論と意義論』（一九一五年）においては、判断論・範疇論といった観点から後期スコラ学が考察されることで、新カント学派的な問題意識がスコラ学的・アリストテレス的な存在論的な関心と融合し、さらに一九二三年以降のマールブルク時代においては、原始キリスト教とアウグスティヌスへの関心が、やがては『存在と時間』に結実する現象学的な実存論的思考や存在論的時間論への転換を促している。そのように見るならば、ハイデガーとキリスト教思想ないし中世哲学との関係は、ハイデガーが新カント学派的な超越論哲学から、現象学的に捉え返された超越論性の思考へと移行したその経過を理解するために有効な視点を提供してくれるように思える。そのためにここでは、ハイデガーにおける超越論的思考の展開という観点から、そのキリスト教思想・中世哲学の理解を追跡し、ハイデガー独自の思考形成への道を共に辿っていくことにする。その考察は、歴史的な順序とは逆に、中世後期のスコラ学から古代末期のアウグスティヌスへと遡り、そこにハイデガーの存在論的・超越論的思考の深化を見出すものとなるだろう。

一　新スコラ学の風土

（1）中世哲学からの出発

ハイデガーの学問的出発点が、神学、および中世哲学にあったことは、彼自身の手になる「履歴書」によって十分に確かめることができる。「私の哲学上の根本的確信は、アリストテレス＝スコラ哲学のそれであった。時が経つに連れ、その内に蓄えられた思想的遺産は、はるかに実り豊かな仕方で評価され、活用されなければならないし、その必要があると思われた」(2)。一九一九年に書かれたハイデガー自身のこの「履歴書」に示されているように、若きハイデガーの研究者としての出発点は、中世哲学、それもトマス・アクィナス、ボナヴェントゥラの盛期スコラ学、およびドゥンス・スコトゥス、フランシスコ・スアレスに至る後期スコラ学の研究にあった。

この「履歴書」の中でハイデガーは、自身の思想形成の源泉として、フッサールの『論理学研究』と並んで、「トマス・アクィナスの『小全』〔『対異教徒大全』〕、ボナヴェントゥラのいくつかの著作」に言及するばかりか、『カトリック教義学』（一八八九―九三年）を著したヘルマン・シェル（Hermann Schell, 1850-1906）の名を挙げて、そこに学的思考のひとつの理想像を見出している(3)。当時のハイデガーは、十九世紀以来、イタリアを中心に形成された新スコラ学の環境に身を置いており、そこにおいては、ピウス十世の回勅『ラメンタビリ』(4)（一九〇七年）と『パシェンディ』（一九〇七年）による近代化排斥宣言(5)、および伝統的なカトリック信仰の擁護などが喧しく議論されていた。すでに十九世紀末のレオ十三世による回勅『エテルニ・パトリス』（一八七九年）が「聖トマスの優れた叡知を熱心に回復すること(6)」を勧告した流れを承け、「哲学のすべての学派において、トマス・アクィナスの諸原理と主要な教えが聖なるものとして堅持される」[7]ことを宣言したピウス十世の回勅（一九一四年）なども、ハイデガーにとってはまさに同時代の身近な問題であった。

ハイデガーの周囲には、このように新スコラ学（新トマス主義）や、カトリックにおける近代主義論争などが大きな影を落としているだけでなく、人間関係を通じても中世思想、およびスコラ学に触れる機会に恵まれていた。ギュムナジウム時代に大きな影響を受けたとされるグレーバー（Conrad Gröber, 1872-1948）は『コンスタンツ宗教改革史』（一九一六年）で知られる教会史研究者であり、ハイデガーにブレンターノの『アリストテレスによる存在者の多様な意味について』（一八六二年）を贈っている。ブレンターノの論考では、多様な仕方で語られる存在の意味の統一は、類比的なものか一義的なものかという問いが提起されているが、これはトレンデレンブルク（Friedrich Adolf Trendelenburg, 1802-72）の範疇論的思想の影響下にありながら、やはり新スコラ学の問題意識を顕著に窺わせるものである。そのためハイデガーにとっては、この論考との出会いが、アリストテレス＝スコラ学的思考への接近、および「存在の問い」の最初の手がかりを提供したとされる。[8]さらに、ハイデガーがフライブルク大学で学んだフィンケ（Heinrich Finke, 1855-1938）もまた、中世末期の教会史研究で高名な歴史家であり、親密な交流をもったクレプス（Engelbert Krebs, 1881-1950）は、アルベルトゥス学派の一人、フライベルクのディートリヒに関して、きわめて早い時期の研究を残している。

こうした状況に加え、ハイデガーの存在論的関心は、組織神学の研究者であるブライク（Carl Braig, 1853-1923）、とりわけその『存在について——存在論概説』（一八九六年）によって後押しされたということが、ハイデガー自身の回想の内で語られる。[9]ハイデガーはブライクを「ヘーゲルやシェリングとの論戦を通じてカトリック神学に品位と拡がりを与えた」[10]と高く評価しており、その著作によって、「アリストテレス、トマス・アクィナス、およびスアレス」[11]のテクストに親しむことにもなった。しかしながら、ブライクの存在論は、当時の書評において「ライプニッツ、ヘルバルト、ロッツェなどのモナド論的な存在理解に近いもの」とも評されたように[12]、その思想は狭義の新スコラ学とはいくらか距離のあるものでもあり、トマスよりはむしろスアレスなどの後期スコラ学に近いものであった。そこでハイデガーにとってこの著作は、ピウス十世の慫慂するトマス主義からの最初の離脱の機縁ともなっている。こうした経緯に即してハイデガーは、後期スコラ学のスコトゥスを「中世的・スコラ学的思惟の思想的に最も完成した、また最も豊かな典型」[13]とみなし、教授資格論文の主題に選ぶことになる。この論考においては、「中世哲学において画期的であるのは、トマス・アクィナスではなく、ドゥンス・スコトゥスであった」というジーベック（Hermann Siebeck, 1842-1920）の言葉が共感をもって引用されているように[14]、この時期のハイデガーは、哲学史上の評価という点においても、トマス・アクィナスより、スコトゥスやスアレスといった後期スコラ学を重視し始めている。特にスアレスは、「中世の哲学、とりわけ存在論を初めて体系化し」、その用語法を通じてデカルトに影響を与えた思想家として高く評価されている[15]。

（2）　後期スコラ学と新カント学派

教授資格論文『ドゥンス・スコトゥスの範疇論と意義論』では、後期スコラ学に対するこうした理解にもとづいて、中世後期の「思弁文法学」、ないし表示様態の理論が扱われる。「範疇論と意義論」という問題設定そのものは、明らかにリッケルト（Heinrich Rickert, 1863-1936）やラスク（Emil Lask, 1875-1915）の新カント学派からの影響を窺わせる。一八六〇年代にリープマン（Otto Liebmann, 1840-1912）によって提起された新カント学派は、一九一〇年には、国際的な哲学雑誌『ロゴス――文化哲学の国際誌』の創刊などによって、学問上の影響を多方面に及ぼし始めており、ハイデガーもまた、フライブルク大学のリッケルトの元で学問的研鑽を積んでいたからである。リッケルト、およびその高弟のラスクは、判断論・範疇論を中心として、論理の論理性《ロゴス》をいまいちど根底的に問い直し、それを形式的な整合性や論理的な無矛盾性としてではなく、対象との関係に根差した思考の法則性として理解しようとしていた。思考の構造性を哲学的に解明しようとするその試みは、思考についての思考という反省的性格を抜きにしては考えられないため、そこでの論理は、認識対象の対象性を構成するものであると同時に、思考の自己反省の徹底化を目指すものである。その点で、リッケルトとラスクの関心は、カントにおける「超越論的論理学」の再開に向けられ、新カント学派の薫陶を受けたハイデガーもまた、思考の自己反省を基礎とする超越論的思考に早い時期から親しんでいたと言える。ハイデガーの哲学的思考はまず、「対象にではなく、対象一般についてのわれわれのア・プリオリな諸概念に関わるすべての認識(16)」と定義される「超越論性」のカント的理解から出発し、意識論の地盤において展開された反省の論理に立脚するものであった。しかしながら、こうした新カント学派の理論は、あくまでも認識論的・学問論的問題が中心であり、その見地から見る限り、ハイデガーのもうひとつの思想的源泉であるアリストテレスの存在論的思想は「素朴な形而上学(17)」とみなされ、否定的に評価される傾向があった。そのため、この時期のハイデガーの主要な関心は、学としての哲学という新カント学派的な批判的思考と、後期スコラ学を通して獲得した実在の理解をどのように和解させるか、つまり超越論的思考と存在論的問題設定の接合点をどこに見出すかという点にあったと言えるだろう。

ハイデガーが主要な研究対象に選んだ原典『表示様態、あるいは思弁文法学について』(De modis significandi sive grammatica speculativa) は、実際はスコトゥスのものではなく、十四世紀前半のエルフルトのトマス (Thomas de Erfordia) のものであるということが現在では判明している(18)。しかしダキアのマルティヌス (Martinus de Dacia †1304）やエルフルトのトマスらの「様態論者」によって展開された思弁文法学は、十三世紀から十四世紀のアリストテレス主義にもとづくものであり、論理学的・言語論的傾向を強めていった後期スコラ学の問題設定を強く窺わせる。思弁文法学は、論理学と文法論の統合であり、普遍的な意味内容が有限な自然言語の内で表現される様相を、言語内部の構造に即して解明することを目指している。つまり思弁文法学の理論では、言語運用に関する技術的・実用的な文法論とは異なり、自然言語に左右されない言語一般の構造を思弁的・理論的に考察することが目標とされる。しかも思弁文法学における範疇は、純粋な認識論的・言語論的形式に還元されることはなく、存在の基本範疇との対応関係を有しているため、その理論の内には、おのずから狭義の文法を超えた、意味と存在をめぐる形而上学的主題が含まれることになった。

そこで、『ドゥンス・スコトゥスの範疇論と意義論』においてハイデガーは、学位論文『心理主義の判断論』（一九一三年）以来の問題意識を延長し、ある種の形而上学的言語論とも言える思弁文法学を、新カント学派の妥当理論やフッサールの純粋文法学の理念に依拠しながら分析することを、自らの課題としたのである。当時の学問的・思想的状況を考えるなら、この「思弁文法学」という問題は、新カント学派の風土の下で学問的訓練を受けたハイデガーにとっては、自身の存在論的関心を新カント学派の哲学的枠組みの中で展開するには、まさに格好の題材であったと言えるだろう。こうして、新スコラ学の影響で培われた後期スコラ学・アリストテレス的な存在論の問題を、新カント学派の超越論的な問題設定のもとで考察することによって、ハイデガーは徐々に自身の「存在の問い」を自覚することになる。

二　スコラ学の流動化

（1）思弁文法学と超越論的論理学

「私にとって中世哲学への取り組みは、まず第一には、個々の思想家のあいだの歴史的関係を明示するというよりは、現代哲学の手段を用いてその哲学の理論的内容を解釈し理解することであった[19]」とハイデガーも要約しているように、後期スコラ学を分析対象とした『ドゥンス・スコトゥスの範疇論と意義論』では、中世哲学の歴史学的・文献学的考証にとどまらず、スコラ学の問題意識の「解きほぐし」（Auswicklung）、ないし「流動化」（Flüssigmachung）が目指された[20]。この論考におけるハイデガーの課題は、後期スコラ学を歴史的文脈の中に埋没させるのではなく、現代の問題意識によって活性化し、「問題の本質的潜勢力の原理的流動化[21]」を促すことであった。スコラ学のこの「流動化」とは、旧弊で柔軟性を欠いた理論体系と思われがちなスコラ学から、思考の新たな可能性を掘り起こし、その理論を「問い」として炸裂させることを意味している。後年のハイデガーは、「存在の問い」という起爆剤によって哲学史全体に揺さぶりをかける「解体」（Destruktion）を自覚的に遂行し、通常の意味での哲学史とは異質の「対決」（Auseinandersetzung）を貫くことになるが、そうした「解体」の原型とも言うべきものが、この「流動化」の内に萌芽的に見出される。この「流動化」によって、後期スコラ学の堅固な理論的城壁に穴を穿ち、そこに潜む問題の潜勢力を現代に向けて解き放つこと、その潜勢力を現代の思考、とりわけ新カント学派の超越論的思考とフッサールの現象学的思考によって創造的に推し進めることが目標となる。

スコトゥス学派を中心に確立した思弁文法学は、判断における存在の述定可能性をめぐる「超越範疇」(transcendentalia) の理論を基盤にしながら、存在の構造に応じた思考の範疇的構造、およびそれを表現する言語の文法的組織の問題を主題としていた。スコトゥス学派の精緻な議論に触発され、ハイデガーは形而上学的言語論とも言える思弁文法学の内に、存在の自己規定と思考の論理的な対象規定の関係、つまり存在の知解可能性・言表可能性という超越論的な問題を探り出していった。そこで『ドゥンス・スコトゥスの範疇論と意義論』においては、存在の知解可能性の問題を中心に、「存在」一般に付せられる述語である超越範疇が、思考の構造とともに分析され、さらにそこから、対象の対象性を構成する範疇の超越論的媒介の機能が論じられた。超越範疇の問題は、神をいかに語るかという問題への応答として、盛期スコラ学のトマス・アクィナスにおいて「もの、一、或るもの、真、善」といった確固たる定式化がなされたが、ハイデガーはさらにその超越範疇を意識論と接合しようと試みた後期スコラ学、なかでも存在と意識の関係を言語にまで延長しようとした思弁文法学を、総合的な「知」の理論として読み直そうとするのである。

スコラ学の存在論的な超越範疇の理論を知一般の理論として超越論的に解釈するに当たって、ハイデガーは、後期スコラ学、とりわけスコトゥス学派の知の理論が、「魂の内にあるもの」(ens in anima)、あるいは「概念上の存在」(ens rationis) といった用語によって、実在的な「自然上の存在」(ens naturae) とは区別される「意識」の領野に注目し、「論理的領域の固有性と固有の価値」を際立たせた点を高く評価している。つまり、スコトゥス学派のこの意識論的な観点の内に、ハイデガーは、経験的な心理現象からは独立した「ノエマ的意味」を強調するフッサール現象学と同質の着想を見出そうとするのである(22)。知性の働きは、そのつど何らかの対象に向かう志向的作用として、その活動や作用は「基体的に知性の内にある」(subjective in intellectu) 心理的事実であるが、これに対して、判断において表現される知性の理解内容そのものは、実在的な対象とは異なって、意識に内在するものでありながら、意識の実的《レエル》な構成要素とは異なる独自の意味次元として示される。この「ノエマ的意味」は、スコラ学において、「第一次志向」(primo intentio)(「第一次的に考察されたもの」[primo consideraturm])と区別され、「第二次志向」(secundo intentio)(「第二次的に考察されたもの」[secundo consideratum])と呼ばれるものである。この「第二次志向」としての「意味」は、それ自体は直接的意識の遂行そのものではなく、直接的意識に対する反省的視角を通して発見される領野と理解されている。「第一次的に考察されたものにおいて考察されたものとしてあるもの」(ens in primo considerato inquantum consideratum)という複雑な再帰的表現で語られるように、第二次志向である「意味」は、自然的態度の意識として直接に対象に関わる「第一次志向」においては主題化されることはないが、それを通してこそ対象の理解が可能になる透過的な媒体であり、対象と意識の中間領域とみなされるべき次元である。もとより、対象を把握可能にする「意味」とは、対象の自体的所与性を単なる表象的意識に解消するものではなく、対象をあくまでも自立的な事象として、つまりその真理性に即して意識に与えるものでなければならない。そのため、意味はあくまでも意識において把握されるとはいえ、心理的・経験的実在としての意識に依存するものではなく、作用から独立した「知」の領域を形成するのである。

(2) 意味と知

知とはまさしく、意識による事象の自体的把握であるという点で、真理の理解の確立であり、対象の対象性の構成を意味するものである以上、知をその成立に即して記述しようとするなら、「知性と事物の一致」のような古典的な真理の定義によって、真理を対象と意識という二項の事後的な結合と理解するような思考は、もはや知の本質を歪曲するものでしかない。知という意識の働きは、経験的で実在的《レアール》な現実と心的で理念的《イデアール》な理解内容とを繋ぐものではあるが、その両者の次元が意識遂行に先立って自立しているわけではない。むしろ知とは本質的に、その両者の関係性として成立するほかはありえないものであり、外的な領域同士の結合としては記述不可能な内在的な媒介の生起なのである。したがって知は、意識の作用として遂行されながら、当の作用にとって超越的な対象を意識の内在領域に取り入れ、対象をそれ自体として把握すると同時に、そこで把握されるのが対象そのものではなく、対象の意味であることを自らの内で明瞭化していく働きということになる。「ドゥンス・スコトゥスの述べるところでは、主観は心理的実在としては実在的な心理的諸作用を引き起こし、生み出すものであるとしても、その対象的内実に関しては（「しかし対象に関しては」[circa tamen objectum]）実在の生成を生み出すものではなく、その遂行によって意味の意識をもたらすものである[23]」。

こうして意識は、実在的意味での「外部」との関係ではなく、自らの内在的遂行の実的成素ではないという意味においてのみ超越的な対象を、「意味」の仲介によって把握する。その限りでは、意味を通して把握されるのは、やはり対象そのものであると言うことが可能であるばかりか、意味における事象の自体的顕現というその事態こそが、まさしく「真理」の核心をなすものなのである。理解されるのは「対象そのもの」ではなく「意味」であり、同時に「意味」を通して把握されるのは「対象そのもの」である。このような両義性は、対象の対象性の構成という事態の表現であり、その点において、超越論的観念性と経験的実在性の相即を「意味」という媒介に即して示したものとなっている。このような意味領域に働く知は、対象をその存在と一性と真理性において構成するという点で、「存在」「一」「真理」といった「超越範疇」によって構造化され、知における対象自体の把握を根拠づけている。そこでハイデガーは、後期スコラ学の超越範疇の理論を、思考の反省的自己規定との相関の内で超越論的に捉え返すとともに、スコトゥス学派の「思弁文法学」を、志向的意識にもとづいた知性的認識と言語表現の理論として解釈していく。つまりハイデガーは、後期スコラ学の存在論と言語論の接点を掘り下げることで、存在の規定としての「超越範疇」の超越論化と、知の内実である「意義」の現象学化を同時に進行させるのである。

「意義様態」の理論とも呼ばれる「思弁文法学」においては、存在・認識・言語の連繋と並行させて、「存在様態」(modus essendi)・「知性様態」(modus intelligendi)・「意義様態」(modus significandi) が区別されるが、それを踏まえてハイデガーは、対象性・意識・意義表現の諸相を、意識のノエシス・ノエマ構造に照らして現象学的に理解しようとしている。フッサールの『論理学研究』を模範にしたこうした解釈によって、対象の知性認識と言語化の構造が、対象の存在を中核としながら、知性における対象の対象性の構成と、言語的表現における論理的な意義の構成の次元に整理しながら明確化される。そのためハイデガーは、思弁文法学において知性様態と意義様態のそれぞれに設定される「能動的様態」(modus activus) と「受動的様態」(modus passivus) の区別を、フッサールにおける志向的内実と実的成素の区別に対応させ、そこに志向的作用一般の特徴である「作用性質と作用質料、ノエシスとノエマ、形式と内容の必然的相関」[24]を見ている。知性における「能動的知性様態」は、体験可能なもの一般である「存在様態」が意識の所与として与えられることを出発点として、対象を対象として構成する能動的な作用であり、その働きによって、対象的に与えられた限りでの存在様態である「受動的知性様態」──つまり対象的価値としての「可知的形象」(species intelligibilis) ──が可能になる。言語表現の次元においては、この可知的形象にもとづいて、意義付与の働きである「能動的意義様態」が、表現作用のノエマ的側面である「受動的意義様態」として具体化される。

（3）存在様態の両義性

こうして思弁文法学の解釈においては、心理作用から独立した意味の領域が取り出され、知性的認識と言語表現の成立が現象学的に叙述されることで、志向的意識における遂行性と遂行内容の相関性とともに、知そのものの構造性が、範疇論および意義様態の理論というかたちで示されることになった。意識遂行は、志向的対象である意味との関係の内で、事象を事象としてその真理において成立させる働きである以上、それは同時に、対象の対象性の構成といった超越論的な機能を果たすものとして理解される。つまりハイデガーは、後期スコラ学の思弁文法学から意味と真理の理論を引き出すことによって、意識の機能と意味の連関に関する現象学的知見と、対象の自立的存立の構成という超越論的論理学の構想の接合を図り、知の媒介性のあり方を探ろうとしていたということになる。

後期スコラ学の思弁文法学に関するこうした解釈は、現象学と超越論哲学の内的連関、および知と存在の媒介という主題に関して積極的な役割を果たし、存在・認識・言語という一連の主題とその相互関係を洞察する最初の機会をハイデガーに与えるものとなった。とはいうものの、新カント学派の判断論・範疇論、あるいはフッサールの純粋論理学・純粋文法学の理念のもとに展開されたその考察においては、自立的な「意味」の次元が積極的に論じられたにしても、その「意味」そのものはあくまでも判断の成立とともに前提され、存在と意味との関係、実在的領域と理念的領域の区別、さらには自立的・理念的意味の領域を発見するための方法論的手続きなど――つまりは現象学的還元に関わる主題群――が十分に顧慮されることがなかった。何よりもそこにおいては、存在様態・知性様態・意義様態という後期スコラ学の理論的構図が前提されざるをえないため、存在と思考の媒介について、事象に即した現象学的反省を徹底して展開しうる余地が残されていなかった。つまりそこにおいては、超越論的媒介の議論を現象学的な意識論と重ね合わせる試みがなされながらも、それらの論点を直接に「現出」、あるいは現象学的な媒介そのものの問題群に繋げる新たな見地が打ち出されたわけではない。

とりわけ問題となるのは、スコトゥス学派の理論において、「知性様態」と「意義様態」のそれぞれに対しては「能動的様態」と「受動的様態」が区別され、作用と内容の相関関係が語られているにもかかわらず、その両者の基盤となる「存在様態」に関しては、その様態上の区別がなされていないという点であった。ハイデガーも「スコトゥスは存在の様態について最終的な明瞭さに到達していなかった」と、批判的に指摘しているが[25]、存在様態に関する区別の欠落のゆえに、思弁文法学の理論の内では、存在様態が一方では自立的な客観的現実として、他方ではすでに形式によって規定された対象性として理解されるなど、存在の位置づけが曖昧なままにとどまらざるをえなかった。つまりそこでは、直接的実在に関わる形而上学的視点と、知による対象構成を主眼とする超越論的視点が未整理のままに並存していることになる。その点でこの議論は、あくまでも「存在」のあり方を不問に付したまま、知性様態・意義様態の構造のみを意識論的に解明するにとどまったと言うことができるだろう。ここから「存在の問い」に積極的に踏み込むためには、思弁文法学とは異なった意味での存在様態そのものの理論を探究すること、つまり範疇論・判断論・意義論という仕方で存在・認識・言語を領域的に区別したうえでそれらの構造的連関を解明するのではなく、範疇として構造化される存在様態そのものを、知によるその構造化とともに分析することが必要とされる。それはハイデガーにとっては、フッサール現象学との距離を測定しながら、独自の現象学理解を確立することであり、また同時に超越論的思考と現象学の交点上に「存在の問い」を浮かび上がらせる作業でもあった。この論点を確実なものとするために、ハイデガーはアリストテレスによる現象学の刷新、つまり「アリストテレスの現象学的解釈」、そして初期キリスト教に示される歴史理解、およびアウグスティヌス解釈による超越論的思考の転換という大きな迂回路を経ることになる。[26]

三　スコラ学の解体と教父思想

(1)　スコラ学からの離反

後期スコラ学への関心と新カント学派の問題意識を接合させた「思弁文法学」の議論は、中世哲学をハイデガーなりの現代的観点から生産的に読み直すことを狙っていた。しかしそこでの議論は、あくまでも範疇論と判断論という論理学的な領域に限定されており、真理論や存在論の問いがそこで十分に展開されたわけではない。その点は、ハイデガー自身が、この論考では「アリストテレスを中世哲学に結びつけるというところにまでは踏み込めなかった[27]」と述懐している通りである。ここから、アリストテレスへの関心に示される存在論的動機を、とりわけ自然学、および実践哲学に即して追求する方向が示される。それはまた、アリストテレス理解において、『形而上学』を中心としたスコラ学的解釈から、『ニコマコス倫理学』や『弁論術〔修辞学〕』に顕著に示されるある種の人間論へと重点を移していくことでもあった。そして、『自然学』を中心に展開されるアリストテレスの「自然《ピュシス》」の概念を、「運動ないし転化の原理[28]」(ἀρχὴ κινήσεως καὶ μεταβολῆς) という「基本的範疇」と捉え[29]、「運動」の概念を「生の事実性」の主題と繋げながら、「前理論的＝実践的論理[30]」を探究するという目標が、ハイデガーのその後の思考の歩みを大きく規定する[31]。

そうした意向に沿うかたちで、この時期のハイデガーは、徐々にカトリック的・スコラ学的形而上学への疑念を募らせ、一九一九年に書かれたクレプス宛の書簡には、「歴史認識の理論にまで及ぶ認識論的洞察によって、私にはカトリックの体系が問題をはらんでおり、もはや受け容れがたいものとなった」という文言さえ見出すことができる。(32) こうしてハイデガーは、形而上学と神学とを統合するカトリック的・スコラ学的な体系構築に飽き足らず、存在論的問題を信仰という事実的な生において捉え返そうとするプロテスタント的な傾向に共鳴することになる。「十字架の神学」の名の下に、原始キリスト教的な宗教経験をアリストテレス哲学やスコラ学による歪曲から甦らせようとしたルターに対しても、次第に関心を深めていく。(33) こうしたプロテスタントへの共感は、ハイデガー自身が一九二三年にマールブルクに移籍し、ブルトマンとの密接な交流をもち始めることで、キルケゴールに対する関心などとともに、いっそうの進展を見せていく。(34)

それとともにハイデガーは、アリストテレス的な存在論的問題意識と、スコラ学的な学問体系の構築という着想とを一旦切り離し、存在論的動機そのものを全面的に探求する道を取る。中世のスコラ学が、十三世紀にアリストテレス哲学とキリスト教神学との総合として組織化されたことを思うなら、形而上学的な問題設定と神学的体系とを分離するハイデガーのこの試みは、まさにより本質的な意味でスコラ哲学の「流動化」の試みだったと言うことができるだろう。この時期に書かれた「アリストテレスの現象学的解釈」(いわゆる「ナトルプ報告」)でのアリストテレス解釈においても、「学知《エピステーメー》」としての哲学に関する学問論的議論よりも、「知恵《ソピア》」や「賢慮《プロネーシス》」を中心に、知の成立と人間存在の遂行形態との関係が優先的に問われているように、ハイデガーの狙いは、スコラ学という学問体系を前提せずに、むしろ学問の遂行を事実的生へと遡って問い直すものであった。(35) その点でこれは、「体系」あるいは「学問」そのものに対する原理的な反省であり、学の理解そのものを新カント学派的な認識論的・批判的制約から解放することをも意味していた。そしてここからは、伝統的な形而上学を「存在―神―論」(Onto-theo-logie) として批判する後年のハイデガーの構想を予感することもできるだろう。

（２）アウグスティヌスへの接近

こうしたスコラ学の解体と並行して、事実的生の解明という関心のもとで、スコラ学的神学によって体系化される以前の原始キリスト教の経験、およびそうした原初的宗教性を留めているアウグスティヌスの思想が注目される。講義『アウグスティヌスと新プラトン主義』（一九二一年）においても、学問的構成による歪曲を可能な限り斥けることによって、アウグスティヌスにおける生の根源的経験を取り出す試みがなされている。そこでハイデガーは、当時のアウグスティヌス解釈において際立った三種の「歴史学的・類型論的解釈」――アウグスティヌスをそれぞれ、普遍史的観点から古代文化の精華とみなす文化哲学的観点[36]（トレルチ）、古代教会の発展という視点から改革者と見る教義史的観点（ハルナック）、精神科学の文脈から歴史的意識の発展の内に置く精神史的観点（ディルタイ）――とは一線を画し[37]、これらに共通する客観的歴史や教義ないし学知の理解を解体し、アウグスティヌスの内に息づく原始キリスト教的な宗教性を「遂行史的」（vollzugsgeschichtlich）に捉えようとする。それによってハイデガーは、アウグスティヌスにおける「哲学」と「神学」を、そのどちらか一方に還元するのでも、両者の境界をなし崩しにするのでもなく、形而上学的動機と宗教的動機の双方をその根源から捉え直す遡及的解釈を試みる[38]。それは同時に、スコラ学的前提によって縛られたアリストテレス理解とアウグスティヌス解釈から離れ、学知そのものを事実的生の内に根づかせ、その本質を変容させることを目指すものでもあった。そして、アリストテレスとアウグスティヌスをともにスコラ学的神学の軛から解き放ち、その存在論的＝実存論的根底へと遡ること、つまり「アリストテレスの存在論において達成された原理的基礎を顧慮しながら、アウグスティヌスの――つまりギリシア的＝キリスト教的な――人間論を解釈する試み[39]」が、まさに『存在と時間』の註で明言されている通り、やがてハイデガー独自の現象学的な実存論的分析に結実していく。

アウグスティヌス、および原始キリスト教についての分析に沿いながら、ハイデガーは、それまでの新カント学派の枠組みの中では扱いきれない実存と事実的生の姿を具体的に理論化していく。それはまた、新カント学派的な認識論的構図からの脱却にとどまらず、近代的な自己理解や主観性概念から離脱し、自己理解と世界理解、自己と超越の相互関係を浮彫りにすることに繋がっていく。アウグスティヌスの『独白《ソリロキア》』第二巻第一章や『神の国』第一一巻第二六章における自己把握の構造と、デカルトの「コギト」との類似性はしばしば指摘されることではあるが、ハイデガーは、デカルトにおける意識の形式的な自己関係と、アウグスティヌスに見られる生の事実的遂行や実存論的な再帰性の理解とのあいだに、決定的な相違を見ようとしている。「アウグスティヌスの思想はデカルトによって薄められてしまった。アウグスティヌスの意味での自己確実性、および自己把握は、〈コギト〉というデカルト的意味での明証性とはまったく異なったものである[40]」。

そこでハイデガーは、『神の国』において精神の三一性が端的に表現されている一節——「私たちは存在し、その存在を知り、かつその存在とその知識とを愛する[41]」——を念頭に置きながら、「存在」(esse)、「知」(nosse)、「愛」(amare)の段階的かつ再帰的な構造の内に、事実的生に固有の「自己確実性」(Selbstgewißheit)を見出していく。「確実なのは、(一)存在が愛されていること、(二)知が愛されていること、(三)われわれが現に愛しているという、その愛そのものが、われわれによって愛されていることである[42]」。存在・知・愛は、各々が等しく人間精神の述語でありつつ内在的な相互関係の内にあり、それぞれのあいだで互換性が成立するという点で、神についての述語である「超越範疇」(一・存在・真理・善・美)と同様の構造をもっている。精神の超越範疇とも言えるこれらの述語群は、「愛」を基盤に構造化され、精神という一性を成立させる限り、ひとつの中心をもち、なおかつその構造自身を内在的に把握する自己再帰性を具えている。しかも「愛」とは、事象の客体的な所有や我有化ではなく、自らの主体の自発性を対象に委ねる脱自的遂行である以上、この精神の自己関係は、単なる循環や自己完結的な確実性ではなく、自己から外部へ超出する脱自の確実性を意味する。

「愛もまた愛の対象となるか」(43)という高度の反省的吟味を経て、アカデメイア派の懐疑論を乗り越え、精神の開放的な自己把握を洞察するアウグスティヌスの思考は、ハイデガーにとって、懐疑を通してのみ見出されるデカルト的なコギトとは区別される自己関係のあり方を指し示すものであった。アウグスティヌスにおいては、愛という自己超出の運動が、懐疑という否定性を介しながらも、「愛することを愛する」という自己関係を通して、愛の対象に向けて自己を突破していく。存在・知・愛の関係の規定の内で、ハイデガーが「われわれが現に愛しているという、その愛そのものが、われわれによって愛されている」(44)と的確に表現しているように、愛の再帰的自己超出は、他なるものへの一体化でも、愛する者自身への同化・吸収でもなく、愛という関係そのものに対する関係であり、自己関係を通じた関係そのものの開示である。このような関係の自己開示は、同一の事象を形式的に反復するものではなく、それが愛である限り、愛する者は愛の内での対象の自己実現に向けて、自らの自己主張を愛との一致の内に解消しようとする。アウグスティヌスによれば、「善い人と呼ばれるのにふさわしいのは、善が何かを知っている者ではなく、善を愛する者」であり、「愛されるのは、むしろ愛そのものである」(45)。ここでアウグスティヌスは、愛の対象についての「本質」の知解ではなく、他なるものに向かう脱自的・自己関係的超出の内に愛の本質構造を見ている。愛の自己超出と自己関係こそが、創造者たる神を求める人間精神を構成する。「存在の知」にとどまらず、その根底に「存在の知への愛」を見出していくアウグスティヌスの自己突破的思考は、新プラトン主義的な「イデア」の知を相対化したうえで、プラトン固有の「愛《エロース》」の力動的理解を救い出し、「愛知《フィロソフィア》」としての「哲学」を促す根本的動機に迫るものと考えられる(46)。こうしたアウグスティヌスの思考を手がかりに、超越の遂行としての脱自的実存の理解に接近したハイデガーは、アリストテレスを介して獲得した「運動」の動態を生の力動性に転換するとともに、新カント学派的・フッサール的に捉えられた超越論性の内実をも変質させていく。

四　アウグスティヌスと超越論性

（1）　愛と探究

愛を通して自らを他なるものへと開いていく自己超出が典型的に現れるのが、「探究」あるいは「問い」という人間のあり方である。『告白』においてアウグスティヌスは、神を問い求め、「至福の生」を願う探究を人間の存在の核心として提示し、神に達するまでの人間の迷いと困難を、自らの自己探究を通して語っていく。「知ることなしに、誰があなたを呼び求めることができるだろうか。……まだ信じていないものを、なぜ呼び求めることができるだろうか」(47)。『告白』は、こうした探究の逆説に始まり、神の探究についての反省を繰り返しながら、「回心」を転換点とする自身の実存的経験を、神に対して、また同朋に対して告白していく。そのためその告白の内には、探究者が抱く神への愛、探究の目標であるとともに告白を促す神の愛、そして告白を深い共感をもって受け止めるであろう他者の愛が前提されている。探究対象への自己譲渡と間主観的な友愛を背景とするその探究の道筋は、「あなたの内に憩うまで、私の心は安らぐことがない」(48)という生における動揺と不安に発している点で、デカルトの方法的懐疑のような、意識によってなされる作為的操作でもなければ、暫定的な思考実験でもない。アウグスティヌスの探究は、「私は疑いをもってではなく、確かな自己知をもってあなたを愛する」ことを出発点としているように、懐疑を通じて無前提で確実な知を取り出すものではなく、確信に満ちた愛によって先導され、「あなたの言葉によって射貫かれた(49)」と語られる事実的生の実存的な受容性によって促される(50)。

探究のパラドクス――前もって知らなければ、そのものを探し出すことはできないし、探し出したとしてもそれに気づくことはないという困難《アポリア》――は、すでにプラトンの『メノン』に見られるものだが、『告白』においてそのパラドクスは、探究の前提となる「自己知〔良心〕」（conscientia）という先行的な自己把握を前提したうえで、探究における既知と未知の捩れとして解釈され、探究そのものの自己解放的な動態を形成するものとなっている。神への探究は、問う者自身の自己知の内に芽生える愛によって触発されるが、その探究の能動性は、問われる事象である神の知を介してのみ与えられる。「私を知る者よ、あなたを知らしめたまえ。私があなたに知られているように、あなたを知らしめたまえ(51)」。私の自己知は、「私を知る者」としての神の知の優位を経由することで、本来の自己知に到達することができる。自己をめぐる知は、神の知に向かって自己を離れ、自己を委ねることによって、自己へと投げ返されるのである。したがって、「私にとって私ほど近い者があろうか(52)」と言われながらも、その自己との近接性は、神の先行性を迂回して、自己との差異の中で初めて「近さ」として気づかれる。

「したがって私は、自己について何を知っているかを告白するとともに、自己について何を知らないかをも告白しようと思う(53)」。自己についての「知」のみならず、自己についての「無知」を告白することが自己の真の露呈になるといった逆説によって、探究そのものが常に未知性に向けて開かれていることが示される。アウグスティヌスの行う探究の道程は、既定の到達点や、何らかの事実の発見を実現することで終結するのではなく、むしろ終結のない過程であり、見出すもののない探索、いわば探究そのものの探究である。「告白」というこの探究は、自己の外部の他なるものを見出すことを目的とするのではなく、探究する自己自身を探究するという再帰的構造をもつため、逆に自己の内に完結することなく、探究固有の開放的性格を絶えずもち続ける。なぜならアウグスティヌスの「告白」は、直接的な自己把握にもとづくのではなく、問われるべき事象からの牽引力によって自己との隔たりが生じ、自己をめぐって既知と無知が相互に貫き合うことによって可能になるからである(54)。こうして、神への愛の確信と、それに導かれる自己知の探究は、「知解を求める信仰」(fides quaerens intellectum)を具体化し、神への探究の高まりが同時に自己への洞察の深まりに通じる『告白』独自の緊張関係を形成する。

『アウグスティヌスと新プラトン主義』において、ハイデガーはアウグスティヌスが『告白』全体で辿った道筋を踏まえつつ、その探究の本質を、経験的な体験や出来事に帰するのではなく、人間存在そのものの構造として理解するために、『告白』のなかでも、第九巻までの過去の伝記的な回想ではなく、「過去において自分が如何なる者であったかではなく、現在如何なる者であるかの告白(55)」である第一〇巻を中心に読解している。「あなた〔神〕を愛するとき、私は何を愛しているのだろうか(56)」というアウグスティヌスの問いを起点とするハイデガーの『告白』読解は、愛という志向性の標的を問い求める「私」が、「探究」ないし「問い」の中で、どのような存在様態を取り、どのようにその姿を変貌させるか、その構造を分析しようとする。つまりハイデガーはアウグスティヌスの『告白』を、「回心」という実存的転換を中心とする経験的意味での伝記としてではなく、神を問い求める「私」についての実存論的分析として解釈することを目指し、その解釈を手引きに、探究そのものの探究、あるいは、問いについての問いを展開しようとしているのである。ハイデガーにとって、アウグスティヌスの探究は、「神とは何か」、あるいは「私とは何か」といった、本質規定を目指すギリシア的哲学の問題圏に属すものではなく、神を探究する人間の脱自的・再帰的構造を主題化し、その遂行性を反省的に解明する実存論的・

超越論的分析の原型を示すものであった。

(2) 第二の超越論性

神と「至福の生」を目指す探究ばかりか、その探究そのものへの反省に貫かれた『告白』の内に、ハイデガーは「問う主体」の超越論的分析を見て取り、新カント学派の超越論的論理学やフッサールの超越論的現象学とは異なった超越論性の理解を開拓する機縁を得たように見える。実際に、『ドゥンス・スコトゥスの範疇論と意義論』に典型的に現れていた超越論性は、新カント学派の判断論・範疇論とフッサールの純粋文法学に従って、認識対象の構成と志向性の構造の解明といった問題意識のもとで展開されていたのに対して、『アウグスティヌスと新プラトン主義』では、「問い」(interrogare) ないし「探究」(quaerere: Suchen) を中核とする人間存在の事実性が注目され、認識論的な構成とは位相を異にする次元が見出されている。ハイデガーは、「問い」という運動の中で自己のあり方が問われる『告白』第一〇巻を取り上げることによって、対象の対象性と超越論的主観性との相関を中心に理解される新カント学派的な超越論性から離れ、探求を起動させる「問い」という遂行の構造に焦点を絞り、認識の発生論的生成に対する反省の内に、新たな超越論性の理解を見出していく。

自己の内での神の探究は、「確かな自己知」に先行的に導かれることによって、探究されるべき神によってあらかじめ規定され、その神の知を通して自己知自身の内へ折り返し、そこに自己との開放的・脱自的な関係を形成する。探究のこうした逆説的構造は、論理的には循環論証とも見えるが、むしろ「問い」はこの逆説的構造ゆえに、「解答」の誘惑に絡め取られることなく、問い自身に秘められた潜勢力を増大させていく。アウグスティヌスが「告白」を通して語る探究は、探究することによって探究の眼差しを鍛え、問いがもつ謎をそのつどより深い謎へと託していく作業であった。『告白』においては、「あなたの眼の前で、私は私にとって謎（quaestio 問い）となってしまった[57]」、あるいは「私にとってまさにこの自己自身が多くの労苦と汗を要する畑となってしまった[58]」、「私は私にとって重荷になる[59]」といった表現がさまざまな変奏を通じて繰り返されるのは、そうした探究の継続的な自己突破を表していると言えるだろう。

探究そのものの探究とも言えるアウグスティヌスの『告白』は、問いを遂行する自己自身の自己解明、しかも直接的な自己把握の内に完結することのない脱自的な自己関係を中心として、自己知を純化しつつ、その内へと内向していく。その探究が辿る軌跡は、自己知への求心的潜行であると同時に、あらかじめ自己を知っている神に向けての遠心的超出である。自己は探究が始まる以前に探究されるべきものを知っており、しかもその探究する自己は探究されるべきものによって先行的に規定されている。したがって、ここに何らかの循環を語るべきだとするなら、そこでは、求心性と遠心性が矛盾しない円環、自らを閉ざすことによって自らを開く回帰を考えなければならないだろう。アウグスティヌスの自己探究は、探究そのものの起源であり目的であるところへと駆り立てられ、単純な反復とは異なる脱自的超出の循環の内で自己の自立性を相対化しながら、自らの自己知を透徹させていく。このような超出的・脱自的循環は、対象の対象性の構成という意味での超越論性とは一線を画し、自己存在の全体を賭けた探究の遂行として、生の事実性の自己解明という性格を帯びている。

問いと探究をめぐるアウグスティヌスのこうした考察は、「問いへの問い」から始まる『存在と時間』の「存在の問い」からも、その確かな反響を聴き取ることができる。なぜなら、ハイデガーもまた、「存在の問い」に関して、「この問いを問うことは、ある存在者〔現存在〕そのものの存在様態として、問いかけにおいて問われているもの、すなわち存在の側から本質的に規定されている[60]」といった問いの根本構造を提示し、それと同時に、単なる悪循環とは区別される現存在の自己知の深化を語っているからである。すでに『アウグスティヌスと新プラトン主義』においても、「私が私にとって謎となってしまった」（... mihi queastio factus sum）という表現が重要な契機とみなされ、それが「問題性への自己生成」（Sichfraglichwerden）、あるいは「自己が問いへと変成すること」（Sich-zur-Frage-Werden）と言い換えられ、「問いとしての自己」というあり方が強調されている。(61)そして、自己の存在こそ自己にとっての謎であるというこの規定は、やがて『存在と時間』において、「自らの存在において自らの存在が問題である」(62)（es diesem Seienden in seinem Sein um dieses Sein selbst geht）という「現存在」の定義の内に集約されることになる。

「謎」ないし「問い」の内にあり続ける自己は、自らを次々とより高次の問いへと変容させていく。『告白』第一〇巻は、感覚的認識によって把握される可視的世界の吟味から始まって、五感を統率する魂を経て、さらにその自己の内なる本性を超えていくという仕方で、反省的な自己解明を上昇的に叙述していく。この行程において、感覚的対象や個々の感覚の働きとは区別される「魂」が、感覚的認識を成立させる総合機能として見出されるだけでなく、さらにその魂は、「内なる人間」、あるいは「内なる私」として、「私の魂の頂を超える」（super caput animae meae）ところへと自身を相対化していく。こうして、「一なる精神たる私」（unus ego animus）が、自己の活動の機能的中心とは区別され、未完結で開かれた問いの動態として発見される。なぜならこの「一なる精神たる私」は、感覚によって捉えられる外的世界がけっして神の座ではないことを見定め、さらには自身の魂すら神そのものでないことを洞察しながら、自己自身を次々と新たな問いの領域へと転換していくことで、自己の認識能力の中枢である魂とは異なる「別の力」（alia vis）を自覚していくからである。(63)アウグスティヌスにおいては、人間は「探究」という自己超出によって、動物とは異なる卓越した存在とみなされるが、ハイデガーは

「私の魂の頂を超える」魂のこの遂行の内に、「単なる客観的特性の理念ではない」「新たな意味での卓-越（über-ragen 超越的超出）」を見出していく。(64) つまりハイデガーにとって、魂自身を超出する「内なる私」の「別の力」は、人間の認識能力の可能条件というカント的＝新カント学派的な問題設定を突破し、超越論的問題を駆り立てる超越論性そのものの生起に関わるものであった。そのためアウグスティヌスが提起する「内なる私」の自己超出は、ハイデガーの目には、現存在の脱自的超越という意味での超越論性を示唆し、「一なる精神たる私」もまた、構造的な意味での超越論的統覚とは別の位相において、動態的超越の超越論性を形成するものと映ったに違いない。

五　実存論的様態論の形成

（1）　記憶と分散

「私の魂の頂を超える」超出において、自己の内面の底へと超越していくアウグスティヌスの歩みは、とりわけ自己知の根底に潜む「記憶」という内的空間へと向かって、精神の迷宮を降っていく。「宏大で無限な内陣」（penetrale amplum et infinitum）である記憶は、精神自身の能力でありながら、精神によっては究め尽くすことができないため、その無限の宏大さは、精神の内部で精神を突き破り、精神をその外部へと連れ出してしまう。精神は、自己が所有している記憶の能力を、精神自身によっては摑み切れないという点で、「自己自身を収めるためにはあまりに狭い(65)」のである。自己の内にある働きが自己を超出させるこうした記憶の力ゆえに、精神の十全な自己把握は破綻し、自己探求は脱自的な内的自己超越を介して無限へと開かれていく。

自己把握から逃れながらも、それがなおも自己の能力であるという逆説的構造は、「忘却の記憶」という現象によって顕著に示される。忘却が記憶の否定であるなら、忘却が起こっている限り記憶は存在しないことになるが、もし忘却に関して記憶がまったく関与していないなら、そこでは忘却という現象を理解することすらできないはずである。したがって、忘却を忘却として理解するためには、記憶は記憶自身の欠損であるはずの忘却をさえ記憶していなければならない。記憶と忘却のこうした「二律背反《アンチノミー》」は、論理的な二項対立ではなく、不在の現前といった捩れを介して、「探究」に見られた逆説をより鮮やかに示すことになった(66)。「もし記憶の外部にあなたを見出すのなら、私はあなたを記憶していないはずである。しかし、もし私があなたを記憶していなければ、どうしていま、あなたを見出すことができるだろうか(67)」。記憶の内部と外部という精神の内的構造と、現前と不在という現象学的事象がここで相互に絡み合い、不在でありながら精神の内に現存し、現存しながらなおも不在であるという探究特有の構造が、脱自的超越の本質として見抜かれることになる(68)。

ハイデガーもまた、アウグスティヌスの記憶論を踏まえながら、記憶あるいは探究の内に、「志向的な関連意味(69)」(intentionaler Bezugssinn）と呼ばれる純粋な関係性を見出している。忘却の記憶から明らかになるのは、記憶には特定の内容との関係だけでなく、その内容の欠落に対する関係すらが含まれていること、そして記憶は自らの不在に対する関係を遂行する点で、具体的内容には依存しない純粋な自己関係――しかも否定性を含む自己関係――を具現しているということである。「関連意味」とは、一九二〇年代初頭のハイデガーにおいて、関係の対象である「内実意味」(Gehaltssinn）や、関係の遂行それ自体を示す「遂行意味」(Vollzugssinn）と並んで、関係の様態（経験のあり方の「如何に」[Wie]）を純粋に表すために用いられた用語である(70)。したがってハイデガーにおいては、「忘却の記憶」という問題もまた、記憶の内実の有無ではなく、生の事実性が遂行する純粋な関係性全体のあり方に関わるものとして理解されていると言えるだろう。忘却という欠如をはらんだ記憶は何らかの到達点を保証されているものでもなければ、一定の内容によって初めてその存在が正当化されるものでもない。そのためハイデガーにとって、神および「至福の生」という具体的な内実に探究の照準を定めるアウグスティヌスの試みは、「平安」(quies)という究極的地点を設定するギリシア的理解に制約され、生の純粋な動態、あるいは「問題性」(Fragwürdigkeit)を最終的に活かしきれていないものと受け取られる。(71) そこでハイデガーは、探究の構造を純粋に自己遂行の内に引き戻し、探究や記憶の運動を事実的生の「様態」(Modalität)として理解する方向を強調することになる。(72)

記憶における現前と不在は、探究における知と非知の緊張とともに、生全体の動揺を引き起こす。『告白』第一〇巻の後半部分では、そうした探究の不安が叙述され、探究が迷い込む陥穽や緊張の弛緩など、生の多様な様態が目撃される。神を模索する生の自己探求は、「至福の生」を求める自己の「気遣い」(cura; curare; Bekümmertsein)であり、さまざまな「試練」(tentatio 誘惑)が待ち受けることによって、「苦難」(molestia; Beschwernis)という根本的性格を帯びざるをえない。生の自己探究は、内世界的事象に気を取られ、世界の内に自己を喪失しながらも、再び自己を回復するといった「試練」の動きの内にあり、「他への分散」と「一への集中」の両極のあいだを動揺する分裂的性格をもつ。アウグスティヌスは、このような「試練」として、「肉の欲求」(身体的快楽)、「目の欲求」(好奇心)、「世間的野心」(傲慢)といった三種の誘惑を語っているが、これらの分析をハイデガーは、倫理的訓戒や心理学的分析としてではなく、生の事実性の「様態」(Wie)と捉え、そこから生を自己解釈的に記述する「実存疇」(Existenzialien)を開拓するのである。(73) そのためハイデガーにおいて、「他への分散」(in multa defluere; defluxus)は、生の自己からの逃避としての「分散」(Zerstreuung; Zerstreutheit)

と翻訳され、生の多極的分裂そのものを指すものとみなされる[74]。

事実的生は、「分散」の内で、他へと分裂しながら、再び自己へと回帰するといった往復運動の内にあり、自己喪失と自己回復の分極化にさらされている。ハイデガーは、現実的・環境的世界の中で、他者や自己自身と関わり合いながら生が歴史的に遂行されるこうした様態を、アウグスティヌスの「苦難」(molestia) の叙述の核心とみなしている。「苦難は、事実的経験の遂行の〈あり方〉(Wie) において、自己所有の〈あり方〉に従って規定される」[75]。ここでの「自己所有」(Sichselbsthaben) とは、自己完結的な確実性ではなく、自己喪失と自己回復の動揺における自己関係であり、「私が私自身にとって謎となった」と言われる自己了解の不安である。事実的生は、それが「問い」として現れることによって、何らかの「自己知」に導かれる先行的構造をもつことになる。「問い」としての自己は、問いの逆説――問われるものは、いまだ顕在的には知られていないながらも、前もって知られていなければならないという背理――において、知と非知の交錯の内で振動しながら、事実的生の多様性の内に分散する。

こうしてハイデガーのアウグスティヌス解釈は、『存在と時間』における実存論的分析を構成する多くの契機を含んでおり、その形成にひとかたならぬ役割を果たしたものと考えられる。実際に、「配慮」や「苦難」の考察は、『存在と時間』で現存在の存在とされる「関心」(Sorge) の構造に組み込まれ、「試練」としての「多への分散」の内には「頽落」(Verfallen) の響きが聴き取れる[76]。実際にハイデガー自身、『存在と時間』において、「無駄話」「好奇心」「曖昧さ」の三様態からなる「頽落」を記述する際、「好奇心」(「目の欲」) の哲学的意味の発見者としてアウグスティヌスの名前を挙げ、次々と新しいものに目移りしていく好奇心の特徴を、「分散」(Zerstreuung 気散じ) と名指している[77]。それは同時に、視覚を範例とする認識の理解に対して、その両義性を指摘し、視覚的・対象的知を相対化することを意味していた[78]。そして何より、記憶と忘却の分析を介して獲得される現前と不在の交叉は、「存在の問い」においては、存在了解の先行性、あるいは存在忘却（忘却の忘却）の考察に活かされる。さらに、『アウグスティヌスと新プラトン主義』の講義では『告白』第一一巻の時間論までは扱われなかったとはいえ、『存在と時間』における時間性の分析にとって、それ自体が超越論的な傾向をもつアウグスティヌスの時間論[79]が、ハイデガーの存在論的・超越論的時間論の重要な着想源のひとつとなったのは間違いないだろう[80]。

（2） 超越論的思考の原型

アウグスティヌス解釈を背景として獲得された事実的生の理解は、学問と実存の関係を熟考する機会となっただけでなく、世界理解や存在理解へ迫ろうとするハイデガーの思考そのものを大きく規定することになった。それは、知ないし思考の形成を生の遂行そのものに即して理解するという意味では、哲学に対する実存論的な反省であり、思考の可能条件の探求という点では、まさに「超越論的」と言える着想を含んでいた。つまり、通例はきわめて近代的と考えられがちな反省的・超越論的思考への強力な動機を、ハイデガーは古代から中世にかけてのキリスト教思想から獲得していると考えられるのである。より正確には、後期スコラ学の思弁文法学の分析を通して明示化された新カント学派的な超越論性の理解から、アウグスティヌス解釈における事実的生の実存論的分析を経ることで、認識論的問題設定に解消されない超越論性の理解が獲得されたとも言えるだろう。さらには、『存在と時間』全体の方法論として掲げられる「解釈学」の構想もまた、アウグスティヌスの『キリスト教の教え』やオリゲネスの『諸原理について』などを規範とする聖書解釈学の伝統を抜きにしては考えられない[81]。オリゲネス（Origenes, ca.185-ca. 254）においては、聖書における多様な意味（「歴史的意味」、「道徳的意味」、「救済論的意味」）が、身体・魂・霊という人間存在の構造と並行して捉えられているように、教父以来の聖書解釈学とは、単なる字句の検討ではなく、人間存在論と不可分のものとして展開されていた[82]。また、解釈共同体とその伝統に関する議論が、エイレナイオス（Eirenaios; Irenaeus, 130/40-ca.200）やヒッポリュトス（Hippolytos, ca. 170-235）によって「使徒伝承」というかたちで提起されているように、教父思想の中には、解釈と人間存在、および歴史性との関連をめぐる洞察が多く含まれていた。シュライエルマハーに代表される近代の普遍的解釈学の構想もまた、そうしたキリスト教解釈学の洞察を、知の理論一般へと拡張することを目指したものと考えることができる。そのため、ハイデガーが構想した「事実性の解釈学」は、近代初頭のルター派の神学者フラキウス（Matthias Flacius Illyricus, 1520-75）などをも踏まえながらまさに知の形成と人間の生の相互性に関する理論を目指し[83]、解釈を広く生の遂行と捉えたうえで、生の時間的動態の内に知の形成の運動を見て取る反省の技法となった。

このように、ハイデガーの解釈学や超越論的反省にもとづく存在論の形成に際しては、原始キリスト教やアウグスティヌスに対する解釈が実に大きな役割を果たしたことが予想できる。また、いわゆる「ブリタニカ論文」（一九二七年）をめぐる遣り取りを通じて、フッサールとのあいだに亀裂が生じ始めたということも、こうした背景を踏まえるなら、より明確に理解できる。超越論的主観性は、生の全体性との関係の内で捉えられなければならないのであり、そこには時間性や歴史性の理解が不可欠であるといった確信が、ハイデガーを『イデーン』期のフッサールから引き離し、『存在と時間』に結実する実存論的分析に向かわせたのであろう。このように想定するなら、ハイデガーにとっての超越論的思考は、かならずしもカントやフッサールを直接に継承したというよりは、はるかその淵源に遡って、アウグスティヌス的な事実的生の自己反省の洞察を大きな動機としているとも言えそうである。一九二〇年代半ば以降の一連のカント解釈（とりわけ『カントと形而上学の問題』）もまた、カント的な超越論哲学そのものの忠実な解釈というよりは、生の事実性や時間性の理解から逆にカントの超越論的思考を再構成し、超越論性の思考を近代的・主観主義的な限定から解き放つことを狙っていたものと理解できる。それは同時に、アウグスティヌスによってカントを新カント学派から奪い返し、超越論性の濃密な源泉へ、いわば「第二の超越論性」へと向かう歩みでもあった。

結語　ドイツ神秘思想と中世末期の知性論

新スコラ学の制約から離れ、アウグスティヌスを介して、事実的生と知の発生論へと向かいつつあったハイデガーは、中世哲学の全体に関しても独自の見解を示している。『現象学の根本問題』（一九一九／二〇年）において、生の「自己理解」の問題をめぐって挙げられた「クレルヴォーのベルナルドゥス、ボナヴェントゥラ、エックハルト、タウラー、ルター」[84]といった系列はその一つの現れである。ここには、まさにアウグスティヌスに範を取る修道院神学とドイツ神秘思想の系譜が示され、内省的・神秘主義的思想への親近性を見ることができる。初期の講義ノートにおいても、スコラ学の学的体系がキリスト教の宗教性を脅かしたことに触れながら、ドイツ神秘思想、とりわけエックハルトの積極的評価が試みられている。ただし、その場合でもハイデガーの関心は、単なる理論の否定としての神秘主義の「非合理性」ではなく、むしろその反省的・学的可能性であった。「中世の神秘思想は……われわれが理解する悪い意味で神秘的なものではなく、むしろ卓越した意味で概念的なのである」[85]。

エックハルト固有の「離脱」(Abgeschiedenheit) も、「生き生きとした内的生の高揚」、あるいは「客体と主体の統一という構造的性格」として、その遂行の側面から知性論的に捉えられている[86]。

このような初期の神秘思想の受容を見るなら、エックハルトに由来する「放下」(Gelassenheit) を中心概念のひとつとするいわゆる後期ハイデガーの思想との繋がりがそこから予感される。思索の将来的な可能性として捉えられた「放下」は、『存在と時間』の内になおも拭いがたく現れる地平的・表象的思考を克服し、「地平を地平たらしめているところ」へと思考を深め、存在理解の成立過程をあらためて問い直すものであった。その思考は、「自性態」(性起 Ereignis) と呼ばれる存在の自己現出の動態を存在論的思惟そのものの成立との関係において考察し、存在者の現出にともなう存在の「隠蔽」を思考することを目指している。その点で「放下」の思考は、『存在と時間』において提起された現象学的・解釈学的な存在論の深化であり、超越論的思考をその成立にまで遡って問う高次の発生論的課題を含んでいた。それはまた、アウグスティヌスやエックハルトをもとに理解された知性論的・超越論的思考とその徹底という方向に沿うものでもあった。

思惟の内部で思惟の起源に遡りながら、なおかつそれを単なる主観的反省に留めずに、存在論的次元にまで遡及させるという方向性は、まさしくアウグスティヌスやドイツ神秘思想に見られる着想である。こうした思考は、アウグスティヌスにおける「精神の頂」(apex mentis)、「精神の秘所」(abditum mentis) の思想から、アルベルトゥス・マグヌスを継ぐアルベルトゥス学派、とりわけ、シュトラスブルクのウルリヒ (Ulrich von Straßburg, ca. 1225-ca. 77) やフライベルクのディートリヒ (Dietrich von Freiberg, 1240/50-1318/20) などの十三・十四世紀の知性論を介して、エックハルト、タウラーなどのドイツ神秘思想に至る一連の伝統を形成している。こうした知性論の伝統は、五世紀のディオニュシオス・アレオパギテスに由来する「否定神学」の伝統をも複雑に巻き込みながら、やがてはドイツ観念論の成立に繋がっていくものとも考えられる[87]。ハイデガーの「思索の事柄」をより徹底して考察しようとするなら、実証的な影響関係とは別に、このような多様な思想的伝統を考慮することが大きな意味をもつだろう。実際のところ、ハイデガーの提起した存在の隠蔽性や脱去の思想から、否定神学や神秘思想の伝統を想定することは可能であるし、ハイデガーが解釈の対象として選んだアウグスティヌス、カント、ドイツ観念論という流れからは、上述の知性論の系譜を想定することができる。これらを思想的に一貫して捉えるためには、まさに十四世紀の知性論が「失われた環」のようにも見えてくる。ハイデガーが若い頃に交流をもったクレプスがフライベルクのディートリヒの初期の研究者であり、このクレプスがハイデガーにもディートリヒ研究を勧めていた時期があることが知られている[88]。フライベルクのディートリヒを読むハイデガー——歴史的に意味のある空想であるかはともかくとしても、これは思想的にはきわめて心躍る象徴的な光景である。それはまた二十世紀初頭の思想運動において、歴史の中からどのような思想的潮流が呼び出され、それが再び活性化されていったのか、その可能性と射程を具象化する標章《エンブレム》ともなるだろう。

註

（1） M. Heidegger, Aus einem Gespräch von der Sprache. Zwischen einem Japaner und einem Fragenden (1953/54), in: *Unterwegs zur Sprache*, Gesamtausgabe (= GA), Bd. 12, Frankurt a. M. 1985, S. 91.

（2） Id., Lebenslauf (zur Habilitation 1915), in: *Reden und andere Zeugnisse eines Lebensweges*, GA 16, Frankfurt a. M. 2000, S. 38. Cf. H. Ott, *Martin Heidegger: Unterwegs zu seiner Biographie*, Frankfurt a. M. 1988, S. 85-87.〔H・オット『マルティン・ハイデガー——伝記の途上で』北川東子・藤澤賢一郎・忽那敬三訳、未來社、一九九五年、一二二—一二五頁〕

（3） M. Heidegger, Lebenslauf, GA 16, S. 37.

（4）　Lamentabili, 3. Juli 1907, in: H. Denzinger, A. Schönmetzer, *Enchiridion symbolorum definitionum et declarationum de rebus fidei et morum*, Freiburg im Breisgau 1976, 3401-3466.〔デンツィンガー・シェーンメッツァー『カトリック教会文書資料集』A・ジンマーマン監修・寛五郎訳、エンデルレ書店、一九七四年〕

（5）　Pascendi Dominici gregis, 8. September 1907, in: *ibid.*, 3475-3500.

（6）　Aeterni Patris, 1. August 1879, in: *ibid.*, 3140.

（7）　Doctoris angelici, 29. Juni 1914: in omnibus philosophiae scholis principia et maiora Thomae Aquinatis pronuntiata sancte teneantur.

（8）　M. Heidegger, *Frühe Schriften*, Vorrede, GA 1, Frankfurt a. M. 1978, S. 56f.

（9）　Id., Mein Weg in die Phänomenologie, in: *Zur Sache des Denkens*, 2. Aufl., Tübingen 1976, S. 81 (GA 14, Frankfurt a. M. 2007, S. 93).

（10）　Id., *Frühe Schriften*, Vorrede, GA 1, S. 57.

（11）　Id., Mein Weg in die Phänomenologie, S. 81f. (GA 14, S. 93).

（12）　M. Glossner, Rezenzion, zit. A. K. Wucherer-Huldenfeld, Zu Heideggers Verständnis des Seins bei Johannes Duns Scotus und im Skotismus sowie im Thomasismus und bei Thomas von Aquin, in: H. Vetter (Hg.), *Heidegger und das Mittelalter*, Frankfurt a.M./Berlin/Bern/New York/Paris/Wien 1999, S. 45.

（13）　M. Heidegger, *Frühe Schriften*, Vorrede , GA 1, S. 412.

（14）　*Ibid.*, GA 1, S. 283.

（15）　Id., *Die Grundprobleme der Phänomenologie* (1927), GA 24, Frankfurt a. M. 1975, S. 112.

（16）　I. Kant, *Kritik der reinen Vernunft*, A 11f. (Akademie-Ausgabe [=AA], Berlin 1911, Bd. 4, S. 23); B 25 (AA 3, S. 43).

（17）　Id., *Phänomenologische Interpretationen zu Aristoteles. Einführung in die phänomenologische Forschung*, GA 61, Frankfurt a. M. 1985, S. 4f.

（18）　Cf. M. Grabmann, De Thoma Erfordiensi auctore Grammaticae quae Ioanni Duns Scoto abscribitur Speculativae, *Archivum Franciscanum Historicum* 25 (1922), pp. 273-277.『表示様態、あるいは思弁文法学について』の著者問題を証明したグラープマン

に宛てた書簡において、ハイデガーは、教授資格論文の資料上の欠陥を認めながら、あくまでも「体系的目的」を優先した点を強調している。Brief Martin Heideggers an Martin Grabmann (1917), in: A. Denker, H.-H. Gander, H. Zaborowski (Hgg.), *Heidegger und die Anfänge seines Denkens* (Heidegger-Jahrbuch Bd. 1), Freiburg/München 2004, S. 74.

(19) M. Heidegger, *Lebenslauf*, GA 16, S. 39.

(20) Id., *Die Kategorien- und Bedeutungslehre des Duns Scotus* (1915), in: *Frühe Schriften*, GA 1, S. 196f.; 204; 399. Cf. J. Schaber, Heideggers frühes Bemühen um eine ›Flüssigmachung der Scholastik‹ und seine Zuwendung zu Johannes Duns Scotus, in: N. Fischer, F.-W. von Herrmann (Hgg.), *Heidegger und die christliche Tradition*, Hamburg 2007, S.108-113.

(21) M. Heidegger, *Die Kategorien- und Bedeutungslehre des Duns Scotus*, GA 1, S. 399: deren [= wesentlicher Potenzen des Problems] prinzipielle Flüssigmachung.

(22) *Ibid.*, GA 1, S. 275-289.

(23) *Ibid.*, GA 1, S. 285.

(24) *Ibid.*, GA 1, S. 311.

(25) *Ibid.*, GA 1, S. 320.

(26) この点で、『初期論文集』初版の序で記された後年のハイデガーの自己診断はきわめて正確である。Cf. id., *Frühe Schriften*, Vorwort, GA 1, S. 55.「範疇問題というかたちにおいては、存在の問いを、意義論のかたちで言語への問いを示している。この二つの問いの相即性は、暗闇の内にとどまった。これらの問いの取り扱い方は、一切の存在-論理学にとっての支配的基準である判断論に不可避的に依存しているということが、その暗闇から暗示されることはなかった。そうした問いの領域は、もとよりアリストテレスに立ち返ることを指示していた」。

(27) Id., *Frühe Schriften*, Vorrwort, GA 1, S. 55.

(28) Aristoteles, *Physica*, 200b12s.

(29) M. Heidegger, *Grundbegriffe der aristotelischen Philosophie* (1924), GA 18, Frankfurt a. M. 2002, S. 284.

(30) Id., Phänomenologische Interpretationen zu Aristoteles (Anzeige der hermeneutischen Situation), in: *Phänomenologische Interpretationen ausgewählter Abhandlungen des Aristoteles zur Ontologie und Logik* (1922), GA 62, Frankfurt a. M. 2005, S. 365.

（31）アリストテレス解釈がハイデガー自身の思想形成にとってどのような役割を果たしたかという点について、以下を参照。J. Knape, Heidegger, Rhetorik und Metaphysik, in: J. Kopperschmidt (Hg.), *Heidegger über Rhetorik*, München 2009, S. 135-153. 齋藤元紀『存在の解釈学——ハイデガー『存在と時間』の構造・転回・反復』法政大学出版局、二〇一二年、第二章「日常性の解釈学」、第九章「ピュシスの解釈学」、六二—八五、三八二—四五五頁。

（32）H. Ott, *op. cit.*, S. 105f.〔邦訳一五六頁〕Cf. H. Zaborowski, A "Genuinely Religiously Orientated Personality". Martin Heidegger and the Religious and Theological Origins of his Philosophy, in: S. J. McGrath, A. Wierciński (eds.), *A Companion to Heidegger's Phenomenology of Religious Life*, Amsterdam/New York 2010, p. 11.

（33）K. K. Lehmann, ›Sagen, was Sache ist‹: der Blick auf die Wahrheit der Existenz Heideggers Beziehung zu Luther, in: N. Fischer, Fr.-W. Herrmann (Hgg.), *op. cit.*, S. 149-166. マールブルク時代のブルトマンとの交流、およびルターの『ハイデルベルク討論』に関する演習記録について以下を参照。茂牧人『ハイデガーと神学』知泉書館、二〇一一年、二九—五八頁。

（34）Cf. J. van Buren, *The Young Heidegger: Rumor of the Hidden King*, Bloomington/Indianapolis, pp. 159-168; Th. Kisiel, J. van Buren (eds), *Reading Heidegger From the Start. Essays in His Earliest Thought*, New York 1994, pp. 159-174.

（35）M. Heidegger, Phänomenologische Interpretationen zu Aristoteles (Anzeige der hermeneutischen Situation)(1922), GA 62. S. 376-386.

（36）Cf. id., Zeitbegriff in der Geschichtswissenschaft (1916), in: *Frühe Schriften*, S. 430f.

（37）Id., *Augustinus und der Neuplatonismus* (1921), in: *Phänomenologie des religiösen Lebens*, GA 60, Frankfurt a. M. 1995, S. 167.

（38）*Ibid.*, GA 60, S. 173.

（39）Id., *Sein und Zeit*, S. 200. (GA 2, S. 264, Anm.)

（40）Id., *Augustinus und der Neuplatonismus*, GA 60, S. 298f.

（41）Augustinus, *De civitate Dei*, XI, 26.

（42）M. Heidegger, *Augustinus und der Neuplatonismus*, GA 60, S. 298.

（43）Augustinus, *De civitate Dei*, XI, 28.

（44）M. Heidegger, *Augustinus und der Neuplatonismus*, GA 60, S. 298: Gewiß ist also, ... daß die Liebe selbst, in der wir lieben (ipse amor quo amamus), von uns geliebt wird.

（45） Augustinus, *De civitate Dei*, XI, 28.

（46） Cf. H. Arendt, *Der Liebesbegriff bei Augustin. Versuch einer philosophischen Interpretation*, Berlin 1929.〔H・アレント『アウグスティヌスの愛の概念』千葉眞訳、みすず書房、二〇〇二年〕

（47） Augustinus, *Confessiones*, I, 1, Leteinish/Deutsch, übers. hg. und kommentiert von K. Flasch, B. Mojsisch, mit einer Einleitung von K. Flasch, Stuttgart 2009, S. 34.

（48） *Ibid.*

（49） *Ibid.*, X, 6, 8, S. 468: Non dubia, sed certa conscientia, domine, amo te. Percussisti cor meum verbo tuo, et amavi te. この点について、谷隆一郎『アウグスティヌスの哲学——神の〈似像〉の探究』（創文社、一九九四年、二四—三二頁）では、「受肉の受肉」という身体的・超越的受容が語られている。

（50） Cf. N. Fischer, Selbstsein und Gottsuche. Zur Aufgabe des Denkens in Augustins ›Confessiones‹ und Martin Heideggers ›Sein und Zeit‹, N. Fischer, Fr.-W. von Herrmann (Hgg.), *op. cit.*,, S. 67.

（51） Augustinus, *Confessiones*, X, 1, 1, S. 460.

（52） *Ibid.*, X, 16, 25, S. 494.

（53） *Ibid.*, X, 5, 7, S. 468: Confitear ergo quid de me sciam, confitear et quid de me nesciam, ...

（54） 谷隆一郎、前掲書、六五頁。「神とはわれわれの思惟の存立そのものに関わるところの問題性そのものなのである」。

（55） Augustinus, *Confessiones*, X, 4, 5, S. 466.

（56） *Ibid.*, X, 6, 8, S. 470.

（57） *Ibid.*, X, 33, 50, S. 532: in cuius oculis mihi quaestio factus sum.

（58） *Ibid.*, X, 16, 25, S. 494: factus sum mihi terra difficultatis et sudoris nimii.

（59） *Ibid.*, X, 28, 39, S. 516.: oneri mihi sum.

（60） M. Heidegger, *Sein und Zeit*, S. 7 (GA 2, S. 10).

（61） Id., *Augustinus und der Neuplatonismus*, GA 60, S. 263, 281.

（62）Id., *Sein und Zeit*, S. 12. (GA 2, S. 16)

（63）Augustinus, *Confessiones*, X, 7, 11, S. 474.

（64）M. Heidegger, *Augustinus und der Neuplatonismus*, GA 60, S. 180.

（65）Augustinus, *Confessiones*, X, 8, 15, S. 480: Ergo animus ad habendum se ipsum angustus est, ut ubi sit quod sui non capit?; cf. M. Heidegger, *Augustinus und der Neuplatonismus*, GA 60, S. 182.

（66）Cf. C. Esposito, Memory and Temptation: Heidegger Reads Book X of Augustine's *Confessions*, S. J. McGrath, A. Wierciński (eds.), *op. cit.*, 290s.

（67）Augustinus, *Confessiones*, X, 17. 26, S. 500.

（68）この構造は、「非知についての知」のあり方にも反映している。「〈私は知らない〉という者もまた、彼が確信をもって、かつ真理を語り、しかも自分が真理を語っていると知っている限り、〈知るとは何か〉を知っているのである」。Id., *De Trinitate*, X, 1, 3.

（69）M. Heidegger, *Augustinus und der Neuplatonismus*, GA 60, S. 191.

（70）*Ibid.*, GA 60, S. 63; cf. id., *Phänomenologische Interpretationen zu Aristoteles. Einführung in die phänomenologische Forschung* (1921/22), GA 61, S. 53ff.

（71）Id., *Augustinus und der Neuplatonismus*, GA 60, S. 265; 271ff..

（72）Cf. C. Esposito, Heidegger, von der Faktizität der Religion zur Religion der Faktizität, in: N. Fischer, Fr.-W. von Herrmann (Hgg.), *Die Gottesfrage im Denken Martin Heideggers*, Hamburg 2011, S. 58- 61.

（73）M. Heidegger, *Augustinus und der Neuplatonismus*, GA 60, S. 232.

（74）*Ibid.*, GA 60, S. 205.

（75）*Ibid.*, GA 60, S. 244.

（76）神崎繁「アリストテレスの子供たち――ヘーゲル・マルクス・ハイデガー」、神崎繁・熊野純彦・鈴木泉編『西洋哲学史 Ⅲ ――〈ポスト・モダン〉のまえに』講談社、二〇一二年、三四一頁以降参照。

（77）M. Heidegger, *Sein und Zeit*, S. 172 (GA 2, S. 229).

（78） D. Dahlstrom, Truth and Temptaiton: Confessions and Existential Analysis, in: S. J. McGrath, A. Wierciński (eds.), *op. cit.*, pp. 263-284. また、アウグスティヌスにおける「好奇心」の「発見」がもつ思想史的な意味に関しては以下を参照。H. Blumenberg, *Die Legitimität der Neuzeit*, 2. Aufl. Frankfurt a. M. 1988, 3. Teil: Der Prozeß der theoretischen Neugierde, S. 263-528.〔H・ブルーメンベルク『近代の正統性 II――理論的好奇心に対する審判のプロセス』忽那敬三訳、法政大学出版局、二〇〇一年〕

（79） もちろん、術語的に厳密な意味で言えば、アウグスティヌスの時間論を「超越論的」と呼ぶのには反論もありうる。例えばK・フラッシュは、「アウグスティヌスの時間論は断じて超越論的ではない。少なくとも、〈超越論的〉の語をカントの意味で使うならそうではない。そしてこの語をそれ以外の意味で使うなら、混乱は避けられない」と、慎重な姿勢を示している。K. Flasch, *Was ist Zeit? Augustinus von Hippo. Das XI. Buch der Confesseiones. Text-Übersetzung-Kommentar*, 2. Aufl., Frankfurt a. M. 2004, S. 220. しかし本論では、ハイデガー哲学の全体を超越論性の思考の続行とみなし、その射程を拡大することで、超越論性の思考の積極的な可能性を考えたい。

（80） 『告白』第一一巻の時間論については、ハイデガー自身、一九三〇年にボイロンの聖マルティン修道院で講演を行っている。そこでは、「魂の延長」（distentio animi）という「分散」の系列に属す事象を分析することで、『存在と時間』での議論と重なる時間論を提起している。この講演の内容については以下を参照（講演原稿は、全集八〇巻に収録予定）。C. A. Corti, *Zeitproblematik bei Martin Heidegger und Augustinus*, Würzburg 2005, S. 252-274; cf. Fr.-W. Herrmann, *Augustinus und die phänomenologische Frage nach der Zeit*, Frankfurt a. M. 1992, S. 170-185; L. Karfíková, Zeitlichkeit und Authentizität nach ›Sein und Zeit‹. Einige Probleme der Zeitauffassung Heideggers und ihre Parallelen bei Augustin, in: J. Sirovátka (Hg.), *Endlichkeit und Transzendenz. Perspektiven einer Grundbeziehung*, Hamburg 2012, S. 139-152.

（81） 学生時代のハイデガーは、大学での受講記録が示すように、「解釈学と釈義学の歴史」、「カトリック教義学入門」、「中世神秘思想史」などの講義やゼミナールに参加し、聖書解釈学や教義学を始めとして、中世の哲学・神学を理解する素地を築いていた。Cf. Martin Heidegger als Student, in: A. Denker, H. H. Gander, H. Zaborowski (Hgg.), *op. cit.*, S. 14.

（82） J. Grondin, *Einführung in die philosophische Hermeneutik*, Darmstadt 1991, S. 36-42.

（83） Cf. M. Heidegger, *Ontologie (Hermeneutik der Faktizität)* (1923), GA 63, Frankfurt a. M. 1988, S. 12.

（84） M. Heidegger, *Grundprobleme der Phänomenologie* (1919/20), GA 58, S. 62.

（85） Id., *Die Grundprobleme der Phänomenologie* (1927), GA 24, S. 128.

（86） Id., *Die philosophischen Grundlagen der mittelalterlichen Mystik*, in: *Phänomenologie des religiösen Lebens*, GA 60, S 314.

（87） K・リーゼンフーバー『中世哲学の源流』「知性論と神秘思想——十三・十四世紀のスコラ学の問題設定」村井則夫・矢玉俊彦他訳、創文社、一九九五年、六二一—六九九頁。

（88） H. Ott, *op. cit.*〔邦訳一一六頁〕

第三章　振動と分散
——ハイデガーのライプニッツ解釈をめぐって——

序　哲学の迷宮

近代哲学の中でもとりわけ特異な思想であるライプニッツのモナド論においては、個と全体、内部と外部、主観と客観、自と他といったさまざまな対概念が、一方が他方を映し合いながら乱反射しているような壮麗で多彩な光景が叙述されている。Fr・シュレーゲルがケルン講義『哲学の発展』（一八〇四／〇五年）において、「活動の理念を根本原理とした」ライプニッツの哲学は、「実体の概念を放棄しかねないところにまで行き着いた」[1]とみなしているように、その思想はデカルト・スピノザ的な実体概念の限界を見据え、存在を活動性や生成へと転換する根本的な洞察を提起するものであった。シュレーゲルが語るように、「活動性の概念は、まさに存在と実体の概念の除去、および無限性の想定を本質とする。一切が無限の活動性と運動性であるならば、無限な充実の多様性もまた存在しなければならない[2]」。したがって、シュレーゲルがライプニッツ哲学の中心点とみなした「無限の多様性と充実の理念」は、それ自体が活動に貫かれた現働的な統一性であり、それによって構成される無限の宇宙は、量的な累積によって獲得される外延量的な全体ではなく、むしろ「一《モナス》」であるモナドの内部に稠密に編み込まれ、その内側に向かって分岐し多層化していく内包量としての構造をもっている。「一切が活動であり、あらゆる存在が活動の内に成立するとするなら、個々の特殊な魂は、目覚めた魂だけでなく、微睡《まどろ》む最下層のモナドもまた（いわば微睡みながら無意識的に活動するという仕方で）活動的でありうる」(3)。こうしたシュレーゲルの理解にも示されているように、ライプニッツのモナドは——二十世紀後半にドゥルーズがそのライプニッツ論『襞——ライプニッツとバロック』（一九八八年）においてバロック建築になぞらえたように(4)——深層に無限に入り組んだ迷宮を隠しもち、その単一性の外観からは想像もできないほどの多様性と潜勢力を内部に秘めているのである。

モナドは、内部と外部、魂と物質が縺れ合う運動を体現し、明晰な表象から不分明な「微小表象」までを包括することによって、多様な潜勢力を折り重ねながら構成される。モナド内部でのそうした多様な潜勢力が褶曲の内で重なり合う一連の活動において共鳴し合うところに、「予定調和」と呼ばれる総合が予見されるが、その調和といえども、超越的視点から俯瞰された自存的実体同士の整合的結合や、モナド間の実在的連繫によるものではなく、モナドの内部と外部、受動性と能動性の区別の発生以前に、モナドの深層に継起する「微小表象」を介して生起する間モナド的な連合であると考えることができる(5)。したがって、モナドという概念は、明確な輪郭をもった判明な実体概念として規定可能なものではなく、それ自体が哲学的反省を新たに惹起し、さらにはその反省によっても見通すことができない謎を問いとして浮上させる挑発的概念なのである。ライプニッツの思考の展開においては、「自由の問題」と「連続性の問題」が哲学にとっての「二つの著名な迷宮」とみなされ(6)、そこから抜け出る手がかりとして、「力」としてのモナドが発見されるにしても、その迷宮からの出口は、より高度に組織化された迷宮としての世界への入口だったのかもしれない。哲学史的に見ても、モナド概念においては、連続性が主題となる実体形相論の系譜と、自由や自発性を中心とする自我論の系譜が交叉し、そこに再び両者が錯綜する迷宮が形成されているとも言えるだろう[7]。

内在性と外在性の相互返照とともに、「個」としての自らの内に「全」である世界を映し出すモナドは、その逆説的な構造によって、狭義の意識論に還元しえない拡がりをもっている。そのため、すでに初期フライブルク時代から「生」の活動性や、意識概念の背後に潜むその事実的遂行に注目し、『存在と時間』において、生の脱自的・自己関係的媒介性を「現存在」と式化したうえで、その遂行的・再帰的構造を時間性として取り出したハイデガーにとって、ライプニッツのモナド論は、内在性と外在性、自己関係性と脱自性の相互関係を明確化し、それらを超越論性の構造として理解するために格好の主題になったものと思われる。そこでハイデガーのモナド論解釈[8]、とりわけ『存在と時間』公刊後間もない時期に行われた講義『論理学の形而上学的始原根拠』（一九二八年）は、「モナド」の上に「現存在」を重ね書きしながら展開されるとともに、現存在の投企と被投性、自由と事実性といった事象が、モナドの内部構造と同様に、相互関係の内にありながら常に互いを侵犯し合うような緊張の内に叙述され、そこに「振動」および「分散」という動態的構造が見出されていく。

ハイデガーのライプニッツ解釈は、論理学の基礎づけから出発して、論理性の遂行基体としてのモナドに遡及し、その存在論的意味を問うことによって、モナドを形而上学的な実体理解から解放し、現象学的な世界開示の機能を解明することになった。それ自身の内に世界との関係を切り開く脱自的なモナドは、現存在と同様に、世界を開示する超越論的機能を有すると同時に、世界内部の経験的な一成員として、自らが開く世界そのものの中に自らを帰属させる。モナドにおける開示と帰属の振幅は、超越論的次元にある種の捩れを生じさせ、経験的領域との逆説的な連合を作り出す。「世界を映す鏡」であるモナドは、自己自身をも世界の内部に存在する一個の存在者として映し出し、そこで映されるモナドが、再び自らをも含む世界全体を映し出すといった反転の内に巻き込まれることになる。無限に入れ子状に連鎖する映写の反転は、視覚を揺るがし錯乱を生むことになるだろう。見ることがその限界に達するような極限的事態がここでは考慮されなければならない。現象学が「視る」ことから始まり、「視ること」に徹していった経緯を考えるなら、現象学がやがて接することになる「視ること」の逆説がここに浮かび上がってくる。「視ること」が自ら自身をも視るという視覚の極みが、同時に「視る」ことの限界に触れ、視ることそのことを脅かし始める、そうした危機的な瞬間が問題にならざるをえないのである。それはまた、「視る」ことの内に知の原型を見ている哲学的思考が、それ自身の限界を視ることを強いられ、思考が、自らの制約を突破することを迫られる場面でもあるだろう。

一　モナドとしての現存在

（1）論理学から存在論へ――超越論的論理学の存在論化

論理計算による演繹的な学知の体系化の技法である「結合術」（ars combinatoria）、あるいは「普遍記号法」（characteristica universalis）を構想し、その「弁神論〔神の正当化〕」（Theodizee）でさえも「弁論理学〔論理学の正当化〕」（Logodizee）の性格をもつとも言われるほど[9]、ライプニッツの思想には論理学的思考が大きな比重を占めている。二十世紀初頭の中心的なライプニッツ解釈も、まさにそうした論理学を中心とするライプニッツ像を提供するものであったが[10]、そうした趨勢にもかかわらず、ハイデガーが提起した解釈は、ライプニッツのモナド論を現象学的に読解し、なおかつ論理学そのものをその「形而上学的始原根拠」へと「解体」することを目指していた。「形而上学的始原根拠」と呼ばれるこの課題設定は、哲学史的には、ライプニッツ自身の『数学の形而上学的始原根拠』、およびカントの『自然科学の形而上学的始原根拠』に見られる問題意識に連なり、学知を成立させる根源的・形而上学的条件への遡行を意味するものである。特にカントの場合は、ニュートンの『自然哲学の数学的原理』（『プリンキピア』）を念頭に置いて、自然の本質の理解を数学的思考に限定したニュートンに対して、自然の一般的理解を純粋悟性概念の全体構造との本質的な関係に即して展開し、物体論である自然科学に数学を適用する前提として、自然の形而上学を要求している。そのため、物体に関して、経験的でない純粋原理を展開する分野が、自然一般の概念を可能にする超越論的諸法則の探究の行程として必要とされる[11]。このようなカントの「形而上学的始原根拠」の議論は、ニュートン力学の否定ではなく、力学の数学的処置の前提を捉え直すことによって、自然理解、あるいは物体論一般を超越論的に根拠づけ、思弁的・合理論的形而上学とは一線を画した自然の形而上学を確立することを意図していた。同様にハイデガーにとっても、「論理学の形而上学的始原根拠」とは、論理学そのものを可能にする原理的次元への遡行として理解され、形式論理学に先行する「哲学的論理学」の探究、つまりは思考の本質に関する反省的探究を意味している。しかもハイデガーにおいて「解体」とは、事態の基底層へと遡り、隠蔽された根源的次元を「反復する〔取り戻す〕」（wieder-holen）ことである以上、「論理学の解体」と言われるものもまた、論理学の単純な否定ではなく、むしろその根底に潜む思考の経験への遡及を通じて、最終的には思考と存在の「形而上学的」な関係を策定することを狙いとしていた。形式論理学が、表象同士の連結の妥当性を問うことに限定されるのに対して、ハイデガーの理解する「哲学的論理学」は、思考と事象との接合の場に踏み込み、現存在の機能としての思考を世界との志向的・超越論的関係に即して問うものとなる。したがってこの「哲学的論理学」の方向は、事象の事象性と思考可能性の相関を主題化するという点で、ラスクによる「哲学の論理学」の議論と響き合い、カントにおいて「超越論的論理学」と名指された課題に結びつく。しかも、ここで「論理学の形而上学的始原根拠」として提示された課題は、対象的な事象領域の根拠づけに制約されているカントの「自然科学の形而上学的始原根拠」とは異なり、特定の学知にとどまらず、学知そのものの条件としての論理学をさらにその原理に遡行するという点で、超越論的に高次化された反省を目指すものであった。

そこでハイデガーの議論は、論理学の原型である判断論に焦点を定め、判断における真理の把握を中心に議論を展開したライプニッツの論述に沿いながら、真理の成立の原理的前提に遡ろうとする。デカルトが判断を、「同意を与えること」(assensionem praebere)、あるいは「自己自身に対して保証すること」(sibi ipsi affirmare)とみなし、それらを一種の意志作用に数え入れたのに対して、ライプニッツは主語と述語の内容的包摂関係を規範として判断の真理性を理解している。この点を承けてハイデガーの議論は、論理学をまずは「包摂」理論へと絞り込み、ついでそこに働く思考の超越論的機能としての「同一性」への還元を行い、最終的に同一性の担い手である「実体」の存在論的意味を問いただすというかたちで進められる。このような立論の方向は、新カント学派において判断作用の主観的機能を反省することで論理学の基礎づけを行おうとしたリッケルトの「判断論理」ないし「超越論的心理学」と、対象の対象性の構成を課題とするラスクの「対象論理」ないし「超越論的論理学」を受容し、超越論的論理学における反省的範疇と現象学における範疇的直観との親和性を認めていったハイデガー自身の思考の歩みを忠実に反映している。[12]『ドゥンス・スコトゥスの範疇論と意義論』から一連のカント解釈、特に『論理学——真理への問い』(一九二五/二六年)に及ぶ論理学の超越論的反省は、ラスクが提起した客観的・理念的な反省的範疇の理論を考慮しながら、真理性の構造をさらに正確に見極めるために、意識の志向的構造を踏まえて、主観性と事象の事象性との関係に対する原理的反省へと深められていった。志向的意識と事象との相関性をめぐるそのような反省は、カント的に言えば、対象の対象性と思考との相即を確証する超越論的演繹の問題、とりわけ「客観的演繹」と対比された「主観的演繹」の課題であるが、ハイデガーにおいてはこの議論が、意識の存在論的構造への反省、つまりは現存在の存在構造に関する実存論的分析に繋がっていく。このような構想に対応して、ライプニッツ解釈においても、論理学という思考の規則が、主語と述語の総合ないし同一化という思考の超越論的機能の内に基礎づけられたうえで、その超越論的機能の存在論的位置づけが問われることになる。

一般論理学から超越論的論理学（哲学的論理学）へと遡る過程においてハイデガーは、ライプニッツが提起する「適合的認識」（adaequata cognitio）に定位して、その理念の内に、デカルトを凌駕する超越論的な問題設定を見出していく。それというのも、概念的認識における「明晰かつ判明」というデカルト的理念を批判しながら、認識内容をそのすべての諸表徴へと還元するライプニッツの「適合的認識」の主張の内には、概念的把握の明証性や直証性、あるいはデカルト的な「認識の一般規則」といった形式的法則に限定されない原理的考察が提起され、事象内実の可能性そのものの探究、さらには事象の事象性の構成という問題意識が働いているからである。適合的認識は、諸表徴すべての単純な列挙にとどまらず、その内的な組成と構造的な連関を把握するものとみなされるため、そこには、事象をその本質的可能性に即して構成する超越論的な機能が認められる。

「本質認識としての適合的認識は、認識されたもの自体を可能にするものについてのア・プリオリな認識である」(13)とするハイデガーの解釈は、ライプニッツの「適合的認識」の内に、事物の本質的認識をその内的可能性に即して構成するカント的な超越論哲学の課題を透かし見るものであった。そうした理解にもとづき、適合的認識によって獲得される「実在的定義」（definitiones reales）についてのライプニッツの見解が、カントの『論理学』

における「実在的定義」[14]（Real-Definitionen）の理解と等置され、経験の概念的把握そのものの根拠づけの試みとして理解される。経験の対象から抽出される「名目的定義」（Nominal-Definitionen）と区別される「実在的定義」は、ア・プリオリな根拠にもとづく事象内実の本質規定であり、経験に先立って経験を可能にする条件を意味する。こうして実在的定義は、事象の経験的実在性や偶存的な存立の有無とは関わりなく、認識可能性と対になった事象内実の客観的妥当性を構成するものと理解される。その意味で実在的定義は、同一性ないし統一としての真理の確証であるため、その定義を与える適合的認識は、諸属性の総体を間接的・記号的に表出するだけでなく、その整合性を全体として直接に洞察する「直観」としての性格をもたなければならない。ライプニッツにおける「直観」は、カントにおける直観が感覚的な受容性であったのに対して、むしろ対象の対象性の「構成」の働きを担うものと理解される。そのためハイデガーの解釈では、ライプニッツにおける実在的定義の主題は、カントが「範疇の客観的実在性」というかたちで定式化した問題、つまり「純粋悟性概念の超越論的演繹」の課題に直結するものと考えられるのである。こうして、適合的認識をめぐるライプニッツの議論は、真理と同一性の概念を仲立ちとして、カント的な超越論的統覚の理解に結びつけられ、同一化を遂行する「一」としてのモナドが、統覚に相当するものとして、対象性の構成機能に即して考察されるに至る。

（2）衝迫――モナドの暗い底

ハイデガーは「一」としてのモナドを、超越論的な同一性の基盤と捉え、そこに対象の対象性の構成に関わる超越論的演繹の課題を見ることによって、対象との存在論的な関係性の契機をモナドにとって本質的な要素として導入することになった。それによってモナドは、それ自身の内に真理への開放性と事象との本質的関係性を具えた脱自性として理解される。さらにライプニッツの立論に従って、モナドの「実体」としての性格が主題化され、実体の実体性の理解そのものが問われることによって、問題は一挙に存在論的な次元へと踏み込むことになる。これはまた、思考そのものの可能性の制約としての統覚を意識の構造として提示するにとどまらず、さらに当の意識自体の存在論的な意味を問うことであり、カント的に言うなら、対象の客観的実在性の構成としての「客観的演繹」に加えて、構成的意識そのものの構成を問う「主観的演繹」の必要性を提起するものでもある。その際に大きな意味をもってくるのが、「エンテレケイア」、あるいは「実体形相」としてのモナドの規定である。

モナドはエンテレケイアとして、機械論的因果性によって説明しえない内発的な「根源的力」（vis primativa）の遂行であると同時に、「実体形相」である限り、自存性である「実体」という存在論的規定と、「形相」という理解の原理とをそれ自身の内に併せもっている。(15) そのため、「単に受容的な」実体とは異なり、実体であると同時に意識遂行でもあるモナドには、実体としての自らのあり方に対する反省の可能性が認められる。経験に先行するア・プリオリ性のみが指標とされていたデカルト的な実体概念に対して、モナドとして解釈された実体は、まさに自らの実体性に対する自己解明をもともない、それによって自らを「根源的力」として遂行的に了解しているものと考えられる。つまりモナドにおいては、実体というア・プリオリ性とその自己解明の反省的遂行が創造的な意識概念の内に統一されているのであり、それこそが存在論的規定であると同時に理解原理でもある「実体形相」の概念に籠められた含意にほかならない。それゆえにこそハイデガーは、自己了解を遂行する実体としてのモナドの内に存在了解の契機を見出し、そこに存在了解の遂行である現存在を重ね合わせることができたのである。

しかしながら、実体の実体性の自己解明、あるいは現存在の存在了解とは、存在について̀の̀了解でもなければ、ましてや存在の「観念」の保持でもない。「われわれは、存在者としてのわれわれ自身へと帰還することによって、存在の観念を抱くということにはならない。……われわれ自身は確かに存在了解の源泉ではある。しかしこの源泉は、現存在の原超越（Urtranszendenz）と解されねばならない[16]」。存在了解とは、事象や自己との対象的な関係の根底にあって、その関係性そのものを開いていく遂行である。したがって、モナドにおいて原超越が開かれる場面としてハイデガーが注目するのは、知覚に対する高度の反省としての「統覚」（apperceptio）ではなく、むしろモナドの活動をその根底において突き動かす「衝迫」（appetitus; Drang）である。しかしながら、論理学の根拠としての「統覚」から、原超越としての「衝迫」へと移行するこの議論を、モナド内部の機能的な区分の問題と混同してはならない。論理学を根拠づける基礎論として始まった議論は、ここにおいて、論理の遂行としての知そのものが成立する発生論的次元へと転換していくのである。つまりは、論理的統合としての統覚からさらに遡って、経験全体の根底に働く運動性である「衝迫」がここで取り出されなければならない。なぜなら、統覚は——ライプニッツにおけるように知覚に対する事後的な自覚と理解される場合であっても、あるいはカントにおけるように経験的認識の可能条件と捉えられる場合であっても[17]——いずれにしても何らかの経験的次元の成立を前提として、そこからの遡及によって発見されるが、「衝迫」において問題となるのは、むしろそうした経験の成立以前にあって、モナドの根底でその遂行を支えている流動的な活動性であり、自覚的な統一に先立つ同一性と差異性の発生、モナドの暗い底に蠢く力動だからである。

「［衝迫という］活動力（vis activa）は、ある種の作動（Wirken）ではあるが、本来的な遂行における作動性（Wirkung）ではない。それはまたある力能（Fähigkeit）ではあるが、静態的な力能ではない[18]」。つまり、自らを内側から支える「保持力」（conatus）としての衝迫は、トマス・アクィナスに見られるような、活動への単なる傾向性であるスコラ学的な「活動的能力」[19]（potentia activa）とは異なるが、他方では十全な意味での活動としての「行為そのもの」（actio ipsa）とも区別される。活動力は、経験的な触発を外部から受けることによって発動する潜在的能力でも、すでに実現している現働的な活動でもなく、「作動能力と作動の中間」なのであり、したがって衝迫とは、「素質でも行為の経過でもなく、〈〔何かを〕目指して-あるように-自らを-あらしめること〉（Sich-angelegen-sein-lassen）」である。つまりここでは、主観・客観関係に先立って、活動が目覚めるとともに志向性が働き出し、いまだ対象とも言えない「何か」との関係が最初に開かれるような原初的場面が想定されている。もちろん活動の第一次的な発動は、時系列的な意味での「誕生」や、客観的未成状態からの「発生」のような、無差異からの差異の出現ではない。むしろ原初的な活動性は、生命という活動性の源基的次元とでも言えるような、あるいはフッサール的な「衝動志向性」[20]（Triebintentionalität）にも近い、生命の自己遂行の原初的な胎動であり、すでに自らの内に差異を織り込んだ差異化なのである。[21] フッサールにおいて、能動的総合に先立って機能する受動的総合による先構成が問題になるように、ライプニッツのモナドにおいても、生命自身の自らとの根源的な近さが生きられると同時に、その中に最初の差異が萌し、自らの内部の差異ゆえに活動が芽生えるという事態が、意識的な統覚に先立つ潜勢的活動として重要になる。そのためこの衝迫は、知覚という遠心的・離心的で能動的な対象の原型であると同時に、「自らを……あらしめる」（Sich ... lassen）という仕方での求心的な自己関係の運動でもある。したがって衝迫とは、能動と受動という態勢上の区別、あるいは反省と反省されたものという反省論的区別、そして根拠と根拠づけられたものという根拠論的区別に先行して、それらの対象的区別によっては記述することができない差異化として生起する。ハイデガーが、「衝迫そのものの内には、自己を追い越す（das Sichüberholen）ということが含まれる」[22]と語るのは、能動性・受動性、対象化・被対象化という差異が生じる原初的事態を、衝迫そのものの内部で指し示すためであった。これはつまり、生との直接的近接性の中で発生する原初的な距離性であり、それこそが「知」と呼ばれる事態の生起でもあるだろう。そのため衝迫は、「自らを–自己–自身–に向けて–定置する」（Sich-auf-sich-selbst-anlegen）、あるいは「自己–自身に–関わること」（Sich-selbst-anliegen）とも言われるのである。[23]

モナドの根底に働く「衝迫」は、実体としてのモナドの「同一性」の内にありながら、原初的で内的な差異を生み出すことによって、生命の生動性（Lebendigkeit）を形成していく。それは純粋な内在性ではあるが、対象との関係を創設しながら、同時にさまざまな「知覚」間相互の移動を促し、精神的な活動を可能にする。衝迫とは、それ自身の内で微小な差異を生み出し、その極小単位のあいだで経過する「諸知覚の進行」（progressus perceptionum）であり、「変化への内的傾向」（tendentia interna ad mutationem）なのである。しかもそうした識閾下の微小表象の連鎖は、単線的な連続的結合ではなく、階層や強度の異なる無限の関係が折り重なり、その関係の中で凝集と離散を繰り返す複合的・錯綜的連繫である。したがって、モナドにおいて多種多様な表象を突き動かし、その変化を生み出し続ける衝迫は、それぞれの表象に濃度の差異を生じさせ、そこに意識の複数の拠点を浮かび上がらせる。そのため衝迫は、生命である限りにおいては、自らの遂行の内在性を生きる自己充実であるが、他方でそれが活動である限りにおいては、遂行それ自体の内に自らとの差異を生み出し、知と反省の原型を形成していく。このように差異を含んだ同一性である衝迫は、生命の充足とそこからの離反である知の成立との相互性と緊張を、その力動性のままに表すものとなっている。生命は内在的な自己充足の内にありながら、同時に自らを超出して外部へと開かれ、さらに自身を振り返って内在的に知を形成する。生命と知の原型である衝迫とは、こうした遠心性と求心性のあいだの運動であり、遠さと近さのあいだの振動なのである。それはまた、生命が脈打ち始める一拍目の鼓動であり、理性の光の最初の閃きでもある。

このように、知が自らの成立をその原初的次元にまで遡って語るというのは、きわめて逆説的な事態には違いない。知が対象的な知にとどまっている限り、自己の起源を語る言説というものは、論理的な自己言及のアポリアに突き当たることで破綻するか、思弁的な物語となることで自らの学問性を放棄するという隘路に陥りがちである。そうした困難にもかかわらず、ハイデガーのモナド論解釈が「衝迫」という事象を手がかりに叙述しようとしているのは、対象的な知をその根底にまで遡って反省することで、知そのものの様相が変貌を遂げる場面であり、意識の唯一の中心である「統覚」がその発生論的次元に還元されることで、その唯一性を衝迫の多元的生成へと譲り渡す光景だと言えるだろう。そこでは、超越論的反省の徹底化とともに、反省主体であるはずの知そのものが逆に事象の内に姿を現すという逆説的な場面が問題にならざるをえない。デモクリトス的原子とアリストテレス的実体形相、そしてデカルト的な意識の系譜をその内に畳み込んだモナドは、意識現象としての「統覚」を一種の範例としながらも、統覚と結びついた措定的反省によっては捉えきれない衝迫の生成を、その生成の内部で非措定的に把握し、そうした自己の内在的把握の内に萌す意識生の多元的なあり方を「知」として段階的に形成していく過程である。したがってモナドは、統覚の求心性に制約されない衝迫の遠心的・脱自的映現を通して、世界を自らの内に縮限することによって、世界の「生ける鏡」として現象する。衝迫にもとづくモナドの多元的・多層的生成は、措定的反省が引き起こす「無限後退」のアポリアを逃れ、自身の遂行の内にその遂行そのものを先反省的に返照させながら、世界との多様な関係を開く。そうした世界関係の根底で、モナド自身の原初的な振動が多様な知として分散し、世界の多様な可能性を産出する。ハイデガーが語る通り、モナドの構造には、欲求・衝迫において生起する「差異化」（Differenzierung）が本質的に属しており、モナドはその差異化を通じて自身を個別化しながら集約し、自らが開く世界を世界として合一化しながら自身の内に映し出す。[24] ここにおいて「衝迫」はもはや他の機能と並ぶ構造上の一契機ではなく、対象関係と自己関係とを開く超越論的な遂行、すなわち、存在者との関係を形成する現存在の「存在了解」と重ね合わせられることになる。そのためハイデガーは、モナドを「卓越的な実体」(substantia praeeminens)と語ったライプニッツの言葉[25]を受けて、その「先行性」(prae-)、つまり「ア・プリオリ性」を強調し、「先行的把握と包括的把握」(Vorgreifen und Umgreifen)という世界の開示をそこに読み込むことになる。純粋でア・プリオリな統一は、多様な事象において実現される個別的な一性に先立って、事象の現出そのものの条件としての世界を先行的に構成し、世界了解と自己了解の相関の内に、脱自的な対象関係としての「表象作用」を可能にする。「一における他の表出」、あるいは「単純体の中で多様なものを先取りしつつ一合一すること」とみなされるモナド、あるいはモナドの根底に働く根源力としての衝迫は、精神的・心的作用という限定を離れ、世界関係の内に働く根源的開示力とみなされる。こうして、ライプニッツ解釈の最初の課題であった論理学の「解体」は、「存在了解」そのものの生成という事態に接することによって、経験と知の発生へとその場面を移すことになる。このような操作によって、モナド論は汎論理主義的な解釈の枠を超え、対象の対象性の成立を世界性と開示性との相関において捉える理論として、すなわち事象の現出構造そのものを問う現象学として理解されうるものとなったのである。

二　視点性と自己性

（1）遠近法——眼差しの問題

初期フライブルク時代より、「生の事実性」の解明を通じて現存在の理解を築き上げてきたハイデガーは、モナド論の中の「衝迫」に注目し、そこに生の事実性の遂行とともに、現存在の開示性を認めることになった。それは同時に、現存在の世界開示において存在了解が遂行される原初的な「自己開放性」(Selbstoffenheit) の事態を発生論的に理解する方向を示している。このような世界開示において、現存在は「各自性」として自ら固有の世界を開き、またモナドは「個体」としてそれ独自の世界を「表現」する。したがって、現存在ないしモナドの「個体化」(Individuation) の契機がここで問われなければならないのであり、そのためにハイデガーが注目するのが、モナド論における「視点」の問題である。ライプニッツが語るところに従えば、「同じ都市でも、さまざまに異なった方面から見るとまったく別のものと見え、遠近法的光景としては何倍にもなるが、それと同様に、単純な実体の無限性ゆえに、それだけ異なった宇宙があることになる。しかしそれは、各々のモナドの異なった視点から視た唯一の宇宙のさまざまな遠近法的光景にすぎない[26]」。このように多様な「視点」(points de vue) から見られた同一の都市というイメージで語られるモナドの「遠近法《パースペクティヴ》」の主題を、ハイデガーは「衝迫」との関係において再解釈しようとする。

「表象する欲求としての衝迫の内には、そこへとあらかじめ注意が向けられているいわば一個の〈点〉、すなわち、衝迫がそこから出発して統合を成し遂げる統一そのものが存している。……こうした着眼点、衝迫において先立って表象されたものは、また先立ってすべての衝迫作用そのものを規則づけているものでもある」[27]。ハイデガーが、モナドの視点とそこから開かれる眺望を、現存在の先行的な地平開示に引き込んで解釈していることは明瞭である。しかし、ここで注目されるのは、ハイデガーがモナドの「視点」(Gesichtspunkt)を、「着眼点〔消尽点〕」(Augenpunkt)とも言い換え、「視点」という一つの術語が「視る」側と「視られる」側の両面に設定されているような記述を行っている点である[28]。こうした記述は、一見すると解釈上の混乱のようにも見えかねないが、これはむしろモナドの遠近法的性格、あるいはそれに重ね書きされた現存在の開示性の複雑さを正確に反映しているものと理解することができる。つまりハイデガーは、遠近法的な世界開示という事態が、視るものと視られるものとの境界の攪乱として生起するということ、目を向けている消尽点の側から逆に視ている側の視点が成立し、それゆえ視ることは視られることを含んでいるということを、その記述を通して明らかにしようとしているものと考えられるのである。現象学的な意味での遠近法的な視点とは、単に眼差す主体の取る立場に尽きるものではなく、視られた光景によって逆に視る側の位置が決定されるような相互的な現象である。「知覚と欲求はそれゆえ、それらの衝迫において、第一次的には着眼点の側から規定されている」[29]と述べたとき、ハイデガーはその間の事情を正確に指摘していると言えるだろう。

遠近法的な地平開示とは、自らの観点に従った世界の投企ではあるが、その世界開示の起点となった自ら固有の観点は、逆にそこで開かれた世界の中でこそ初めて独自の視点として成立する。その意味では、眼差しは視るものと視られるものとのあいだで動揺し、それと同時に個々の視点は、さまざまに選択可能な複数の視点のうちのひとつとして相対化される。眼差しは多様な視点のあいだを振動し、そこに現れる風景は多様に分散する。このような視点の相対化という意味では、ライプニッツの「遠近法」理解は、「騙し絵《トロンプ・ルイユ》」ないし「歪曲遠近法《アナモルフォーズ》」を本来の意味とする十七世紀の「遠近法」の語法に忠実に従ったものであり[30]、ハイデガーの解釈もそうした方向に沿ったものであったと言えるだろう。しかしながら、十七世紀のバロック的な眼差しの多様化と相対化をモデルとして構想されたとも思えるライプニッツの遠近法は[31]、ハイデガーにおいては世界開示における自己理解と世界理解のあいだの循環として新たに定式化されている。そうすることによってハイデガーは、「遠近法」というモデルにつきまとう視覚の隠喩系、あるいは主観と客観との一義的関係という理解を転換し、視る者と視られるものの反転を考慮したうえで、「遠近法」をむしろ世界解釈の範例として用いようとしているのである。モナド論、およびその「生きた鏡」の理論の内には、視る者が世界を映しながら、その視る者自身が視られるものに帰属し、さらにはその両者の関係そのものを視る新たな視点が立ち現れるといった視点の相互的変換を引き出す可能性が秘められている。モナド論の解釈学的転回とも言うべきこうした理解は、思想史的にもモナド論のひとつの系譜として確認することができる。それというのも、ライプニッツ学派に属するクラデニウス（Johann Martin Chladenius, 1710-59）が歴史理解における「視点」（Sehe-Punckt）の用語を導入したときに、その着想はすでに歴史解釈の視点拘束性として理論化されていたからである[32]。バロック的遠近法の文脈では、視るものが視られるものとなり、宇宙を映す鏡それ自体が当の鏡そのものの内に鏡映するという逆説的な事態として表現されるものが、解釈学の文脈では、解釈学的な先行地平と個々の意義との循環として、またハイデガーにおいては投企と被投性の等根源性として記述されるようになるのである[33]。

（2）　有限性と自我性

現存在は、モナドと同様に自身の開く遠近法的な世界の中で、自らが出会う対象を現出させ、それによって自ら制約される。現存在は、脱自的に超越することで世界を開くことを通じて、「世界としての拘束性」[34]を自らに課し、内世界的存在者への依存関係に入るのである。こうした固有の視点のもとでの世界現出、およびそれにともなう被制約性は、現存在の「有限性」と呼ばれる。[35]この「有限性」の概念によって、世界を開きながら、同時にその世界の内部に属する現存在の両義的なあり方が具体的に表現されることになる。「存在者の特定の遠近法においては、宇宙全体が眼差しの内に捉えられるが、それはある特定の屈折をともなう仕方においてなのである」[36]。ここで「屈折」（brechen）という語によって巧みに表現されているように、遠近法的な世界において語られる有限性とは、世界を開く主体の有限性というよりは、特定の視点から開かれ、何らかの角度をともなって現出する世界そのものの有限性と言うべきだろう。

有限性に対するこの規定は、ハイデガーがモナド論を現象学的に解釈する際のひとつの特徴をなしている。それというのも、ここにおいて現存在ないしモナドの有限性という規定は、デカルトのように概念的に無限性と対比されることによって獲得されるのでもなければ、カントにおける超越論的「場所論」（Topik）のように能力上の区分を目安として整理されているわけでもなく、もっぱら世界開示の遂行の内部にとどまりながら、その遂行を通じて明らかにされているからである。これはまさに、概念操作や能力論にもとづいて外的・客観的に規定される有限性ではなく、遂行の只中で記述された現象学的・遂行的な有限性理解とも言えるだろう。すでに『存在と時間』においても、現存在の有限性は「死への存在」（Sein zum Tode）として語られていたが、それは自らの外部としての「死」によって区切られることを意味するのではなく、むしろすでに「終わりに至っている存在」（Sein zum Ende）として、不断に自らの「終末＝目的」を存在しているという事態を指すものであった。[37]それはまさに、自らの有限性を遂行の内で把握する内在的で動態論的な理解なのであるが、それと同様にモナド論解釈においても、その有限性は外部による制限としてではなく、あくまでも内在的遂行自身の自己限定として捉えられる。現存在が常に自らの「終末＝目的」に達しているという仕方で有限的であるのと同様に、モナドはそれ自身において「目的＝終末」（τέλος）に達している「エンテレケイア」（ἐντελέχεια 純粋現実態）として、自己充足的でありながら同時に有限的なのである。遂行の内在的な記述に徹することによって、ここに自己充足性と矛盾しない有限性の概念が獲得されるのであり、それはまた『存在と時間』が、「実存主義的」な思考法に即して、「本来性」の用語で記述しようとしていたものであった。

世界開示と自己制約の相互性として記述された有限性は、生きられた視点性として、現存在の「自己」の核心をなしている。ハイデガーがモナド論解釈において最終的に示そうとするのが、この究極的な視点性としての「自己性」（Selbstheit）ないし「自我性」（Egoität）である。すでに有限性の内在的な規定の内に見られたように、モナドと二重写しにされた現存在は、脱自的な超越としての「自由」でありながら、世界開示によって世界の内に侵入してくる存在者によって制約を受ける存在者でもある。その意味で自己性とは、「自己自身にとっての、そして自己自身に対する自由な拘束性[38]」なのである。現存在はそうした自由と拘束のあいだの緊張であり、「ある世界への超出」（Überschritt zu einer Welt）でありながら、同時に存在者の「世界侵入」（Welteingang）を待ち受けるという仕方で、自らを伸張させると同時に収縮させる。「この振動ゆえに、企投（Wurf）、事実性、被投性が生じる。そしてただこの振動ゆえに、投企（Entwurf）がある[39]」。自己とは、投企・事実性・被投性といった実存論的様態によって構造化されながら、世界への超出として世界に関わり、同時に存在者の世界侵入によって制約される二極的な振幅運動である。その点で自己の自己性は、世界との関係、世界内の事象との関係、さらには自己自身との関係を可能にするという意味で、経験の超越論的な可能根拠をなしている。しかしながらこの場合の自己とは、対象世界に向き合ってあらかじめ存在する一領域や、純粋に能動的な統覚の作用ではなく、むしろ開示と自己制約、伸張と収縮の同時的生起なのであり、振動というひとつの出来事だと言うべきだろう。このような超越論的な生起である自己性は、「私」と語り、「私」を遂行する代替不可能な根源的視点であり、有限的な世界の起源としてのゼロ地点（Null-punkt）である。しかし、「この〈私〉は私自身の個人的な私性（Ichheit）のことではなく、形而上学的な中立性における私性」なのであり、それこそが「自我性」（Egoität）と呼ばれる匿名的な視点性である。(40)

振動という超越論的出来事である自我性は、モナドが「集約された世界」（mundus concentratus）と呼ばれていたのと同様に、世界の現出を中心化し、世界を私の世界として現出させる凝集点であり、振動の原点である。しかしながらこの自我性は、一切の視点の視点性である以上は、超越論的に中立的であり、経験的な固有性をもたない匿名性である。どの「私」も「私」と言い、「私」として世界を生きているというその原事実こそ、ここで「自我性」と呼ばれているものにほかならない。しかし、自我は事実上、さまざまに異なった「私」であるため、この自我性は、「身体性へ、それゆえに性別への事実的な分散の可能性を宿して(41)」おり、各々の「私」へと多様化し分散する。そのためこの自我性は、「汝なるものが実存し、我-汝関係が実存しうることを可能にする形而上学的な制約(42)」でもある。もちろん、さまざまな「私」への分散とは、抽象的な本質の具体的な多様化のようなものではない。それは「中立的現存在の本質に属する超越論的分散(43)」と言われるように、自我性の内奥、あるいは衝迫と呼ばれたモナドの暗い根底に埋め込まれた異他性の契機であり、その根底に秘匿された複数性である。それは経験的な多様性や異他性ではなく、「現存在のそれぞれ事実的な実存的分裂や実存的解離を結合する可能性」である。他者構成の議論においてモナド論を用いた『デカルト的省察』のフッサールとは異なり、ハイデガーのライプニッツ解釈では、自我性と区別された外部の「他我」が問題になっているわけではない。対象的に出会われる異他性の経験を前提とするのではなく、むしろ「異他性」の経験なるものが、自我性の内部から散布され、分散される、そうした経験の暗い基底がここで問われようとしているのである。

三　根拠の次元へ――「よりもむしろ」と「存在の彼方」

（1）振動と分散

ハイデガーのライプニッツ解釈では、モナドの内に現存在の多様な契機が読み込まれ、モナド論の存在論的・現象学的意味が浮彫りにされる。それに応じて、『存在と時間』では「等根源性」としてしか語りえなかった投企と被投性の関係が、ライプニッツの「衝迫」の理解にもとづいて、その活動性と相互作用のダイナミズムを顕わにする。なぜなら、現存在と同様に「一切をすでに自らの内に有しているがゆえに窓を必要としない」(44)とされるモナドは、「脱自的」な存在として、常に外部へと開かれながら、外部を自らの内に映し込むという仕方で、外部を内部へと反転させる。それはまさに、一であり続けながら同時に多を内包し、有限でありながら無限であり、遠さでありながら近さでもあるというかたちで、自らの内で「振動」し、自らの「一」を多へと「分散」させていくものでもある。言うなれば、モナドとは振動と分散という運動であり、しかも事実的な具体性への個別的な散逸ではなく、その運動自体が「一」を構成する超越論的作動性なのである。しかも、ハイデガー自身、この「分散」という語を、現存在の開示性が身にまとう身体性との関係で導入しているように、「分散」とは、モナドないし現存在が、存在者の経験の場を開く超越論的機能を遂行しながら、同時にそれ自体が内世界的な存在者である身体として存在するといった両義性を体現している。「現存在は事実的現存在としては、各々がとりわけ一個の身体へと分割され、それと同時にとりわけ特定の性別へと分裂している」[45]。これらを考慮するなら、振動と分散という事態は、経験的な次元で存在者のあいだで生じる関係ではなく、究極的には超越論性と経験性のあいだで生起するものでもあろう。「人間は、実存する超越として、諸々の可能性の内に超振動し、遠さをもった存在である」[46]。ここでは、超越論的機能と経験的事実とを併せもつという意味で、「現存在する超越論性」[47]（die daseiende Transzendentalität〔E・ハインテル〕）とでも呼ばれるべき事態が注目されることになる。

『存在と時間』での成果を踏まえたこのライプニッツ解釈においては、モナド内部の潜勢力の延展が現存在の様態の変転と並行して捉えられることによって、ライプニッツにおいては明示化されない時間性の構造が取り出され、その内部的な渦動的動態が「振動」と「分散」という術語によって表現される。現存在が世界開示を遂行し、それを通じて存在者との関わりをもつ一連の構造が、時間性との関係において「振動」（Schwingung）と呼ばれ、その具体的様相として「分散」（Zerstreuung）という事態が語られる。「時間化は、根源的な全体的時間性の自由な振動である。時間は自らを延展させ、自らを収縮する」[48]。時間性が有する延展と収縮の動態は、現存在が自らを可能性として投企する一方で、その投企による世界との関係がそれ自体ひとつの事実として世界内部に定位するといった反転的な事態を可能にする。その構造は、世界内部の存在者との関係を開き、あらゆる存在者の現出を可能にするという点で、超越論的な機能を具えている。「世界の内に事実的に参入しうる可能的な存在者すべてを考慮するなら、自らを時間化する脱自態の振動は、それ自体として、超振動（Überschwung）である。脱自地平的領域（das Ekstematische）は、振動において世界化として自らを時間化する。脱自的な振動のようなものが、そのつどある時間性として自らを時間化する限りにおいてのみ、世界侵入が生じる」[49]。

（2）　根拠への遡行

論理学の「形而上学的始原根拠」を解明するというハイデガーのライプニッツ解釈は、判断の超越論的基礎である「同一性」の遂行から、実体理解の変貌を経て、超越の自由にもとづく有限性理解へと到達した。これによって、実体の問題と自由の問題という、ライプニッツの言う「哲学の二つの迷宮」は、「振動と分散」という原初的生起から捉え返されたようにも見える。しかし、このような自己理解を介しての世界開示、および世界への超越による世界侵入がどのようにして生じ、振動と分散という出来事がどこから起こるのかという問いが、ここには最後の「迷宮」として残されている。「何ごとも根拠なくして存在することはない」（Nihil est sine ratione）と定式化される「充足根拠律」が問われなければならない所以である。すでに判断の同一性をその「形而上学的始原根拠」へと「解体」したように、ハイデガーは根拠律に関しても、それを同一律・矛盾律と並ぶひとつの思考の原則としてではなく、存在論的原理としてその構造を解明しようとする。つまり、ここで問われねばならないのは、「形而上学的始原根拠」の「根拠」なのであり、いわば「振動と分散」という知と生命性の根拠そのもののさらなる根拠である。

「根拠の根拠」を問うこの二重化された問いの中で、超越論的な世界開示の根拠でありながら、それ自身有限的に世界の内に存在する「自我性」の逆説が、現存在自身のあり方として大きく浮上する。つまりここで現存在は、原初的な根拠に対してすら、さらに加えて「なぜ」を問わなければならない存在者として、その可能性と必然性ともども問われることになるのである。「なぜ、なぜなのか」[50]（Warum das Warum）という問いが、根拠律の最大の謎なのである。そこでハイデガーが注目するのが、根拠律のもう一つの定式、すなわち「なぜむしろ存在するのであって、存在しないのではないのか」（cur potius sit quam non sit「存在しないよりも、むしろなぜ存在するのか」）という表現である。もちろん、これまでの議論を踏まえるなら、この問いを存在者の客観的実在性の根拠への問いと捉えることはできない。なぜなら、モナドとしての現存在は脱自的に世界に向けて超越し、「窓」を必要としないと言われるほど、それ自体がひとつの外部性なのであり、その現存在のさらに外部に、「物自体」としての実在を想定することなどはできないからである。そのような観点から見るなら、現存在の超越と存在者の世界侵入というのが、すでにこの「なぜ」に対する解答になっているようにも思える。それにもかかわらず、なおも根拠律が問われるとき、そこで注目されるのは、この問いの形式をなしている「よりもむしろ」（potius quam; eher als）という構造そのものである。「根拠律の核心(51)」と言われるこの「よりもむしろ」は、存在と非存在の差異を開くことによって、脱自的地平の内に存在者が現出するという事態そのものを相対化し、地平的現出そのものの根拠を問うことを可能にしている。すなわちこの「よりもむしろ」こそが、「根拠の根拠」という二重化のための距離を創出すると同時に、「なぜ、なぜなのか」という自己言及的な関係を自らに課す構造を作りなしているのである。そしてハイデガーはこれを、「根拠への超越論的自由(52)」と名指し、そこに「根拠の根拠」の場を見出していく。

根拠律において表現される「よりもむしろ」（eher als）における Als とは、地平内部で存在者を規定する「として」（Als）構造でもなければ、地平的な余剰を表現する「より以上」（mehr als）とも区別されなければならない。「よりもむしろ」は、ある種の「比較」ではあるが、それは内世界的現象同士の比較ではなく、世界地平そのものが「根源的無」（nihil originarium）として開示されるその原事実の「開かれ」を指しているからである。これは地平そのものの超越論的な根拠づけというよりは、地平論的思考から距離を取り、地平現象を存在論的差異の原現象に向けて解放する役割を果たす。論理性の解体と超越論性の徹底化によって、現象学的な「視る」ことをその極限的な形態で洞察した内在的・発生論的考察は、この「よりもむしろ」とともに、「視ることを視る」ことの不可視性に到達したようにも見える。視ることを視ること、「なぜ」に対して「なぜ」と問うことは、根拠の根拠の探求である以上、それは世界地平の領域内部に属するものではないが、かといってそれは世界の外部に存在するわけでもない。逆説的ではあるが、根拠の根拠を問うという仕方で世界を超えることは、むしろ世界開示の一つの側面と考えなければならない。つまり、「世界へと超越すること」が同時に「世界を超越すること」でもあるというその同時性、あるいは視ることがその根底において不可視的であるということ、つまり可視性そのものの不可視性こそがここで問題になる。根拠律においては、存在者の現出の根拠として捉えられた世界地平そのものの現出性格が問われることで、それ自体としては地平内部には現象しない「根拠の根拠」の次元が、地平開示というそのひとつの出来事の中で同時に開かれることになる。このような「世界への超越」と「世界の超越」の同時遂行こそが、ハイデガーによって「自由」と呼ばれるものである。したがって、根拠律における「よりもむしろ」とは、こうした自由の内で生起する地平性と脱地平性のあいだの「振動」を名指していると言ってもいいかもしれない。根拠律の「よりもむしろ」における比較の構造は、何らかの対象との比較を意味するものではありえない以上、それは地平開示の遂行にともなって生じる内在的な距離性とでも言うほかはない(53)。「根拠への自由とは、超振動における、すなわちわれわれを脱出させ、われわれに遠さを与えるものにおける、その振動である(54)」。

自らの遂行の内で自らに「遠さ」を与える、このような内在的な自己相対化の契機は、すでに「自我性」の有限性を考察した際に視野に収められていたことであった。根拠の根拠に関する議論を経ることで、この内在的・遂行的な有限性は、むしろ自らの根拠に対する相対化であり、自らの根底からの「遠さ」であることが洞察される。そこでハイデガーは、最終的にこの根拠の次元に「究極目的」（Worumwillen; Umwillen seiner）の議論を導入することによって、現存在の自我性の根底で遂行される「根拠一般の原現象」[55]を示そうとする。それだけでなく、ここでの「究極目的」は、アリストテレス的な「使用目的」に即して構想された『存在と時間』を踏み越えて、プラトン的な「善のイデア」によって解釈され、しかも「ウーシア〈存在〉の彼方」（ἐπέκεινα τῆς οὐσίας）という「超越」との関係において語られる[56]。こうして、現存在の有限性は、自由の自己制約でありながら、自らの根拠である「ウーシアの彼方」に対する自己相対化として記述され、有限性の問題と根拠律の問題が、現存在の自由の遂行という同一の現象の中で結び合わされることになる。

「これ〈根拠の自由〉だけが拘束性の根源として〈存在する〉のであり、自らをそのようなものとして了解する。〈……のために〉（Umwillen）は、再帰的な、〈自己自身のために〉であるがゆえに、根拠への自由は、本質必然的に根拠の根拠なのである[57]」。もちろん、ここで「善のイデア」に託して語られる「究極目的」とは、世界地平の彼方の不動の静止点ではないし、現存在の投企によって遠近法的に設定される「視点」でもない。根拠の根拠は、まさに「彼方」として、脱去し逃れ去る次元と考えられるのであり、自由とは、一切の自発性の根拠として、それ自体は自発性を逃れる自我の根底であり、自我にとって見通すことのできない「深淵」（Abgrund）として、経験にならない仕方で経験される。現存在は、このような根拠の根拠を問う自由を通じて、自らの遠近法的地平を地平開示の只中で振動させ分散させる。それはいわば、遠近法と脱遠近法とのあいだの振動であり、現存在自身の内部に亀裂を走らせる分散である。振動と分散の出来事として現象学的に解釈されたモナド論は、ここに至って、存在了解の場としての実体や、視点性の逆説といった議論を経て、超越論的反省の果てに顕現する「根拠の根拠」の次元へと結びつくことになる。

註

（1）Fr. Schlegel, *Die Entwicklung der Philosophie in zwölf Büchern* (Köln 1804-1805), Kritische Friedrich-Schlegel-Ausgabe, hg. E. Behler, München/Paderborn/Wien 1964, S. 270.

（2）*Ibid*., S. 271.

（3）*Ibid*., S. 272.

（4）G. Deleuze, *Le pli. Leibniz et le baroque*, Paris 1988, pp. 38ss.〔G・ドゥルーズ『襞――ライプニッツとバロック』宇野邦一訳、河出書房新社、一九八八年〕

（5）Cf. G. Tarde, *Monadologie et Sociologie*, in: Œuvres de Gabriel Tarde, I-1, Paris 1999.〔G・タルド『社会法則／モナド論と社会学』村澤真保呂・信友建志訳、河出書房新社、二〇〇八年〕

（6）G. W. Leibniz, *Essais de Thedicée*, Die philosophische Schriften von Gottfried Wilhelm Leibniz (=GP), Bd. 6, hg. C. J. Gerhardt, Berlin 1880, p. 29: Il y a deux Labyrinthes fameux, où nostre raison s'égare bien souvent: l'un regarde la grande Question du Libre et du Necessaire, sur-tout dans la production et dans l'origine du Mal; l'autre consiste dans la discussion de la continuité et des indivisibles, qui en paroissent les Elémens, et où doit entrer la considération de l'infini.「われわれの理性をたびたび迷わせる二つの有名な迷宮が存在する。ひとつは自由と必然性に関する大問題、とりわけ悪の産出とその起源に関するものであり、もうひとつは連続体、お

よびその連続性の要素と考えられる不可分体の議論に関するものである」。

（7） Cf. E. Heintel, Der Begriff der Erscheinung bei Leibniz, in: id., *Gesammelte Abhandlungen*, Bd. 2: *Zur Fundamentalphilosophie*, Stuttgart-Bad Homburg 1988, S. 44f.

（8） ライプニッツに関するハイデガーの言及を概観する資料として、以下を参照。K. Sakai, Lexikon: Martin Heidegger, in: R. Cristin, K. Sakai (Hgg.), *Phänomenologie und Leibniz*, Freiburg/München 2000, S. 304-315〔R・クリスティン、酒井潔『現象学とライプニッツ』大西光弘訳、晃洋書房、二〇〇八年〕、酒井潔『ライプニッツのモナド論とその射程』「ハイデッガーの思惟におけるライプニッツ受容の展開」知泉書館、二〇一三年、一三九―一八二頁、同「衝迫・振動・超越――一九二八年夏学期講義における基礎有論の補足完成の試み」秋富克哉・関口浩・的場哲朗共編『ハイデッガー『存在と時間』の現在――刊行八〇周年記念論集』南窓社、二〇〇七年、七二―九二頁。

（9） E. Cassirer, *Leibniz' System in seinen wissenschaftlichen Grundlagen*, Gesammelte Werke: Hamburger Ausgabe, Hamburg 1998, S. 426.

（10） 代表的な文献として以下を参照。Cf. L. Couturat, *La logique de Leibniz: d'après des documents inédits*, Hildesheim 1969 (Paris 1901).

（11） I. Kant, *Metaphysische Anfangsgründe der Naturwissenschaft*, Akademie-Ausgabe (=AA), Bd. 4, Berlin 1911, S. 469.

（12） Cf. M. Heidegger, *Metaphysische Anfangsgründe der Logik im Ausgang von Leibniz*, Gesamtausgabe (= GA) 26, Frankfurt a. M. 1978, S. 45.

（13） *Ibid.*, GA 26, S. 80.

（14） I. Kant, *Logik*, AA 9, Berlin 1923, S. 144.

（15） G. W. Leibniz, *Systeme nouveau de la nature et de la communication des substances, aussi bien que de l'union qu'il y a entre l'ame et le corps*, GP 4, p. 479.

（16） M. Heidegger, *Metaphysische Anfangsgründe der Logik im Ausgang von Leibniz*, GA 26, S. 109.

（17） ライプニッツとカントの「統覚」概念の相違については、以下を参照。酒井潔『世界と自我――ライプニッツ形而上学論攷』「経験的統覚と超越論的統覚――ライプニッツからカントへ」創文社、一九八七年、所収。

（18）M. Heidegger, *Metaphysische Anfangsgründe der Logik im Ausgang von Leibniz*, GA 26, S. 102.

（19）Cf. Thomas Aquinas, *Quastiones disputate de potentia*, q.1, a. 1, resp.

（20）Cf. E. Husserl, *Phänomenologie der Intersubjektivität* III, Husserliana XV, hg. I. Kern, Den Haag 1973, S. 593.

（21）山口一郎「微小表象と受動的綜合――フッサールのモナド論的現象学の方向づけ」酒井潔・佐々木能章・長綱啓典編『ライプニッツ読本』法政大学出版局、二〇一二年、二八四―三〇一頁。

（22）M. Heidegger, *Metaphysische Anfangsgründe der Logik im Ausgang von Leibniz*, GA 26, S. 112.

（23）*Ibid.*, GA 26, S. 102.

（24）*Ibid.*, GA 26, S. 120.

（25）*Ibid.*, GA 26, S. 112. ハイデガーはライプニッツの全文を引用していないので、以下に該当個所を挙げておく。Si massam sumas pro aggregato plures continente substantias, potes tamen in ea concipere unam substantiam praeeminentem seu entelechia primaria animatum: Leibniz, an Volder, GP 2, p. 252.

（26）G. W. Leibniz, *Monadologie*, 57, GP 6, p. 616: Et comme une même ville regardée de differens côté paroist toute autre et est comme multipliée perspectivement, il arrive de même, que par la multitude infinie des substances simples, il y a comme autant de differens univers, qui ne sont pourtant que les perspectives d'un seul selon les differens points de vue de chaque Monade.

（27）M. Heidegger, *Metaphysische Anfangsgründe der Logik im Ausgang von Leibniz*, GA 26, S. 117.

（28）この点はすでに以下のものによって指摘されている。木田元『哲学と反哲学』「ハイデガーとライプニッツ　覚え書」岩波書店（岩波現代文庫）、二〇〇四年、二六四頁以下。

（29）M. Heidegger, *Metaphysische Anfangsgründe der Logik im Ausgang von Leibniz*, GA 26, S. 117.

（30）Cf. E. B. Gilman, *The Curious Perspective. Literary and Pictorial Wit in the Seventeenth Century*, New Haven/ London 1978, pp. 96-97.

（31）『弁神論』における以下の用法を参照。G. W. Leibniz, *Theodicée*, IIe partie, 147, GP 6, p. 197: C'est comme dans ces inventions de perspective, où certains beaux desseins ne paroissent que confusion, jusqu'à ce qu'on les rapporte à leur vray point de veue, ou qu'on les regarde par le moyen d'un certain verre ou miroir.「それはパースペクティヴの発明のようなものである。そこでは、いかに美

しい構図であっても、正しい視点に結びつけられ、特定のガラス板や鏡によって見るのでなければ、混沌としか見えない」。ここでは perspective の語が、幾何学的な線形遠近法ではなく、歪曲遠近法を指していることは明瞭である。

（32） J. M. Chladenius, *Einleitung zur richtigen Auslegung vernünftiger Reden und Schriften*, Leipzig 1742 (reprint: Düsseldorf 1969), S. 191; cf. P. Szondi, *Einführung in die literarische Hermeneutik*, Frankfurt a. M. 1988, S. 79-86.

（33） 現象学におけるパースペクティヴ理論の射程に関しては以下を参照。新田義弘『現象学と近代哲学』第一部「パースペクティヴ理論としての現象学」岩波書店、一九九五年、G. Boehm, *Studien zur Perspektivität. Philosophie und Kunst in der Frühen Neuzeit*, Heidelberg 1969.

（34） M. Heidegger, *Metaphysische Anfangsgründe der Logik im Ausgang von Leibniz*, GA 26, S. 254.

（35） *Ibid.*, GA 26, S. 117.

（36） *Ibid.*, GA 26, S. 118.

（37） 細川亮一『ハイデガー哲学の射程』創文社、二〇〇〇年、一五七―一六四頁参照。

（38） M. Heidegger, *Metaphysische Anfangsgründe der Logik im Ausgang von Leibniz*, GA 26, S. 247.

（39） *Ibid.*, GA 26, S. 268: Und nur weil Schwung, deshalb Wurf, Faktizität, *Geworfenheit*; nur weil Schwingung, deshalb *Entwurf*.〔強調は原文通り〕

（40） *Ibid.*, GA 26, S. 242.

（41） *Ibid.*, GA 26, S. 172.

（42） *Ibid.*, GA 26, S. 242.

（43） *Ibid.*, GA 26, S. 174: Diese zum metaphysischen Wesen des neutralen Daseins gehörige transzendentale Zerstreuung – als die bindende Possibilität seiner je faktischen existenziellen Zersplitterung und Zerspaltung –, diese Zerstreuung gründet in einem ursprünglichen Charakter des Daseins: der Geworfenheit. ... Die wesenhaft geworfene Zerstreuung des noch ganz neutral verstandenen Daseins bekundet sich unter anderem darin, daß das Dasein *Mitsein* mit Dasein ist.〔強調は原文通り〕

（44） *Ibid.*, GA 26, S. 271. モナドの「無窓性」の議論について以下を参照。酒井潔『ライプニッツのモナド論とその射程』「モナド的主観の〈無窓性〉」知泉書館、二〇一三年、一一三―一三八頁

（45）*Ibid.*, GA 26, S. 173: Das Dasein ist als faktisches je unter anderem in einen Leib zersplittert und ineins damit unter anderem je in eine bestimmte Geschlechtlichkeit zwiespältig. ... zum Wesen des Daseins überhaupt gehört seinem metaphysischen neutralen Begriff nach schon eine ursprüngliche *Streuung*, die in einer ganz bestimmten Hinsicht *Zerstreuung* ist.〔強調は原文通り〕

（46）Id., *Vom Wesen des Grundes* (1929), in: *Wegmarken*, GA 9, Frankfurt a. M. 1976, S. 175; cf. id., *Metaphysische Anfangsgründe der Logik im Ausgang von Leibniz*, GA 26, S. 285.〔強調は原文通り〕

（47）E. Heintel, „Einheit“ als fundamentalphilosophisches Problem, in: id., *Grundriß der Dialektik*, Bd. II: *Zum Logos der Dialektik und zu seiner Logik*, Darmstadt, 1984, S. 135; id., Die Rede von der Gegenständlichkeit, in: *ibid.*, S. 110-113.

（48）M. Heidegger, *Metaphysische Anfangsgründe der Logik im Ausgang von Leibniz*, GA 26, S. 268: Die Zeitigung ist die freie Schwingung der ursprünglichen ganzen Zeitlichkeit; Zeit erschwingt und verschwingt sich selbst.

（49）*Ibid.*, GA 26, S. 270: Dieses Schwingen der sich zeitigenden Ekstasen ist als solches der Überschwung, gesehen auf alles mögliches Seiende, was da faktisch in eine Welt eingehen kann. Das Ekstematische zeitigt sich schwingend als ein Welten; nur sofern dergleichen wie ekstatische Schwingung als je eine Zeitlichkeit sich zeitigte, geschieht *Welteingang*.〔強調は原文通り〕

（50）M. Heidegger, *Metaphysische Anfangsgründe der Logik im Ausgang von Leibniz*, GA 26, S. 178.

（51）*Ibid.*, GA 26, S. 141.

（52）*Ibid.*, GA 26, S. 276.

（53）数学的な「比例」の操作に従いながら、その比例を自己否定するかたちで超越の次元を開くクザーヌスの「無知の知」を、ここに重ね合わせることができるだろう。Cf. N. Cusanus, *De docta ignorantia*; *De conjectura*, in: Nikolaus von Cues, *Die Kunst der Vermutung. Auswahl aus den Schriften*, besorgt und eingeleitet von Hans Blumenberg, Bremen 1957.

（54）*Ibid.*, GA 26, S. 285.

（55）*Ibid.*, GA 26, S. 276.

（56）*Ibid.*, GA 26, S. 237.

（57）*Ibid.*, GA 26, S. 277.〔強調は原文通り〕

第四章　中間領域としての人間

――カントの人間学からハイデガーの脱人間学へ――

序　人間学の問い

二十世紀半ば以降、主にフランス哲学を中心として、「人間主義的・人間学主義的潮流」と「反人間主義的・反人間学主義的逆流」とのせめぎ合い[1]の中、十九世紀的人間観の流動化とともに「人間の死[2]」が語られ、「人間」という主題そのものの解体が進行している。「人間」という現象の輪郭が曖昧となり、「特性のない男」（ムージル）、あるいは「無頭人《アセファル》」（バタイユ）に象徴される脱人間化の動向が生じる一方で、ドイツにおける超越論哲学や現象学においては、「人間存在」の新たな解明が試みられ、「哲学的人間学」における「具体的主観性[3]」、あるいは「現存在する超越論性[4]」という仕方で、人間の具体的な存在が語られ、現在でも、形而上学を喪失した時代の「第一哲学としての人間学[5]」、あるいは「人間の叙述[6]」といった問題提起がなされている。相反するかに見えるこれらの哲学的運動の関係を見定めるには、哲学的思考にとっての「人間」という主題の意味を問い直し、さらには「人間」という現象が占める領域をあらためて確定すべきであり、そのためには人間概念の概念史が、その哲学的射程に即して考察されなければならないだろう。「人間」の概念を、経験的に自明な事実に付された記号とみなすのではなく、それ自体を「歴史的発明[7]」と理解する視点に立つなら、その概念そのものの規定と使用をめぐる哲学的な正当化が必要とされるはずだからである。

　こうした状況の中で、あらためて「カントの人間学」という主題を取り上げるのは、「人間」という領域を解体の瀬戸際から救い出し、それを哲学的水準に差し戻す意味をもっている。そこで議論の焦点として想定されるのは、「カントの人間学」というひとつの既成の分野ではなく、むしろ「カントと人間学」、つまり「カント」の名称と不可分に語られる哲学的思考としての「超越論哲学」と、経験的知識の集成とも見える「人間学」とのあいだの関係である。超越論哲学と人間学が、どちらか一方に還元される包摂関係としてではなく、両者の生産的な緊張関係において論じられねばならないのだとするなら、そこで語られる「人間」とは、超越論的主観性そのものでもなければ、生物学的種としての「人類」に限定することも不可能なはずである。歴史的・理論的先入見を交えずにあらためて主題化されるそうした「人間」という領域は、いかにして確定しうるのか、そしてそれは哲学的思考にとってどれほど有効な（あるいは有害な）視点であるのかが問われなければならない。「人間」という主題をめぐる攻防とその問題の推移を見極めるために、ここではカントの『人間学』から出発して、ヘーゲルやドイツ人文主義における「人間」理解を経て、最終的にハイデガーのカント解釈における「人間」の取り扱いを概観してみたい。カントにおいて暗示され、ドイツ人文主義において形象化される「経験的＝超越論的二重体」[8]としての「人間」という十八・十九世紀的な思考が、二十世紀以降の現代哲学においてなおどのような未来をもつのか（あるいはもたないのか）を考察するのが、ここでの目標となる。

一　「人間学」の背景と位置づけ

（1）　宇宙論から人間論へ

思想史的状況を俯瞰するなら、十八世紀思想においては、自然観・人間観をめぐって大きく二つの潮流を指摘することができる。そこでは伝統的な「存在の連鎖」の思想によって、宇宙全体は無限小から無限大に至る途切れることのない階梯とみなされ、その典型的表現であるポープ（Alexander Pope, 1688-1744）『人間論』（一七三三／三四年）の言葉では、「無限から汝〔人間〕へ、汝から無へ」向かう「存在の大いなる鎖」[9]と呼ばれる一方、人間は——十八世紀の代表的論客アディソン（Joseph Addison, 1672-1719）が指摘するように——「動物的自然と叡知的自然、可視的世界と不可視的世界の中間領域（the middle space）、存在の鎖の環、しばしばそう呼ばれるように〈両世界を繋ぐ紐帯〉[10]」と規定されることで、その媒介的位置が積極的に主張されている。ルネサンス的な「大宇宙《マクロコスモス》と小宇宙《ミクロコスモス》の照応」の名残りとも言えるこうした思想がなおも流布する一方で、哲学的な議論の水準においては、近代初頭以来、形而上学的世界観の解体が進行し、宇宙における人間の中間的・中心的位置といった構想が脅かされていく[11]。「似像としての人間」といった神学的モデルも徐々に後退し、それに応じて「人間」は、「純粋本性の状態」（スアレス）において捉えられ、「純粋に人間である限りの人間」（デカルト）が哲学の主題となっていくのである[12]。このような状況にともなって、人間の「本性」（natura）という主題が際立たせられる一方で、リンネ（Carl von Linné, 1707-78）などによる経験的な分類学・博物学の興隆を背景として、人間のあり方を、表象化された「自然」（natura）と同一平面上で捉える自然学的発想が加速することになった[13]。

十八世紀という時代は、近世初頭から並行して進んできたこれらの思想的潮流が出会う潮目の時代であり、その緊張関係はカントの内にも大きな影を落としている。実際、前批判期の『天界の一般自然史とその理論』(一七五五年)は、「ポープ『人間論』第一書簡の散文による書き換え」[14]といった性格をもち、「存在の連鎖」の思想の残響を響かせる一方、モスカティ(Pietro Moscati, 1739-1824)の解剖学的人間論やプラトナー(Ernst Platner, 1744-1818)の「人間学」への書評や言及、あるいは『美と崇高の感情についての考察』(一七六四年)の性格論や『人種論』(一七七五年)などには、生理学的・人類学的な人間理解への関心を見出すこともできる。しかしながら、批判期以降のカントは、経験一般を可能にする超越論的条件を主題にすることによって、もはや形而上学的な人間論はもとより、人間に関する経験知の集積とも次元を異にする哲学的思考の空間を切り拓いていく。その意味では、批判期のカントは、形而上学・経験的学知両面での「人間」の規定を突き抜けて、もはや「人間」の名称のもとで語りえない領域に踏み込んだとも言えるだろう。そのように考えるなら、すでに三批判書が公刊されたのちに出版された『実用的見地における人間学』(一七九八年。以下『人間学』)は、その存在をも含めて際立って特異な著作と映る。「人間学」の講義そのものは、批判期以前から批判期を跨いで二〇年以上にわたり、「自然地理学」とともに行われてきたものであり、内容的には前批判期の著作とも重複し、その対応関係を個々に示すことも可能である。[15]とはいえこの『人間学』という著作が哲学的に成熟した時期の著作として公刊されたという事実は、たとえ人気講義ゆえに周囲の慫慂があったにしても、過去の講義の単なる再録や集大成にとどまるものではなく、むしろ批判期以降のカントの関心があらためて「人間」という主題に向かっていることの証左であり、そこにはカント自身が抱いた新たな問題意識が籠められていると理解すべきだろう。

（2）　人間とは何か

カント自身は『純粋理性批判』で立てた三重の問い[16]——「われわれは何を知ることができるか。われわれは何をなすべきか。われわれは何を望んでよいか」の問い——を、『論理学』（一八〇〇年）において「人間とは何か」という問いへと収斂させた。そしてほかならぬ『人間学』こそが——シュトイトリン（Carl Friedrich Stäudlin, 1761-1826）宛の書簡にも記されているように——その第四の最も根本的な問題に答えるものとみなされている。「純粋哲学の領域で私自身が取り組まねばならないものとして、かなり以前から構想してきたことがある。それは、（一）私は何を知ることができるか（形而上学）、（二）私は何をなすべきか（道徳）、（三）私は何を望んでよいか（宗教）という三重の課題の解決に関わっている。これに続いて最後に四番目の課題、つまり（四）人間とは何か（人間学——これについてはすでに二〇年以上も前から、毎年講義を行ってきた）が当てられなくてはならない[17]。つまり三重の問いがそれぞれ、「純粋哲学」の各々の分野、つまり超越論的制約への洞察を核心とする批判哲学に密接に関わるものだとするなら、最後の「人間とは何か」という問いは、三重の問いの総合、あるいはことによると批判哲学の設定を踏み越えてしまうような領域を名指しているものと思われるのである。その意味で人間学は、批判哲学ないし超越論哲学の単なる補遺や註記ではなく、むしろ批判哲学の彼方を見越したカントにとっての哲学的関心の焦点であったと考えられる。そこでは、「超越論的主観性」や「統覚」といった概念によっては包括しえない領域として、あらためて「人間」の現象が呼び出されているように見える。そうだとするなら、人間学という問題設定は、いったんは経験的な人間の領域を超越論的次元へと超出し、伝統的な人間概念を無効にしながらも、その視線を再び人間の側に送り返す複雑な処置を必要としているはずである。そのためにカントが『人間学』において行っているのは、「人間」という領域を、経験的にでも形而上学的にでもなく、超越論哲学の着想を潜った視点で再定義し、その領域を新たに確保することであった。それはつまり、超越論哲学によって獲得された、不可視で、それ自体としては経験不可能な「不在の中心」としての超越論的主観性を、再び経験の次元へと反転させながらも、それを自然学的な人間知に繋留するのではなく、それ固有の実在性をもつ独自の領域として提示することを意味していた。

こうして「人間」を主題化するに当たって、カントが打ち出したのが、『人間学』の標題に添えられた「実用的見地から」という観点である。「実用的な」人間学は、自由な主体性である限りでの自己形成や自発的行為を主題とし、「世界〔世間〕」にとって有用な人間のあり方を規定することを目標とする。「生理学的な人間知は、自然が人間をいかに形成しているかの探求に向かうが、実用的な人間知は、人間が自由に行為する存在として、自分自身からなすこと、ないしなすことができる、あるいはなすべきことに向かう[18]」。それは心理学的・生理学的な人間学のように、人間を自然の客体とみなすものではなく[19]、自由な主体として理解するものではあるが、その自由は、道徳性によって規定された狭義の実践における自由とは区別される。「われわれは、人間の現象の規則のみを探求するのであって、これらの規則の根拠を探求するのではない。われわれは、その規則を〈抽象的に〉ではなく、あくまでも〈具体的に〉考察するのである[20]」。実用的人間学は、日常的な人間の振舞いを素材として、世界〔世間〕で生きる「技術」(Kunst)、ないし「怜悧の規則[21]」を提示し、「学校」での知識とは異なった「世界知〔世間知[22]〕」によって自己形成の方向を示すものとして構想される。このような計画を見る限り、カントの「人間学」は、理論理性と実践理性、あるいは理性の自律と他律などの厳密な区別が効果的に働くことのできない主題を扱っているように見える。つまり「人間学」の領域とは、理論と実践、超越論性と経験性、あるいは道徳性と日常性とが区別されながらも、それらが相互に交叉するような位相的な捩れの空間なのである。カントは、伝統的な意味での宇宙論的中心としての「人間」という中間的位置づけを、自身の哲学的構想全体から捉え直したうえで、社会的共同体の中での人間の現実的生活に定位する。『人種論』では、「実用性」の語に対して、いまだ「自然と人間」の両者に関わる「宇宙論的」性格が帰せられているが(23)、実用的人間学においては、公共的生活の中での人間の自己観察という側面が強調されている。こうして人間を「小宇宙《ミクロコスモス》」という宇宙論的規定によってではなく、「世界公民」（Weltbürger）という共同体《コスモポリス》的視点から捉え直すとき、そこに自然学的でも形而上学的でもない「実用性」という中間領域が開けるのである。

二　「人間学」の変遷——カントからドイツ人文主義へ

（1）「実用的見地からの人間学」と修辞学

「実用的人間学」が主題とする対象は、経験的には社会的・共同体的な現実生活として与えられるとはいえ、それを批判哲学の概念によって規定しようとするなら、そこではまさに二つの次元に接する「経験的＝超越論的二重体」とでも言うべき混成的な事態を扱わざるをえない。しかしながらカントは、「人間」という主題がもつこの困難さの手前に踏みとどまり、『人間学』をも、批判哲学の構図を元に描こうとしているようにも見える。実際に、「教訓論」（Didaktik）と「性格論」（Charakteristik）に二分された『人間学』の構成のうち、人間の認識を扱う「教訓論」では、「認識能力」「快・不快の感情」「欲求能力」といった三批判書的な分類が用いられ、第一編「認識能力」に関しても、「統覚」「悟性」「感性」といった区別がおおむね踏襲されている。そしてそこでは、ある種の演繹的な処置を窺わせるかのように、反省的自己意識という統一性から出発し、論理的・悟性的能力を経て感覚的認識に至るといったように、各能力の段階が『純粋理性批判』とは逆の順序で論じられている。つまりそこでは、感覚の多様を悟性によって分節し、統覚によってひとつの意識として構築するという方向、つまり多性から一性への流れとは逆に、むしろ意識の統一から感覚の多様へ、つまり一性から多性へと分散する多様化の流れが叙述されているのである。しかもそこでは、それぞれの能力の本質的な機能が論じられるのではなく、認識能力に関しては、「心の病」、「失神」、「酩酊」など、快・不快感情に関しては、「気晴らし」や「流行」など、そして欲求能力に関しては、「復讐欲」や「権力欲」など、各能力がそれ本来の機能から逸脱した形態が取り上げられる。つまり『人間学』が好んで扱う領域は、それぞれの理性的機能の真正な活用から脱落するような非本来性の空間であり、そこで取り上げられる「錯乱」(24)(Verrückung)や「散漫」(25)(Zerstreuung)の語に刻印されているように、それはまさに「逸脱」(Ver-)と「分散」(Zer-)の領分なのである。「心の病」を扱った個所においては、「本質的で回復不可能な無秩序に体系的な分類をもちこむことはむずかしい」(26)として、その哲学的・理論的記述を断念している。狂気に関する記述においては、精神異常者による犯罪の扱いをめぐる十八世紀の論戦が影を落としており、カント自身が『学部の抗争について』第三部「自己の病的感情を抑制しようとの単なる決心による精神の力について」(一七九七年)で行った考察が反映している。人間の内に生じるこうした無秩序や混乱は、十八世紀の定型的主題である「人間の愚かさ」(ボリングブルック)を背景にしたものとも言えるが(27)、カントにおいてこの主題は、モラリスト風の人間観察というだけではなく、むしろ「超越論的弁証論」の関心を具体的な人間の現象に即して記述する意味をもっていたように思える。それというのもカントは、「精神異常」(vesania)においては、「理性の使用規則に関する無秩序や逸脱が生じるだけでなく、積極的な反理性が存在する」(28)とすら考えており、その一例に「永久機関の発明」といった悟性的機能の逸脱や、「三位一体の神秘の把握」などの超越的・思弁的思考を挙げているからである。こうして『人間学』を通じて示されるのは、批判哲学の構図を前提としながら、それにもかかわらず、批判哲学の中にはその場所をもたない「実用性」ないし「世間知」という領域を開拓し、それと同時に理性の逸脱や混乱といった「反理性」の発生を捉えようとする試みなのである。

「世間知」の次元を拓こうとするカントのこうした姿勢の内には、「世界知」と「学校知」の区別というかたちで、トマージウス（Christian Thomasius, 1655-1728）、あるいはとりわけトマージウス学派のブッデ（Johann Franz Budde, 1667-1729）などに遡る問題意識が大きな役割を果たしている。それというのも、リューディガー（Andreas Rüdiger, 1673-1731）とともにトマージウス学派の領袖の位置を占めていたブッデは、ムージヒ『知恵の光』（一七〇九年）に寄せた序文「世界知と学問知の区別について」によって、世界知と講壇的学問との区別を行い、人間にとって本性的に主題になるべき問題に対して、講壇哲学が果たす貢献と危険性の両面に触れ、カントの区別の先駆けとなっているからである(29)。

こうした「世間知」という開かれた公共的次元に対する体験的知恵という主題を時代的に掘り下げるなら、デカルトの「良識《ボン・サンス》」概念、あるいは「世間という大きな書物」の隠喩をはるかに超えて、その古層には、古代以来の「弁論術〔修辞学〕」（Rhetorik）の課題を見出すことができる。カントの意図する人間学が、分散し逸脱する多様性を主題とし、客観的に確実な認識によっては捉えきれない人間知をその中核に据えるものだとするなら、古代・中世の「自由学芸」における「弁論術」は、まさしくそうした人間の多様な現実を扱う学科であったからである。カントの人間学が、人間の自己形成という意味での「文化〔教養・陶冶〕」(30)（Cultur）を教えるものであるのと同様に、弁論術は政治的技術にとどまらず、広く現実社会の中に生きる人間を薫陶し、「賢慮」（prudentia）

と結びついた「人間形成《パイディア》」を目指す「技術」(ars)であった。そしてこの「弁論術」の議論は、理論的な客観性とは区別されながらも、公共性の意識に裏打ちされた独自の蓋然性を主張するものである。カントの『人間学』の内に、繰り返し「社交」という公共性の主題が取り上げられるのは偶然ではない[31]。このような背景を考慮するなら、「人間学」に関するカントの構想は、蓋然性と多様性に特徴づけられた「弁論術」の領域を再構築する試みとしても理解できる。そのため、超越論哲学と人間学の関係においては、古代におけるプラトンとイソクラテス(Isokrates, BC 436-338)、あるいは近代におけるデカルトとヴィーコ(Giambattista Vico, 1688-1744)のあいだで生じた緊張関係が再演されているように見える。古代と近代という時代の大きな隔たりにもかかわらず、それぞれの対比においては、数学的知見を理想とする学知と、人間性の陶冶に繋がる「共通感覚〔常識〕」(sensus communis)が、知の典型的な二類型と捉えられている点では共通している。そして、イソクラテスとヴィーコにおいては、理論的で確実な認識とは一線を画し、蓋然的でありながら、公共的な社交性に根差した人間知を確立する努力が、必須の課題とみなされていたのと同様に、カントの理解する「人間学」の内にも、理論哲学とは異なった視点から、人間性の全体を捉える努力が見出せるのである。カントが講義の準備稿(一七七六―七八年)において、ひとつの学問のみに専念する専門家を単眼巨人の「キュクロプス」になぞらえていることを思い起こすなら、確かにこの「人間学」とは、純粋ではあるが狭量な理論哲学を、蓋然的で公共的な世界知というもうひとつの眼で補い、人間そのものを複眼的・立体的に見る試みと言うことも不可能ではないだろう[32]。「こうした人びと〔ある学問のみの専門家〕を私はキュクロプスと呼ぶ。彼は学問のエゴイストであり、そうした人にはもうひとつの眼、自分の対象を他者の立場から眺めるようなもうひとつの眼が必要である[33]」。

人間の具体的全体性を正確に捉えるためには、現実の社会の内で自己形成を遂行する人間を、その自己形成の歴史において把握することが要求される。人間の具体的な現象を哲学的な主題として理解するには、このような世界や歴史を媒介とした自己形成が、哲学的思考そのものにとって構成的な契機として導入されなければならない。つまり、人間に関する「世界知」が哲学的洞察としての有効性をもつには、その「実用性」という中間領域が、二項間の中間としてだけでなく、それ自体が「媒介」としての積極的役割を果たすものと理解される必要がある。これに対して、カントが「実用的人間学」において試みたのは、人間を媒介性に向けて開くのではなく、むしろ「人間」という領域を、形而上学や自然学から区別し、批判哲学の反転した構図の内に演繹的に囲い込むことであった。その意味では、領域区分というカントの関心が、逆に「人間」という具体的現象の成立を阻み、あたかも人間を実験室の檻の中に封じ込めるような仕草を引き起こしているとも言えるだろう。カントの人間学は、批判哲学におけるさまざまな概念対が多様に絡み合う複合的な領域を開きながらも、カント自身がその概念的解明に寄与しているとは言いがたい。少なくとも、人間学の成果が、批判哲学ないし超越論哲学そのものに逆流的に影響し、何らかの創造的な貢献を果たした痕跡を認めることはできないのである。なぜなら、カントは「人間」という領域を形成する複合的な構造を、超越論性と経験性の相互関係といった最も困難な対立軸に即して解明するのではなく、むしろ「学校知」と「世界知」といった、遠く哲学と弁論術の対立に由来し、その意味でまったく出自を異にする対立軸によって処理してしまうからである。言い換えればそこでは、弁論術を慎重に哲学的言説の内に取り込む古代以来の所作が反復されているとも言える。これらの対立軸がどのような角度で交わっているのかという測定術こそが、「人間」という領域にとって本質的な問題となるはずであるが、カントの「人間学」はその問題に踏み込むことはなかったのである。

（２） ヘーゲルとドイツ人文主義

カントが「人間学」を形而上学と経験科学の中間の領域に設定しながら、その構図そのものは批判哲学から援用しているのに対して、「人間」を再び哲学体系全体の内の有意味な一契機として組み込もうとしたのが、ヘーゲルの『エンツィクロペディ』（一八一七年）である。『エンツィクロペディー』第三部「精神哲学」は、「主観的精神」、「客観的精神」、「絶対的精神」の三段階を辿るが、「人間学」は、その最初の「主観的精神」の第一部門に置かれ、その内部には、「人間学」から「精神現象学」を経て「心理学」へと向かう上昇過程が設定される。つまり、「精神」の順列の最初である「主観的精神」は、その内部の各段階に応じて、「魂」、「意識」、「精神」という段階を辿るものと理解され、その各々が「人間学」、「精神現象学」、「心理学」によって扱われる。その階梯の第一段階に当たる「人間学」は、それ自身の内でさらに「自然的魂」、「感情的魂」、「現実的魂」と上昇する三幅対において捉えられたうえで、「精神現象学」の最下位相である「感覚的確信」へと繋がっていく。つまり人間学は、有限で経験的な人間が自身の本質を自覚し、「われわれ」の哲学的言説の領域である意識の生成（精神現象学）へと向かい、純粋な哲学的思考としての「自由な精神」へと自身を受け渡していく過程の出発点とみなされるのである。そしてこの「主観的精神」は、そこからさらに「法」「道徳」「人倫」を含む「客観的精神」へ上昇し、最終的には、「芸術」「啓示宗教」「哲学」として展開される「絶対的精神」へと止揚される。このような弁証法的な過程においては、最初の段階は後の段階を目的として、その段階に至ったときにその役割を終えることで、それ自体としては不要になる。そのため、人間学が精神現象学に到達したとき、経験的で有限な人間は自らの「目的」に到達し、それ自身の「真理」を実現することによって「終末」を迎える。ここにおいては、「目的《テロス》」が同時に「終末《エスカトン》」であるといった目的論の二重性が作動する。デリダが論考「人間の目的＝終末」で語るように、「人間の有限性の終わり、有限なものと無限なものとの統一、自己超過としての有限なもの――ヘーゲルにとって本質的なこれらの主題が、〈人間学〉の終わりで意識がついに〈自己への無限の関係〉として指示される地点で認められる[34]」。

最終的には「人間の死と完結と達成との一体性」に到達する「人間学」は、その最初の地点では、「質的に限定された、自然規定に結びつく魂[35]」から出発する。つまりここでの人間は、カントにおける蓋然的な世間知の対象とは異なり、生理学的・自然学的条件に縛られた状態から、意識ないし自我として自己の真理を実現する過程の内に正確に位置づけられ、哲学的な叙述段階の反省的上昇と並行するものとして厳密に捉えられる。そのため、カントにおいては理性の非本来的な領域、あるいはむしろより積極的に「反理性」とみなされた「狂気」は、ヘーゲルの人間学では、カントと同様に理性の弛緩状態である「痴呆、散漫、放心[36]」として論じられてはいるが、それらは自然性とのあいだの克服されるべき葛藤とみなされ、然るべき合理的な解決が与えられる。つまり、「狂気や夢遊病」は、「自然性と対立し闘争する段階への移行」に際して現れるものであり、「闘争の結果、魂が肉体に勝利し、肉体が魂の徴《しるし》、ないし魂の表現へと下降し、格下げされる」ことによって、「肉体の内に魂の理念性が現れる」ものとみなされる[37]。自然性（自然的魂）から現実性（現実的魂）へと展開する中間である感情的魂においては、「実体的内容の直接性と闘うことで、自己が自己自身に関係する、自我の内なる単純な主体性へと高まり、それによって自らを完全に支配して意識するようになる発展段階[38]」が辿られ、最終的には、「自然との媒介された統一へと発展し、肉体の内に具体的に自立するに至った現実的な魂[39]」が、人間の「真理」として輝き出るのである。

カントにおいては、「人間」という中間領域が、形而上学と自然学の両側から境界づけられ、その媒介的役割そのものが積極的に展開されることがなかったのと同様に、ヘーゲルにおいても、人間は「現実的な魂」としての自我や意識に至る通過点として、消極的な役割を演じるにとどまっている。自然的魂から現実的魂、あるいは魂全体の過程を含む「主観的精神」から「絶対的精神」への道程は、それ自体としては有意味な過程であり、時間の進行に対して精神的に把握可能な意味内容を与えているという点では、そこに「歴史」という積極的な理解を見ることができる。しかしここでの歴史は、あくまでも絶対的精神の「臨在」の側から秩序化され、階層化された発展過程なのであり、有限な人間が自らの具体性を自然性との緊張関係のままに展開する媒介の場所という意味をもっているわけではない。ヘーゲルが理解する「具体性」とは、あくまで自然性や事実性を止揚することで実現された普遍性、つまり普遍性の現実性を意味するのであり、そこで「媒介」が語られる場合でも、それは結局のところ、目的論的な発展の一段階として、その過程全体に帰属し、包摂されるという事態にほかならない。

歴史的な媒介を経由して、人間の現象を具体的に規定する試みは、むしろカントおよびヘーゲルと時代を接して、ドイツ人文主義において積極的に展開される。そこで、歴史的・生物学的に規定された人間の具体的あり方に関しては、カントの『人間学』後半の「性格論」(Charakteristik) と、ヘーゲルの『エンツィクロペディー』「精神哲学」における自然的魂の「自然的特質」(natürliche Qualitäten) の議論、およびドイツ人文主義において「比較人間学」を提唱したフンボルト (Friedrich Wilhelm von Humboldt, 1767-1835) の「性格論」とを比較するなら、人間の具体性としての「性格」(Charakter) をめぐる理解の相違が見て取れる。カントの性格論では、テオプラストス (Theophrastos, BC 371-287) 以来の人間論、あるいは十八世紀的な「性格論《カラクテール》」(ラ・ブリュイエール) に即して、「人間の外面から内面を認識する」(40) といった観相学的問題意識を元に、人間の性格の類型論、あるいは人種の分類学が論じられる。こうして『人間学』において、「性格」という問題は、「教訓論」から「性格論」へと移行する場所で出現するため、この「教訓論」と「性格論」の境界線は、「内面」と「外面」のせめぎ合い、内と外との駆け引きの場所として設定されることになる。ここには、「観相学」（Physiognomie）の伝統、特に十八世紀においてその復興を担ったラファター（Johann Kaspar Lavater, 1741-1801）などと類似の発想が見られるとともに、観相学に含まれている「大宇宙《マクロコスモス》と小宇宙《ミクロコスモス》の照応」という思想的系譜がなおも残存しているとも考えられる。これに対して、ヘーゲルの「人間学」においては、人間の具体的特性は、自然性に制約された限定的内実と捉えられ、人種や民族、あるいは性別などによる性格の相違が詳細に論じられているにもかかわらず、その位置づけはあくまでも自然的魂の段階に限定されている。相互に排除し合うこれらの実質的・自然的な外的特徴は、感情的魂によって内面化されたうえで、現実的魂において真の具体性、つまりは普遍性の現実性に到達すべきものと考えられるのである。それゆえ、「人間学」の最終段階である「現実的魂」において、ラファターに対する皮肉で辛辣な批判がなされているのは、ヘーゲルの「人間学」、および「精神哲学」全体の構想からすれば当然の帰結であった[41]。

フンボルトが「性格〔個性〕」を論じるとき、そこではかならず「性格」が間主観的な「言語」的特性と対になって語られるばかりか、言語的に媒介されたその「性格」を通して、歴史的に変遷する創造的な世界関係が主題化される。つまりフンボルトの場合、人種の分類や人間類型の問題は、ヘーゲルの場合のように自然的・経験的特性に限定されることなく、「世界観」（Weltanschauung）という一種の「世界知」と結びつけられ、間主観的な言語と歴史の媒介とともに扱われる[42]。その点では、フンボルトの「性格論」は、カントにおけるようにその多様性を概括的に記述するにとどまらず、言語的・歴史的な媒介性とともに逸脱と多様性の領域を積極的に組み込み、その媒介性が果たす超越論的機能を最大限に見積もろうとする努力を含んでいる。カントやヘーゲルの

「性格論」は、人間類型の多様性を論じながらも、なおもその多様性を上位の視点から俯瞰する客観的な分類学《タクソノミー》であり、「上《カタ》からの語り《ロゴス》」としての「一覧表《カタログ》」、ないし表象的な「分類表《タブロー》」に終始するのに対して、フンボルトの「性格論」は、逸脱と多様性の領域をその遂行の内側から考察する発生論的な考察を明確に志向している。この点は、例えば人間の両性の区別をめぐるそれぞれの扱いからも明瞭に示される。カントの「性格論」、あるいはヘーゲルの「自然的魂」における「男性と女性の相違」は、あくまでも両性の二つの「傾向性」の相違として処理されるが、フンボルトの初期論考「性別と、有機的自然に対するその影響」[43]（一七九四年）では、生物学的な「後成説」（Epigenesis）を考慮しながら、両性の交渉によって生じる歴史的な進展が論じられ[44]、自然学的時間とは異質の歴史的時間が導入されるのである[45]。生物の発生を、潜在的な構造である「未展開の原基」（rudimenta inexplicata）の後天的展開と捉える「前成説」（praeformatio）――ライプニッツにも見られる説――に対して、十八世紀以降、ヴォルフ（Casper Wolff, 1733-94）やブルーメンバッハ（Johann Friedrich Blumenbach, 1752-1840）などが展開し、カントも賛同した[46]後成説では、生物の発生を両性の関係の創造的な関与から捉える思考が流布するようになる。これは歴史において偶然的要因が果たす積極的で創造的な意味を認める知見にも繫がっていく。時間の創造的展開という考え方に関して、これはまさに、地質学において従来の水成説に対して、火成説が果たした役割にも対応している。

フンボルトにおいては、人間の具体的・偶然的条件が、「世界観」という、蓋然的ではあるが広範で公共的な力をもつ「世界知」に積極的に関与し、しかもそれら複数の世界観が、ある特定の目的を目指して線型的に発展するというのではなく、むしろ相互の対話の余地と変更の柔軟性を残しながら、言葉の本来の意味で「弁証法的」（dialektisch 対話的）な交流を行う可能性が十分に洞察されていた。ここにおいて時間そのものが、予期不可能で重層的な可能性をはらみ、偶然的事象を積極的な転機として取り込みながら、創造的進化が展開される次元へと生成する。経験的領域と超越論的次元は、相互に区別可能ではあっても、互いに没交渉のものではなく、むしろ両次元が相互的に絡み合う中間領域にこそ、媒体としての準超越論的な機能が働き出すのである。フンボルトが生涯にわたって探求し続けた言語哲学もまた、そうした事実性と理念性の中間地帯における媒介の経験的・哲学的分析を試みたものであり、それは言うなれば、弁論術〔修辞学〕と超越論哲学の接点を探る試みでもあった。「言語というものは、全体を一望のもとに見晴るかすことのできるような、眼前に現として存在する物体でもなければ、次々と伝えていくことのできる実体でもありえず、実際のところは、自らを生み続けているものとしてしか考えられない[47]」。こうしてフンボルトの試みは、一面的に実証的な言語科学ではなく、言語が遂行する媒介の運動そのものを内在的に解明し、人間の文化や思想に言語が及ぼす創造的な触媒作用を中心に据えた言語思想に結実する。その射程の広さゆえに、言語学の歴史の中では孤立した成果にとどまったフンボルトのこの言語思想は、やがて二十世紀に入って、カッシーラーの「象徴形式の哲学」、そしてガダマーの「哲学的解釈学」などによって注目され、現象学的・解釈学的な媒介理論にとって重要な思想的要素を形成することになる。

人間の具体性についての捉え方という点では、フンボルトに代表されるドイツ人文主義的な人間観は、事実性と多様性を人間の「性格」ないし「個性」にとって本質的な契機とみなし、その多様性の分散そのものを、媒介の創造的遂行として積極的に捉えようとするものであった。カントやヘーゲルがそれぞれの「人間学」で主題化しようとした多様化と逸脱が、フンボルトの「人間学」においては、理性の逸脱の博物誌的要素としてではなく、また理性の発展過程に解消される一段階でもない独自の位置を見出すのである。すなわち、カントの「人間学」の内では構造的な複数性に解消されがちであった分散過程、そしてヘーゲルが「精神哲学」の「人間学」で扱った自然的魂の人種的・自然的特質――現実的魂に向けて段階的に克服されるべき分散――は、ドイツ人文主義の歴史理解・言語理解の内で、分散の時間性そのものを含めて、新たな展開を見せることになった。

三　「人間学」からの離脱――ハイデガーのカント解釈

(1)　現存在の分散と様態

新カント学派の影響のもとで、超越論的思考と存在論を接合しようとしたハイデガーにおいても、その結合の中心軸として人間存在が主題化される。存在論的な問題意識の中で、人間存在が、歴史的・言語的に媒介された「世界-内-存在」、あるいは存在了解を遂行する「現存在」(Dasein)として定式化された際に、その規定の根底には、ドイツ人文主義によって展開された具体的な「人間」の理解が働いていたと言うことができる。ディルタイ的な「生の哲学」と解釈学を導入し、言語性と歴史性を本質的な構成契機とみなすハイデガーの「現存在」理解は、人間の中間的性格を解釈学的な媒介の諸相として捉え直すものであった。また「世界-内-存在」、あるいはその日常性への着目は、カントの「人間学」が意図した「世界知」ないし「実用性」の領域とも重なってくる。(48)とりわけハイデガーが初期の講義から一貫して、アリストテレス『弁論術』を「具体的な現存在の解釈、すなわち現存在そのものの解釈学」(49)、あるいは「日常性の最初の解釈学」として高く評価していたことを考慮するなら、「世界-内-存在」の理解の内に、弁論術的な多様性と分散の性格を認めることができる。実際にハイデガーの初期フライブルク時代の講義では、生の日常的様態を表現する範疇として「分散〔散漫〕」(Zerstreuung)という術語が用いられ、(50)『存在と時間』ではそれが「頽落」あるいは「非本来性」と規定されていくように、ハイデガーにおいても日常的世界とは、分散と逸脱をその根本的特徴とするのである。

また超越論哲学の構想、およびそれと複雑に絡み合う「人間」という主題から見ても、ハイデガーはカントやドイツ人文主義と並ぶ独自の位置を占めている。とりわけ超越論哲学の中心的着想とも言える「可能性の制約」の理解、そしてそこに含まれる「可能性」という様態概念を中心にこの系譜を見るときに、その問題の流れを明確に察知することができる。カントにおいては、「可能なるものである限りの存在者の学」と規定されたライプニッツ＝ヴォルフ学派の形而上学から、「経験の可能性の制約」としての超越論哲学への転回が起こり(51)、さらにドイツ人文主義においては、その可能性の次元の内に経験的領野を陥入させることによって「経験的＝超越論的二重体」としての「人間」が形成された。これに対してハイデガーは、可能性の空間として開かれた超越論性の領域を、実存の存在論的な可能性へと転回し、超越論哲学を実存論的様態論として徹底化することで(52)、やがては現存在と人間とのあいだの乖離を生み出し、人間学という領域を突き抜けていくのである。そしてハイデガーがその実存論的様態論の根底に洞察したのが、可能性そのものの「可能性の制約」とも言える「時間性」の次元であり、有限的現存在における時間の「自己触発」であった。

実存論的な様態論を介して、超越論的思考を人間存在としての現存在へと繋いでいくハイデガーの思考は、いわば『純粋理性批判』から出発しながら、『人間学』という迂回路を省略《スキップ》して、すぐさま『論理学』における「人間とは何か」の問いへと向かう直線的な軌跡を描いている。その構想を正確に反映するように、『カントと形而上学の問題』においてハイデガーは、『人間学』に言及しながらも、それを「二重に経験的なもの(53)」として素通りし、その内容的な検討を経ないまま、ただちに『論理学』での人間をめぐる四重の問いに言及している。そしてその際に最も重視されたのが、最初の三重の問い、とりわけそれらに含まれる「できる（われわれは何を知ることができるか）」（können）、「べき（われわれは何をなすべきか）」（sollen）、「よい（われわれは何を望んでよいか）」（dürfen）といった、様態を表す助動詞であった。[54] まさしくハイデガーは人間をめぐるこれらの問いを、「可能」と「当為」と「許容」、すなわち広義の「様態」（Modalität）の問題と理解し、とりわけその実存論的な根拠である「可能性」によって、現存在の存在様態のすべてを理解する方向を切り拓いていったのである。

ハイデガーにおいては、『人間学』の主題である日常的な多様性が、現象として注目されはするものの、カントにおけるように、それを「実用性」あるいは「世界知」という独立の領域として自立させることは慎重に避けられている。確かに、ハイデガーが提起する解釈学的言説と命題論的言説の区別は、「世界知」と「学校知」の区別を言語的了解に即して再現したものとは言えるが、ハイデガーの関心は、その両者の区別そのものではなく、両者の区別を可能にする実存論的構造に向けられる。それはあえて言うなら、「世界知」と「学校知」という区別そのものに対する超越論的反省であり、修辞学と哲学との対立そのものに対する哲学的反省を意味している。[55] このような入り組んだ反省の操作をするなら、カントが使用した概念対全体が混乱し、そこで設定されていたさまざまな対立軸が混線することは避けがたい。何よりもそこでは、カントの「人間学」に顕著に見られた領域確定の動機が意図的に解体されていくのである。つまりハイデガーの狙いは、形而上学や超越論哲学から人間学を区別することではなく、人間学の問題を含んだうえで、その全体を超越論的に再構成するという、カント以上に大胆な試みにあった。想像を逞しくするなら、『遺稿集』（Opus postumum）において「神・世界・人間」を総括する「超越論哲学の体系」の構想を模索したカントが、人間を「媒介項」（medius terminus）、つまり「判断の繋辞《コプラ》（Copula）」になぞらえた[56]のと類似の問題意識を、ハイデガーにおける超越論的思考の徹底化、とりわけそこにおいて中心的な問題となる「として」（Als）構造の議論と重ね合わせることも不可能ではないかもしれない。

（2） 有限性と分散

『現象学の根本問題』（一九二七年）でのカント解釈には、カントの「人間」理解を踏まえたうえでそれを再編成するハイデガーの試みを見ることができる。そこではカントに即して、「人間」のあり方が、「超越論的人格性」（personalitas transcendentalis）、「心理学的人格性」（personalitas psychologica）、「道徳的人格性」（personalitas moralis）に分類されたうえで、「道徳的人格性」を中心として、それらの統一が見定められようとしている。つまりハイデガーは、理論理性における統覚と自然学的意味での人間、そして実践理性といった区別を踏まえながらも、それらを領域確定の問題に回収するのではなく、むしろ超越論的主観性をも含めた人間の新たな統一性——ハイデガーの言葉では、「人間の存在論的体制」——を構築しようとしているのである[57]。その際に、人格性全体の統一を規定する契機として重視されるのが、「道徳的人格性」における「道徳法則への尊敬」である。ここでの「尊敬」とは、経験的な感情とは異なり、自己関係と脱自的超越とを同時に表現するものとみなされる。「道徳法則への尊敬」は、自由な主体が、経験的にはけっして与えられることがない法則へと「自らを服従させる」ものであるため、外的条件によって引き起こされた「感情」ではなく、自己内部で発生する自己に対する受容性、つまり「自己自身の自己解明の様態としての自己感情[58]」（Sichfühlen als Modus des Sich-selbst-Offenbarwerdens）と理解される。こうして人間は、事実的実存をめぐる自己関係であると同時に、その自己関係を自己の外部へと開く脱自的遂行であり、自己の遂行を通して自己自身を法則に対して相対化するのである。そのため『カントと形而上学の問題』（一九二九年）ではこの「尊敬」が、「自ら服従する」という「純粋自発性」

と、法則の承認という「純粋受容性」の合致として表現される[59]。こうして、自発性と受容性の統一において生じるこの自己相対化のあり方を通して浮かび上がってくるのが、ハイデガーが現存在の根本的規定とみなす「有限性」(Endlichkeit) という事態である。それは、カントの『人間学』におけるような外的な領域区分による囲い込みとは異なり、現存在の遂行の内部からの自己相対化を意味している。

こうした「有限性」の概念を中心として、自己内部で遂行される自己相対化に即して人間を規定していく思考は、『〈純粋理性批判〉の現象学的解釈』(一九二七/二八年) でも一貫している。ハイデガーはそこにおいて、『純粋理性批判』を「感性論」の優位という独自の観点のもとで読み解き、「直観」を単なる感性的受容性としてではなく、第一次的な総合としての「統与」[60] (Syndosis 共に与えること) と規定し、それに対してフッサール的な「受動的総合」にも似た役割を与えている。そして何よりも、この直観における統与は、感性論の枠組みにとどまらず、超越論的論理学、あるいはその核心的部門としての演繹論にとって構成的な役割を果たすものと理解される。超越論的論理学が、思考の規則を提示するだけの形式論理学とは違って、現実そのものを構成する論理である以上、その現実との接合を可能にしている「超越」が不可欠であり、その脱自的な世界関係の働きが「直観」の内に求められるのである。ハイデガーの解釈によれば、直観は「自らを与えさせること」[61] (Sich-geben-lassen) として、事象そのものの顕現と、その顕現に対する自発的な関与の統合を意味する。その点で、この直観の役割は、「あるものをあるものとして見えるようにさせる」という現象学の規定と並行するものと捉えられているのである。この直観は、対象を自ら産出するものではないため、根源的な受容性ではあるが、「この受容作用はそれ自身において、自らを与えるものを形成的に自己自身に与える作用」[62]でもある。つまりここでも、自己所与的な事象の顕現に向けて自らを超越する点に、直観のもつ有限な受容性が認められている。そのため直観における有限性もまた、外部による制約や、ましてや「物自体」による触発によって説明されるのではなく、自己関係の遂行における自己相対化という構造を共有している。もちろんハイデガーは、「根源的直観」と「派生的直観」の区別によって人間の感性的直観を有限的とみなすカントの議論を踏まえはするものの、その最も根本的な規定の場面では、現存在の「超越」そのものの側からその有限性を理解しようとしているのである。

実践理性と理論理性のそれぞれの場面で提起された「有限性」の解釈を見るなら、ハイデガーが人間存在をいかにそれ自体の内部から規定することに腐心しているかが理解できる。ハイデガーにとって「有限性」とは、人間存在の根本的な特徴ではあるが、それはけっして無限性の形而上学によって欠如的に規定されているわけではない。むしろハイデガーの狙いは、「有限性」という人間の領域を、何らかの外部を想定することなしに、その自己関係的構造を最大限に活用することで、存在との第一次的な関係である「超越」と一挙に結びつけるところにあった。そしてこの超越の遂行は、同時に「世界への超越」あるいは「世界への開け」として、現存在の開示性を形成し、実存論的に理解された「可能性」の空間としての「世界」を開くのである。カント解釈において、この「可能性」の性格が、構想力を介して最終的に「純粋自己触発」としての「時間性」(Zeitlichkeit) と結びつけられ、また『存在と時間』において、「不可能性の可能性」としての「死」を介して、根源的な「時間化」(Zeitigung) の生起と重ね合わせられるとき、ハイデガーは、「可能性の制約」という超越論哲学の問題意識を引き受けながら、それを極限にまで推し進めようとしているのである。

そのためハイデガーは、カントの『人間学』のように、「人間」の本質的領域をさまざまな他の領域との対立によって限定する必要を一切認めず、いわば有限性そのものの自己反省のかたちで、超越論的問題設定を内在的に徹底していった。そしてそのようにして確保された超越論的＝内在的な現象こそが「現存在」と呼ばれる事態であり、「有限性」とはその現存在の内在的な根本規定にほかならない。概念規定としては一種の限界づけを意味するはずの「有限性」が、無限性との対から解放され、その概念的な布置が変更される。ハイデガーが極限まで追いつめようとする「有限性」とは、形而上学的な「無限性」の対概念ではないし、同様に「超越」もまた、主観的な内在領域と対比される外部ではない。こうして、ハイデガーにおいては、「人間」という中間領域は、それを取り囲む対立項を前提したうえでの「中間」ではなく、存在了解そのものを媒介する「超越論的媒体《メディウム》（Medium）」として示されることで、「人間」という領域そのものとしては最終的に解消される。「人間における現存在の有限性は、人間よりもいっそう根源的である[63]」。

カントにおける「人間とは何か」という問いに差し戻して要約するなら、ハイデガーの取り組みは、この問いをさらに累乗化し、「〈人間とは何か〉と問うことのできる人間とは何か」へと変換することであった。このように自己関係的に度数の上がった問いにおいては、もはや主語としての「人間」が後退し、「〈問うことができる〉とは何か」、あるいは「〈何か〉とは何か」といった高次の反省が必要となってくることだろう。実際ハイデガーも、人間に関する三重の問いと第四の「人間とは何か」の問いの結びつきを、「三重の問いは、第四の問いに関係づけられうる（sich lassen）」、あるいは「関係づけられねばならない（müssen）」と表現し、さらにはその結びつきを「本質必然的」（wesensnotwendig）と規定するなど、その関係規定そのものの内に様態的理解を投入したうえで、最終的に第四の問いを、その起源である第一の問い、つまり「可能性」の問いに帰着させるというきわめて自己関係性の強い理解を示している。「三重の問いは、第四の問い〔「人間とは何か」〕に関係づけられうるだけでなく、それ自身においてはこの問いにほかならないのであり、つまりはその本質に従ってこの問いに関係づけられねばならない。しかしこの関係は、第四の問いが安易な一般性や未規定性を放棄し、人間の有限性が問われるような一義性へと収斂するときに本質必然的となる。このような問いとして、第四の問いは最初の三重の問いに適切に従属するだけでなく、他の三つの問いがそこから生じる第一の問い〔可能性への問い〕へと生成するのである[64]」。こうして「人間とは何か」の問いは、複雑に入り組んだ自己再帰性の構造を介して、実存論的な様態の問い、さらには超越論的に純化された有限的可能性の問いへと収斂させられていく。人間を主題とする問いは、すべての様態を一巡して、人間の「本質」についての問いへと先鋭化したうえで、その本質が最終的には「可能性」をめぐる第一の問いへと生成するだけでなく、その生成が生成としての可能性に即して――つまり正確には、可能性そのものへの問いに関する問いの可能性として――超越論的に主題化されるのである。そしてここに至ったとき、その問いは、もはや「人間」という名称で語る必要のない事態をめぐり始め、「人間学」の領域から徐々に離脱しつつあると言えるだろう。「人間よりもいっそう根源的であるものへの問いは、原理的に言って、人間学的な問いではありえないのである[65]」。

結語　超越論的人間学の課題

形而上学的世界観における人間の中間的位置づけから始まって、カントによって再解釈された「実用性」の中間領域は、ドイツ人文主義において経験的媒介を巻き込んだ「経験的＝超越論的二重体」という仕方で捉え直された。ドイツ人文主義は、歴史や言語といった経験的な事象にある種の超越論的機能を認めることによって、事実的な経験の蓄積と精神的な自己形成とを結びつけた「教養〔自己形成〕」(Bildung) の理念のもとで、「人間」という具体的で有限的な存在を理解しようとしていた。その点で、ドイツ人文主義において展開された思考を

「有限性の分析論[66]」として整理することは可能である。ハイデガーが目指したのは、さらにその二重性において生じた捩れを、「有限性」の存在論的理解を通して、二項的な対立構造から解放することであった。それは、ドイツ人文主義、そしてその衣鉢を継いだ現代の解釈学に対して抱かれるある種の懸念、つまり経験性と超越論性との混同の危険を牽制しながら、超越論的思考を徹底していく道であった。そのためにハイデガーは、例えば『存在と時間』公刊後の講義『論理学の形而上学的始原根拠』（一九二八年）において、超越論性と経験性との関係を再び「超越論的分散」（die transzendentale Zerstreuung）という仕方で主題化し、そこに身体的個別性や性別といった人間の個的特性の議論を組み込もうとするのである[67]。

「現存在は身体性への、そしてそれとともに性別への事実的な分散への内的可能性を有している」のであり、「現存在は、事実的現存在としては、各々がとりわけ一個の身体へと分割され、それと同時にとりわけ特定の性別へと分裂している[68]」。形式的・構造的に捉えられた現存在の実存論的構造は、世界への被投性と被拘束性としての具体的条件のもとでこそ具体化される。「破砕や分裂――これはさしあたり（「破壊」のように）消極的に聴こえる。しかしここでは……、そのつどそれぞれ各々のものとして個別化された事実的現存在の内に生じる多様化（多様性ではなく）を特徴づけることが肝心なのである[69]」。ここでは、客観的・表象的に理解された「多様性」（Mannigfaltigkeit）と、内的な分岐である「多様化」（Mannigfaltigung; Vermannigfaltigung）とが正確に区別されており、多様化において生起する分散の運動そのものが注目されている。

「現存在一般の本質には、その形而上学的に中立的な概念で言えば、根源的な散逸（Streuung）が属しており、この散逸は限定的な意味で分散（Zerstreuung）と言われるものである[70]」。ハイデガーにおいてもこの「分散」の語は――特に初期のテクストでは――カントの「人間学」におけるのと同様に、「散漫」の意味で、本来性からの逸脱を表すために用いられることの多い術語であり、とりわけ『アウグスティヌスと新プラトン主義』（一九二一年）では、アウグスティヌスが語る生の事実的様態である「多への分散」（defluxus）に対応させられていた。[71] それに対して『論理学の形而上学的始原根拠』では、『存在と時間』においても「非本来性」の徴標となっていたその「分散」（散漫）の語によって、超越論性の根源的生起が経験的次元に接続する根本的運動の契機、つまりは時間性の根源的生起の場が語られている。ここでの議論は、超越論的な現存在分析の成果を踏まえながら、人間の性別や経験の具体的諸相を、時間性の「振動」（Schwingung）と理解することによって、経験的次元と超越論的次元の中間領域の動態を時間性として捉え返すことを狙っている。そして興味深いことに、その同じ議論の内に、カントやヘーゲルの「人間学」において「性格論」として論じられていた人間の経験的特徴、とりわけ性別といった問題が主題化されているのである。そうした経緯を踏まえて言うなら、ハイデガーの超越論的分散の議論は、人間の経験的な特質を表す「性格」を超越論的・存在論的に書き換えた独自の「性格論」であるとも言えるだろう。そしておそらくは、経験に対するこの取り組みは、「多様性」の平面の拡張を目指す自己媒介的な解釈学を内部から突き崩し、「分散」という徹底した「多様化」に向かっていくことになるだろうが、それはもはや「人間」の彼方で生じる新たな課題である。

カントにおいて「人間学」とは、実証的な自然学、あるいはそこから独立した十八世紀的な生理学と、形而上学、そして『遺稿』によって構想された超越論哲学の完成形によって包囲された空間であり、経験と蓋然性の領域であった。その点では、カントが想定した「人間」という領域は、無限性の形而上学とは区別される有限性の領域、超越論性から区別される経験的次元、そして自然科学的な生理学の確実性から区別された間主観的な蓋然性の領域と規定することができる。これと対比したとき、ハイデガーが構想した「現存在」、そしてその核心をなす「超越」と「有限性」の用法は、およそカント的な領域区分に収まるものではない。ハイデガーにとっての「超越」は、超越論的主観性の「内在」と対照されているわけではなく、また「有限性」も、形而上学的「無限性」の否定として考えられているわけではない。そうした概念的な二項対の規定に収まることなく、現存在における内在的超越という逆説とともに生起する有限性の自己規定と自己展開こそが、超越論性と経験性の「振動」と「分散」として捉え返された事態にほかならない。ここにおいては、超越論性と経験性の媒介そのものの自己運動・自己生起が問われねばならない以上、超越論性を経験からの離脱として規定するのでは、当然のことながら不十分である。そこではむしろ、超越論性の理解の側から経験がいかに捉え直されるか、そして逆にその経験の側から超越論性がいかに組み替えられるかが検討されなければならない。それとともに「そもそも経験とは何か」があらためて問われるべきであり、「人間とは何か」という問いも、そのような経験性の超越論的な再構築と、超越論性の経験的な解体の中であらためて発せられるべきなのである。そしてここで要求されるのは、もはや単眼のキュクロプスにもうひとつの眼を与え、人間全体を複眼的・立体的に捉えるといった、それ自体が人間主義《ヒューマニズム》的な性格をもつ微温的解決ではない。ここで重要なのは、むしろ「オイディプスにはおそらく眼がひとつ多すぎたのだ(72)」と語るヘルダーリンにならい、キュクロプスにすらまだ眼がひとつ多すぎたと語ることであり、盲目のオイディプスが辿り着くコロノスの聖林の地にこそ、「超越論的人間学(73)」(Anthropologia transcendentalis)の領域を見出すことなのである。

註

(1) J. Derrida, Les fins de l'homme, in: id., *Marge de la philosophie*, Paris 1972, p. 141.〔J・デリダ『哲学の余白』高橋允昭・藤本

一勇訳、法政大学出版局、二〇〇七年〕

（2）Cf. M. Foucault, *Les mots et les choses. Une archéologie des sciences humaines*, Paris 1966, pp. 329ss.〔M・フーコー『言葉と物』渡辺一民・佐々木明訳、新潮社、一九七四年〕

（3）M. Brelage, Transzendentalphilosophie und konkrete Subjektivität, in: id., *Studien zur Transzendentalphilosophie*, Berlin 1965.

（4）E. Heintel, Das Problem der Konkretisierung der Transzendentalität. Ein Betirag zur Aporetik der „daseiende Transzendentalität“, in: L. Landgrebe (Hg.), *Beispiele. Festschrift für Eugen Fink zum 60. Geburtstag*, Den Haag 1965, S. 77-102.

（5）E. Tugendhat, Anthropologie als „erste Philosophie“, in: id., *Anthropologie statt Metaphysik*, München 2007, S. 34.

（6）H. Blumenberg, *Beschreibung des Menschen*, Frankfurt a. M. 2006.

（7）Cf. M. Foucault, *op. cit.*, pp. 329ss.

（8）*Ibid.*, p. 329.

（9）A. Pope, *An Essay on Man*, Epistle 1, l. 240s., The Works of Alexander Pope Esq., vol. 3, London 1757, p. 32.〔A・ポウプ『人間論』上田勤訳、岩波文庫、一九五〇年〕

（10）J. Addison, *Spectator* No. 519 (October 25, 1712), London [1788], vol. 7, p. 185.

（11）R. Descartes, *Principia philosophiae*, III, 3, Œuvres de Descartes, éd. Ch. Adam, P. Tannery, t. 8, Paris 1996, p.81.「万物がわれわれのためにだけ作られていて、それ以外のためではないというのは、およそ真実らしくない」。

（12）林伸一郎「“status purae naturae”と“pura humana natura”——スアレスのペラギウス批判の視座」『パレーシア』第三号〔二〇一〇年〕、八四—一〇九頁。

（13）S. Moravia, *Beobachtende Vernunft. Philosophie und Anthropologie in der Aufklärung*, Frankfurt a. M./Berlin/Wien 1977.

（14）A. Lovejoy, *The Great Chain of Being*, sec. 6, n. 34.〔A・O・ラヴジョイ『存在の大いなる連鎖』内藤健二訳、ちくま学芸文庫、二〇一三年〕

（15）M. Foucault, *Einführung in Kants Anthropologie*, Frankfurt a. M. 2010, S. 13-45.〔M・フーコー『カントの人間学』王寺賢太訳、新潮社、二〇一〇年〕

（16）I. Kant, *Kritik der reinen Vernunft*, B832f. (Akademie-Ausgabe [= AA], Bd. 3, Berlin 1911, S. 522).

（17） Id., *Briefe,* [574] An Karl Friedrich Städlin, Königsberg 4. Mai 1793, AA 11, Berlin 1922, S. 429.

（18） I. Kant, *Anthropologie im pragmatischen Hinsicht*, AA 7, Berlin 1917, S. 119: das, was er als freihandelndes Wesen aus sich selber macht, oder machen kann und soll. Cf. id., *Collegentwürfe aus den 70er Jahren*, AA 15-2, Berlin 1923, S. 659f.: was er aus sich machen und wie man ihn brauchen kan.

（19） Id., *Collegentwürfe aus den 80er Jahren*, AA 15-2, Berlin 1923, S. 801.

（20） Id., *Collegentwürfe aus den 70er Jahren*, AA 15-2, S. 659f.

（21） Id., *Kritik der reinen Vernunft*, B384, AA 3, S. 254.

（22） Id., *Collegentwürfe aus den 70er Jahren*, AA 15-2, S. 659: Weltkentnis ist Menschenkentnis.

（23） Id., *Von den verschiedenen Racen der Menschen*, AA 2, Berlin 1911, S. 443.

（24） Id., *Anthropologie in pragmatischer Hinsicht*, AA 7, S. 215f.

（25） *Ibid.*, S. 206.

（26） *Ibid.*, S. 214.

（27） Cf. A. Lovejoy, *Reflection on Human Nature*, Baltimore 1961.〔A・O・ラヴジョイ『人間本性考』鈴木信雄・市岡義章・佐々木光俊訳、名古屋大学出版会、一九八八年〕

（28） I. Kant, *Anthropologie in pragmatischer Hinsicht*, AA 7, S. 126. Cf. M. Foucault, *Histoire de la folie à l'âge classique*, Paris 1972.〔M・フーコー『狂気の歴史――古典主義時代における』田村俶訳、新潮社、一九七五年、一四六頁〕

（29） Cf. W. Schneiders, *Hoffnung auf Vernunft. Aufklärungsphilosophie in Deutschland*, Hamburg 1980, S. 117.〔W・シュナイダース『理性への希望』村井則夫訳、法政大学出版局、二〇〇九年、一三六頁〕

（30） I. Kant, *Anthropologie in pragmatischer Hinsicht*, Vorrede, AA 7, S. 119.

（31） カント自身の晩年の「社交」の様子は、ド・クィンシーが活き活きと描写している。Th. de Quincey, *The Last Days of Immanuel Kant*, in: De Quincey's Collected Writings, ed. D. Masson, Edinburgh 1890, vol. IV, pp. 323-379.〔ド・クインシー「イマーヌエル・カントの最期の日々」鈴木聡訳、『トマス・ド・クインシー著作集』第二巻、国書刊行会、一九九八年〕

（32） 坂部恵『理性の不安――カント哲学の生成と構造』勁草書房、一九七六年、五四―五九頁参照。

(33) I. Kant, *Reflexionen zur Anthropologie*, 903, AA 15-1, Berlin 1923, S. 394f.

(34) J. Derrida, *op. cit.*, p. 144.

(35) G. W. F. Hegel, *Enzyklopädie der philosophischen Wissenschaften im Grundrisse. Dritter Teil: Die Philosophie des Geistes*, id., Werke, Bd. 10, Frankfurt a. M. 1970 (1. Aufl. 1832-1845), S. 40.

(36) *Ibid*., S. 172f.: Der Blödsinn, die Zerstreutheit, die Faselei.

(37) *Ibid*., S. 41.

(38) *Ibid*., S. 163.〔強調は原文通り〕

(39) *Ibid*., S. 193.〔強調は原文通り〕

(40) I. Kant, *Anthropologie in pragmatischer Hinsicht*, AA 7, S. 283. 第二部「人間学的性格論――人間の外面から内面を認識する方法について」。

(41) G. W. F. Hegel, *Enzyklopädie der philosophischen Wissenschaften im Grundrisse. Dritter Teil: Die Philosophie des Geistes*, S. 196f.

(42) J. Trabant, *Apeliotes oder Der Sinn der Sprach*, München 1986, S. 159-207.〔J・トラバント『フンボルトの言語思想』村井則夫訳、平凡社、二〇〇一年〕

(43) W. von Humboldt, *Über die Geschlechtsunterschied und dessen Einfluß auf die organische Natur* (1794), hg. von A. Leitzmann, Gesammelte Schriften, Berlin 1903-36 (Akademie-Ausgabe; Nachdruck, Berlin 1968 [=AA]), Bd. 1, S. 311.

(44) H. Müller-Silvers, *Epigenesis. Naturphilosophie im Sprachdenken Wilhelm von Humboldts*, Paderborn etc. 1993.

(45) W. Schultz, Das Problem der historischen Zeit bei Wilhelm v. Humboldt, in: *Deutsche Vierteljahrsschrift* Bd. VI, 2, S. 293-316.

(46) I. Kant, *Kritik der Urteilskraft*, 378f., AA 5, S. 424.

(47) W. v. Humboldt, *Über die Verschiedenheit des menschlichen Sprachbaues und ihres Einfluß auf die geistige Entwicklung des Menschengeschlechts* (1830-35), AA 7, S. 57f.〔強調は原文通り〕

(48) 『存在と時間』の世界性の分析を「実用主義」的な観点から解釈する試みとして以下を参照。H. L. Dreyfus, *Being-in-the-World: A Commentary on Heidegger's Being and Time, Division I*, Cambridge, Mass. 1990.〔H・L・ドレイファス『世界内存在――『存在と時間』における日常性の解釈学』榊原哲也他訳、産業図書、二〇〇〇年〕

（49） M. Heidegger, *Grundbegriffe der aristotelischen Philosophie* (1924), GA 18, Frankfurt a. M. 2002, S. 110.

（50） Id., *Phänomenologische Interpretationen zu Aristoteles: Einleitung in die phänomenologische Forschung* (1921/22), GA 61, Frankfurt a. M. 1985, S. 101ff.

（51） 福谷茂『カント哲学試論』「カントの可能性概念」知泉書館、二〇〇九年、七七—一〇四頁。

（52） Cf. G. Chiurazzi, *Modalität und Existenz. Von der Kritik der reinen Vernunft zur Kritik der hermeneutischen Vernunft. Kant, Husserl, Heidegger*, Würzburg 2006.

（53） M. Heidegger, *Kant und das Problem der Metaphysik*, Frankfurt a. M. 1973, S. 127 (GA 3, Frankfurt a. M. 1991, S. 132).

（54） *Ibid.*, S. 209ff. (GA 3, S. 215ff.).

（55） これとは逆に、修辞学と哲学の対立についての修辞学的反省に踏み込んだのが、ニーチェ、そしてその路線での展開を試みるブルーメンベルクである。H. Blumenberg, Anthropologische Annäherung an die Aktualität der Rhetorik, in: id., *Wirklichkeiten in denen wir leben*, Stuttgart 1993, S. 104-136.〔H・ブルーメンベルク『われわれが生きている現実——技術・芸術・修辞学』「修辞学の現代的意義」村井則夫訳、法政大学出版局、二〇一四年〕Cf. A. Haverkamp, *Metapher. Die Ästhetik in der Rhetorik*, Paderborn 2007.

（56） I. Kant, *Opus postumum*, AA 21, S. 27.

（57） M. Heidegger, *Grundprobleme der Phänomenologie* (1927), GA 24, Frankfurt a. M. 1975, S. 172-218.

（58） *Ibid.*, S. 194.

（59） Id., *Kant und das Problem der Metaphysik*, S. 154 (GA 3, S. 159).

（60） カント自身の用語では、A版の感性論で用いられる「通観」（Synopsis）がこれに相当する (*Kritik der reinen Vernunft*, A 94f.)。Cf. M Heidegger, *Kant und das Problem der Metaphysik*, S. 57, 137 (GA 3, S. 60, 142).

（61） Id., *Phänomenologische Interpretation von Kants Kritik der reienen Vernunft* (1927/28), GA 25, 3. Aufl., Frankfurt a. M. 1995, S. 347.

（62） Id., *Kant und das Problem der Metaphysik*, S. 136 (GA 3, S. 141): diese Hinnehmen ist in sich gerade das bildende Sichselbstgeben des sich Gebenden.

（63） *Ibid.*, S. 222 (GA 3, S. 229).

（64） *Ibid.*, S. 211 (GA 3, S. 217). Cf. id., *Der deutsche Idealismus (Fichte, Schelling, Hegel) und die philosophische Problemlage der Gegenwart* (1929), GA 28, Frankfurt a. M. 1997, 36f.

（65） Id., *Kant das Problem der Metaphysik*, S. 223 (GA 3, S. 229f.).

（66） M. Foucault, *Les mots et choses*, pp. 323ss.

（67） M. Heidegger, *Metaphysische Anfangsgründe der Logik in Ausgang von Leibniz* (1928), GA 26, Frankfurt a. M. 1978, S. 174.

（68） *Ibid.*, S. 173.

（69） *Ibid.*

（70） *Ibid.*

（71） Id., *Augustinus und der Neuplatonismus* (1921), in: *Phänomenologie des religiösen Lebens*, GA 60, Frankfurt a. M. 1995, S. 205.

（72） Fr. Hölderlin, In lieblicher Bläue ..., Sämtliche Werke und Briefe, Bd. 1, Darmstadt 1998, S. 909.「超人」を始め、非経験的な人物たちのアレゴリー的「性格論」を中心とするニーチェ『ツァラトゥストラはこう語った』は、こうした「超越論的人間学」のひとつの実現と考えることもできる。

（73） I. Kant, *Reflexionen zur Anthropologie*, 903, AA 15-1, S. 395.

第五章　媒介の論理とその彼方
——ハイデガーのヘーゲル『精神現象学』解釈をめぐって——

序　二つの現象学

二十世紀初頭にフッサールが打ち建てた現象学は、「事象そのものへ」というモットーを掲げて、事象の直接的な自己顕現を曇りのない眼差しで捉えようとするものであった。そこでは、科学中心的な実証主義が素朴な自然的態度として乗り越えられるばかりか、形而上学的な思弁的「構築」もまた、事象の直接的顕現を妨げるものとして排除され、ドイツ観念論が想定した事象と知の合致の理念が、意識と世界の関係によって捉え直されることになる。とりわけ、ヘーゲルに代表される思弁的・形而上学的体系は、現象学の対極に位置づけられる。実際にフッサール自身が『厳密な学としての哲学』において、「ヘーゲルは自らの方法と理論の絶対的な妥当性を主張しているが、その体系には、哲学の学問性を初めて可能にする理性批判が欠けている」(1)と語っているように、そのヘーゲル評価は極端なまでに否定的である。(2)しかし、現象学が標榜する事象の直接的記述、あるいは明証性の理解は、素朴な直接性や事実的な所与性とは無縁であり、そこには事象を事象として顕現させるための幾重もの方法論的反省が介在している。フッサールの現象学が経験の純粋な取得とそのための反省を中核としているものと考えるなら、まさに「意識の経験の学」を目指し、その反省的側面を体系の構成要素として組み込んでいったヘーゲルの「現象学」が二十世紀の現象学と真の意味で対立するものであるかどうかは、いまだに再考の余地があるだろう。そのうえ、フッサール現象学とその後継者たちは、反省の歩みを深めるに連れて、反省そのものの限界や、反省を行う自我の身分などの問題をめぐり、狭義の現象学を超えて、従来「思弁」と呼ばれていた領域との接点を見出しつつあるようにも見える。(3) そのような状況に鑑みるなら、現象学が産声を上げて一世紀以上を経た今になって、記述の直接性と思弁による構成とを、単純な二項対立で捉えるのではなく、両者の内的な相互関係にあらためて踏み込み、そこに潜む問題点を浮彫りにする機が熟しつつあると言えるのかもしれない。

「事実的生」の直接的把握のための「根源学」として、現象学を独自に展開し始めたハイデガーの思考においても、とりわけ生の直接性の「叙述」という問題に関して、ヘーゲル的な主題が常に通奏低音のような仕方で響いている。例えば初期フライブルク時代の講義『現象学の根本問題』(一九一九/二〇年)においてもハイデガーは、「原的直観」や「明証性」といったフッサール現象学の真理規範を受け入れながらも、そこに潜む歪曲や逸脱の可能性を見て取り、そのような否定的な契機をヘーゲル的弁証法と結びつけて考えようとしている。「事実的生の内には何らかの変形(Deformation)が生じる。……それゆえに現象学的記述の中ではいつでも〈……ではない〉ということが語られる。これこそが、弁証法というヘーゲルの方法の基本的意味である(定立・反定立・総合)。――こうして否定性は、秩序概念とは異なり、表現概念の駆動力となる創造的な力を獲得する。――一切の了解は直観の中で遂行される。ここから現象学的作業の記述という性格が生じる」(4)。ここにおいては、現象学における「記述」という問題が、直観の直接性と、「……ではない」という否定性とともに捉えられ、そこにヘーゲル的弁証法における否定性との共通性が指摘されている。(5) それに加えてハイデガーにおいては、そうした記述の遂行形態が、事象との直接的接触をモデルとした直観に解消されることなく、事象の外化と内化という媒介として、「了解」という解釈学的な性格をもつものと考えられてもいる。弁証法とともに解釈学もまた、学知を含め、「了解」の主題を中心に、事象性と主観性の関係を考察しようとするものであり、言語や歴史といった媒介の問題、媒介と被媒介の相互性に最大限の関心を払うものである。新カント学派における学知への反省的理解を背景に、ハイデガーはまさにその学的追求の最初の段階から、学知の構成、知の了解的・被媒介的性格といった主題に深く関わり、現象学の解釈学的展開という方向に即して、事象の顕現とその叙述のあいだに存する距離性と接合の論理を追求しようとしていた。その点でハイデガーの哲学的思考は、新カント学派の遺産を受け取りながら、現象学を挟んで、ヘーゲル的な思弁的弁証法との距離を測定する試みでもあった(6)。実際に『現象学の根本問題』の「付論」には、「解釈学的現象学」(hermeneutische Phänomenologie) の構想に先駆けて、「弁証法」(Dialektik) と「解釈学」(Hermeneutik) を組み合わせた「弁証法的解釈学」(Diahermeneutik) という用語が——試み程度のものとはいえ——提案されているのを見ることができる(7)。

このように、ハイデガーにおいてはすでに初期の講義の頃から、記述の直接性の内に入り込む距離性や否定性の契機に注意が向けられており、直観に代えて、了解という意味による媒介が、学の遂行の基本形態とされている。そうした点を見るなら、現象学の直接性と、その直接性の内に介入する否定性、およびそうした次元へと肉薄するための方法論的「媒介」といった問題群は、弁証法の主題とともに、早い時期からハイデガーの問題意識の中核を占めていたということになる。直接性と否定性、および媒介というこれらの主題は、やがて『存在と時間』で練り上げられる解釈学的・地平的媒介、つまり了解の「先行構造」の理論と、存在論的差異の洞察に結実していく。存在了解という『存在と時間』の基本的着想にとっては、存在の自体的現出という直接性と、それを「意味」として解釈する際の媒介の両契機を、互いに不可分のものと捉えることが必要であった。さらに、意味地平を媒介とした存在了解の理論が展開される中で、生の事実性の内に認められた否定性の契機は、存在論的差異性としてより正確に記述されることになる。

現象学的な記述の内に認められた媒介性の問題は、学の構築そのものとも密接に関係している。「現象学の問題領域は、直接単純に与えられるものではない。それは媒介されなければならない[8]」といった言葉に、そうした問題意識が端的に語られている。学そのものの構築に際して、その主題となる事象領域それ自体があらかじめ媒介されているというこの記述は、哲学はそれが始まった地点においてすでに直接的な素朴さから抜け出しているということの表現でもある。フッサールに由来する「厳密学」の構想および「明証性」の理解を、「生の事実性」から捉え返すことで現象学を存在論的に刷新しようとしていた一九二〇年代のハイデガーにとっては、現象における直接性の問題を解釈学的媒介の主題へ転換すると同時に、了解の遂行とともに生起する生の生成を直接性と媒介性の振動として理解することが課題であった。その生成的・歴史的生の存在論的意味の現象学的把握という点でもヘーゲルが念頭に置かれていたことは、初期の講義から確認することができる。「歴史の問題が現象学の視界から追放されるなら、現象学理解そのもの、および生は、その動態において理解されることはない。ここにこそ、現象学にとってのヘーゲル哲学の意味がある[9]」。そして、一九三〇／三一年に行われたヘーゲル『精神現象学』についての講義では、まさしく学の始源という問題を「媒介」との関係で論じることが試みられ、一九四二／四三年の「ヘーゲルの〈経験〉概念」では、現象する知における絶対者の媒介、および「現出における自己現出[10]」としての意識の経験とその叙述が、『精神現象学』の「緒論」の読解を通じて徹底的に考察されている。いずれにしてもハイデガーのヘーゲル読解においては、事象の事象性、あるいは現出の真理性の成立としての知の運動が、存在論的知の生成という観点から、いつでもその生起を突き動かす媒介とともに問われているのである。「哲学それ自体は、いかなる場合にも直接に始めることはできない。哲学は常に媒介されてのみ始めることができる」[11]。

こうして、ハイデガーにおいて存在論的に再編成された現象学は、「媒介」という問題を仲立ちに、再びヘーゲル的な「現象学」と近い地点に立っているように思える。媒介や否定性といった知の叙述に関わる問題は、ヘーゲルの弁証法的・思弁的体系とハイデガーの解釈学的現象学の双方にとって中心的な問題をなしている。その意味では、ヘーゲルの思弁的哲学とハイデガーの存在論的思索のあいだには、その方法論や学的構築という点で多くの類縁関係を見出すことができる。そのため、ヘーゲルを読解するハイデガーの諸々の試みは、ヘーゲルに仮託したかたちでの自己解釈の趣を具えているとも言えるだろう。そこで本論では、ハイデガーとヘーゲルの議論が並行して進展するありさまを、一九三〇年代と四〇年代のそれぞれに集中して行われたヘーゲル解釈に即して見届けることにしよう。そしてその最後において、両者の類縁性を追跡するそうした再構成が、ハイデガーの存在の問いとどのような緊張を生むのか、その微妙な裂け目を探り当てることにしたい。思想本来の生成の場は、相反する思想同士が正面からぶつかり合う華々しい激論の内にではなく、ともすると同じに見える思想の狭間に走るわずかな亀裂の内にこそ潜んでいるのだから[12]。

一　方法的媒介と知の成立

（1）　媒介と循環

同時期にパリ高等学院でヘーゲル講義（一九三三―三九年）を行っていたコジェーヴが『精神現象学』を「人

間学あるいは歴史的人間の現象学」と見ていたのとは異なり、[13] ハイデガーの『精神現象学』講義は、純粋に学知としての哲学をめぐってヘーゲルと「対-決」（Auseinander-setzen）し、「哲学にとって本質的なものの内で哲学と出会う[14]」ことを目指すものであった。その解釈は、テクストの微細な綾を感受する繊細な感覚に貫かれている一方で、実際の記述を支えている問題意識をその哲学史的背景ともども一挙に掬い上げる大胆さをも具えている。そうしたハイデガーの読解が、『精神現象学』においてまず取り上げるのが、学の「始まり」と「媒介」の問題である。絶対知が「自らに対して他となり、自らへと至るということが生じる運動ないし歴史[15]」である『精神現象学』は、最初の認識である「感覚的確信」、およびそこで与えられる「直接的なもの」をその出発点としている。『精神現象学』の「感覚的確信」の章は次の文章によって始められる。「最初に、あるいは直接にわれわれの対象である知は、それ自身直接的な知、つまり直接的なものの知、または存在者の知以外のものではありえない」。ハイデガーが着目するのは、まさしく出発点をなすこの「直接性」（Unmittelbarkeit）の内に潜む媒介性である。知の端緒である直接性を見定めるために、概念的に「直接的〔無-媒介的〕」（*un*-mittelbar）という語の内に含まれる否定の接頭辞「無〔非〕」（un-）が注目される。直接的なところとは、それが「知」の手がかりとして措定される限り、無-媒介のところとして、いまだ媒介されていないものとして否定性を介して把握されなければならない。つまり、知における直接的なものは、それ自身が「媒介性〔間接性〕」（Mittelbarkeit）の否定であるという意味では、むしろあらかじめ媒介性を前提にしている。第一次的に与えられたところを、「直接的／無-媒介的」なものとして把握するには、与えられたものを否定性による媒介を経た仕方で観取する高次の眼差しが必要だからである。その意味で、直接的なところとは、素朴に思いなされた単純な所与とは異なり、それ自体がすでに媒介され、それ自身の内に差異を内含している。

直接に与えられているところが、本来はすでに媒介を経たところであるという理解は、ハイデガー自身の『存在と時間』の議論全体を進行させている「本来性」と「非本来性」の理解とも並行している。『存在と時間』での実存論的分析は、あらかじめ学問的な先入観によって歪曲されていない平均的で前存在論的な現存在の存在了解を手がかりに、その存在了解を仕上げていくことを目指している。しかし、同時にそうした日常的な存在了解は、頽落的な世界理解によって侵犯され、本来の自己理解への道を閉ざしているという点から、「非本来的」なものと規定されてもいる。とはいえ、このような日常的遂行が「非本来的」(*uneigentlich*)として記述されうる以上、それを記述している視点は、「非本来性」の「非」(un-)を捉え、その否定にとって前提となっているかに見える直接的な存在了解は、それ自身が否定を介して媒介されたものなのであり、実定的な事実として与えられたものではない。「非本来性」と「本来性」とのこのような概念的な相互関係は、出発点である「非本来性」を、その前提となっている「本来性」へと向かわせる役割を果たすため、そこには一種の目的論的な動きが生じることになる。

ハイデガーは、このような目的論的な運動を、了解の先行構造、およびその地平構造という理論と接続することで、『存在と時間』での解釈学の方法論を確立することができた。つまり、本来性・非本来性という概念上の媒介を元にしたある種の形式的な関係は、先行了解の自己解明という連続的な進展によって内容的に充当され、分析の段階的な進行が同時に解釈の内容的な深化に繋がるといった論理が形成されたのである。こうして、常にすでに前提されている平均的な存在了解を、その了解の内であらかじめ見込まれている先行的地平に即して解釈していくという方法論が、現存在の自己解釈を導く基本的な論理を形成することになる。すなわち、すでに前提されているところへ向けて連続的に分析を深化させていくという、「解釈学的循環」の論理の成立である。その限り、解釈学の理念にもとづく実存論的分析は、「媒介」の主題に対する一定の解答であり、そこで生起する了解の循環構造を、世界了解と自己了解の相互媒介と捉え、論理的循環とは異なった実存の再帰的・自己言及的な関係の内に基礎づけることになった。

このような本来性と非本来性という問題は、単に概念的な相互関係に尽きるものではなく、同時に分析の全体を記述する視点に関わる問題でもある。なぜなら、非本来性にとって前提となっている本来性の視点、あるいは「実存の理念」と呼ばれる分析の方向性があってこそ、解釈学的循環の深化そのものが初めて正確に追跡され記述されうるからである。解釈学的循環が単なる悪循環ではなく、解釈の展開や深化と言えるためには、循環の中心として、循環の進行を一貫して導き、解釈の深まりを見通す眼差しが不可欠なのである。ここには、分析において遂行されている運動と、それを記述している視線との緊張関係が現れているが、そうした事態は、まさにヘーゲルの『精神現象学』の場合でも、感覚的確信の直接性を論じた場面ですでに生じているものであった。つまり、感覚的確信を遂行し、その真理を確信している自然的意識と、そうした感覚的確信をそれとして叙述する「われわれ」の視点とのあいだの緊張である。すでに『精神現象学』をめぐる講義において、現象する精神の出発点である感覚的確信を、直接性と媒介性の関係として論じていた時点で、ハイデガーはこの問題の所在を指摘していたと言ってよい。なぜなら、直接性の只中にあって感覚的確信を遂行している自然的意識は、直接性を直接性として、あるいはそれ自体がすでに媒介を前提とする「無-媒介性」として見抜くことはできないからである。直接性を「無-媒介性」と読み換えた段階で、分析の視点はすでに二重化されている。直接性と間接性との概念的な関係は、単に論理的な前提によって結合されているわけではなく、意識の経験を現実に辿る自然的意識とそれを分析する「われわれ」としての学知の立場との関係を正確に反映しているのである。

（２）　知の成立

『精神現象学』が辿る「意識」の経験は、各段階が並行した三項（感覚的確信・知覚・悟性）を成しており、そのそれぞれが知の成立過程の基本形態を同型的に表現している。その体系的構成に応じて、最初の段階である感覚的確信においても、感性的認識のみに限定された制約ではなく、知の成立の全行程を貫く祖型とも言える構造がすでに正確に現れている。そこでハイデガーも、この知の現出形態一般をごく形式的に提示し、知の成立の原構造を分析することからその解釈を始めている。(16) 知られる事物は、まずそれ自体として自存し、そのものの側に真理を有するかに見えるが、この段階では、事物はいまだ知にとっての「対象」にすらなってはおらず、「それ自体において」（an sich 即自的に）あるものにすぎない。自存して独立したこの即自的事物は、知となることでその自体性から切り離され、知との関係の内に入り込む。この点で、知とはまず、形式的には意識と対象との「関係」である。しかしここでの関係はいまだ直接的なものであり、その限りで対象を認識している意識も、なお未規定な「それ」（es）にとどまっている。このことに対応し、ここで認識される対象も、あくまでも「対-象」（*Gegen-stand*）として、「それ〔意識〕に対してある」（für es）という中立的・無記的な関係の内に取り込まれてしまっている。この場合、知は事物をそのもの自体において把握するものではなく、その自体性を関係性の内に解消してしまっているため、「知」としての自らの性格を確立することができない。それというのも、知が知として成立するのは、知の内に捉えられた事物が、最終的に知との関係性には還元されない自体性においてあらためて主題的に把握されるとき、つまりその真理性が顕わになるときだからである。

知は事象を内在化しなければならないが、同時にその事象は、知の恣意的構成に還元しえないものとして、知の内部で自らを知の圏域の外部として示さなければならない。「それ〔意識〕に対してあるものが、そのものとして、われわれに対してある」[17]という媒介的な知になることによって、対象は知にとっての対象でありながら、同時にその自体性・真理性に即して「そのものとして」把握されうる。もとより、対象は「対‐象」である限り、「他に対してあること」であり、知は何ものかについての知である限り、「関係づけられた知」（scientia relata）として、「相対的」（relativ）な知であり続ける。しかしながら、対象は知られた対象であることによって、「他に対してあること〔対他性〕」（Füreinanderessein）であると同時に、知において「それ自体においてあること〔自体性〕」（Ansichselbstsein）として、すなわち「概念」ないし「本質」として顕現する[18]。そのため対象についての概念は、ある自立的存在に即して自らの妥当性を吟味すべき性質のものではなく、知という真理の場の中で対象が自らを示す自体性を意味する。ここでの真理は、「物と知性の一致」の原則とは異なり、知を外的な基準によって査定することで確立されるわけではなく、事象の自己形成がそれ自体において「他に対してあること」と「それ自体においてあること」の媒介を実現することによって、まさに自らを真理として顕現させるのである。

こうして、知は反省的に自らを「何ものかについての知」として実現しながら、そこで把握される事象に対しては自らの活動を相対化し、知の偶然的諸契機を捨象する「解放」（Absolvenz; Ablösung）の境位に立つことができる。この「解放」は、知である限りの直接的な知の遂行を、事象に関係づけられた関連的・相対的な知を介して、知自身の自己還帰としての絶対知へと上昇させていく。「解放（Absolvenz）〔関係からの解き放ち〕、解放の遂行（Absolvieren）〔解き放ちの完遂〕、解放（Absolution）〔完遂による自由〕の統一は、絶対者の絶対性を特徴づける」[19]。解放としての媒介は、媒介を遂行しながら、その媒介が絶対知にとっては二次的なものであることを洞察するという意味で、「絶対的な仕方で相対的である」[20]こと、つまり「絶対的な揺動」（absolute Unruhe）とも呼ばれる。知が知として成立するための媒介とは、対象と意識という二項の総合などではなく、対象と意識の「自体性」と「対他性」が交叉することによってそれぞれの成立の場を突き崩し、その位置づけを反転させ続ける運動である。「揺動する絶対的な知」（das unruhend absolute Wissen）こそが、媒介の本質なのであり、解放を介してそれ自身の内に落差と反転相を産み出すことにおいてこそ、媒介は知と事象の単なる総合や適用ではなく、まさに両者の揺動として遂行される。しかもこの解放の運動は同時に、意識を自然的意識における対象の自体性への埋没から解き放つことによって、知を知自身に帰属させ、学知の主体たる「われわれ」を成立させる。事象は知から離れることによって事象として存立し、知は事象をその手から解放することによって、自らを知として覚醒させる。こうして、事象がそれ自身の内に立ち返り、「対-象」でありながらその自体性において成立する過程と、対象との関係としての知が、自らの関係性を反省的に捉えることで自らを相対化し、学知として成立する過程とが並行する仕方で記述される。そして、自体性と関係性とのこの相即的関係を記述しているのが、まさに学知の主体としての「われわれ」ということになる。

このような形式的な知の規定は、『精神現象学』の進展の各段階で繰り返し示されるものではあるが、その具体的な形態は、各階梯ごとに変貌を遂げていく。例えば感覚的確信と知覚は、意識の経験全体の中で占めるそれぞれの位置づけにおいて区別されるため、各々の段階のもつ「必然性」の意味――広義の意識の全行程の中でそれぞれの段階が担う役割――もまた異なっている。とはいうものの、感覚的確信にしても知覚にしても、絶対知への上昇を見込んだうえで初めてその一段階として記述可能になるという点では、等しく絶対知によって媒介されていることに変わりはない。しかも絶対知はその絶対性ゆえに、その対象を自らに対して絶対的に与えるのでなければならない。したがって、それぞれの段階での対象は「必然的に出現するものとして」生起するのであり、それゆえ、知覚にとっての必然性と同様の必然性が、感覚的確信に関しても成立することになる。「後退するにしても前進するにしても、それ〔媒介〕のために必然的にあらかじめ与えられていなければならない直接的な知へ立ち戻るという方向で、同一の必然性が媒介に対して成立する」[21]。媒介は、被媒介項を媒介の内に先取りするという仕方で被媒介項の内に還帰し、媒介の運動全体を必然的に牽引する。こうして、学の始まりに据えられる「直接的なもの」は、それ自身が「いまだ媒介されていない〔未-媒介的〕」というだけでなく、必然的に媒介されるべきものとして示されることになる。

即自的な事物が知の内で対象となりながら、その関係性からは独立した自体性において把握されるというところに、知の成立場面がある。即自的な自体が関係性の内に入り込み、その関係性が実は即自そのものにとって構成的であるというところにまで至ったときに、その逆説的な緊張の中で知が成立するのである。このような知の成立の構造は、同時に意識の発展の各段階が歩む行程の必然性を示すものともなっている。したがってこの論理によってこそ、出発点となる直接的なるものが、単に概念的な前提としてだけでなく、意識の発展段階を体系的に叙述する歩み全体の内に、必然的な始源として位置づけられる。ここにおいて、知の形式的な「構造」が、対象という「内容」との関係を取り込んだ仕方でひとつの「過程《プロセス》」として把握される。所与としての即自の直接性は、その真理において確証されたとき、それ自身が「……であった」(gewesen)ところから「いまはもはや……でない」(Nicht-mehr-jetzt)へと移行し、その否定性と差異性によって、媒介された「本質」として現れることで、その移行もまた、形式的な否定ではなく、内容の真理性の生起であることが顕わになる。つまり、ここで叙述されるのはまさしく、内容と構造を不可分のものとして含む発展過程という意味での「歴史」なのである。

そのためハイデガーも、直接的な知の叙述は、「その全体がひとつの独特の〈歴史〉であった(22)」という点を強調してもいる。知の構造と歴史とを不可分のものとして総合するヘーゲルの思考の原型とも言えるものがここに端的に示されていると言えるだろう。

二　媒介と交叉配列《キアスム》の論理

(1)　弁証法と超越論的論理学

知の構造をその成立過程ともども追跡する『精神現象学』の叙述は、意識の発展段階とそれに対応する対象との並行関係を追跡することで、意識と真理の「歴史」を描き出し、知が「像」として生起する学知への「形成〔像化〕」(Bildung)、つまり「意識そのものが学へと向かう形成の詳細な歴史(23)」を描き出そうとする。意識のこの進行過程において、その最初の段階である「感覚的確信」の場面では、直接的に与えられる「このもの」(dieses) という規定が、第一次的には個別的な対象を指しながらも、その「このもの」は目前にあるどの対象をも指示できるという点で、普遍性に転化する機構が記述される。「このもの」という直接性は、「いま」と「ここ」という規定において与えられるが、この「いま」と「ここ」は、時間・空間の推移にともなって、常に「いまは……ではない」、「ここは……ではない」という否定にさらされている。それにもかかわらず、この「いま」と「ここ」は「このもの」の規定であり続けるのであり、そのような否定という「媒介の中で媒介を通して存在し続けるもの」として、時間・空間形式は「普遍的なもの」であることが示される。

個別性から普遍性へと転化するこのような対象側の運動は、同時にその対象を思考する「思念」(Meinen) の側でも生じている。「対象」である「このもの」は、それ自体において直接的に自存するものとして与えられる限り、その対象にとって、それを知る「知」は付随的で非本質的なものである。しかし「このもの」を規定する「いま」と「ここ」は常に否定によって媒介されているため、むしろ「思念」（meinen）され、「私のもの」（das Meine）とならなければ、対象はそのものとして自存することができない。対象の成立は思念に依存するのであり、それに応じて、対象の側で生じていた多様性も思念の側へと転移し、「このもの」として指示される対象の多様性は、思念がさまざまなかたちを取る多様化の内にその根拠を見出すことになる。こうして、真理は対象から思念の側へと移行するため、複数の「私は思念する」が並立し、多様な思念が各々同等の仕方でそれぞれの真理を主張することになる。互いに異なり、相互に矛盾することもある多様な思念を通じて保持されるのは、それらがその矛盾と多様性にもかかわらず、等しく「思念」であり、「私は思念する」という形式を取り続けるという一点である。こうして個別的で多様な「私は思念する」もまた、思念が思念である限りで自らを一なるものとして保っている普遍的なものへ上昇することを余儀なくされる。それに応じて、「このもの」と同様に、「私」もまた、直接的な「この私」を指示すると同時に、どの「私」にも当てはまる「普遍的なもの」となる。それというのも、どの事物に関しても「このもの」と言われるのと同様に、「私」もまた、異なる私に対して常に「私」として妥当し、別々の私が同時に「私」と名乗る権利を認めざるをえないからである。

このように、直接的なものから始まって、媒介された普遍的なものへと進展する対象の運動は、それに対応して知が自らの普遍性を洞察する過程と並行して叙述される。これはいわば、対象をめぐる論理的な根拠づけと、それを認識する知に関する主体的・超越論的な根拠づけの二つの側面が不可分の仕方で進行することだと言えるだろう。感覚的確信という知の萌芽的な成立場面においても、そうした知の形式と内容との内的相互関係が、すでにその基本構造に関して正確に記述されている。その叙述においては、感覚的確信それ自身にとっては直接的な所与とみなされているものが、知にとってはすでに媒介され構成されたものであることが示されるばかりか、そうした媒介された直接性こそが知の成立にとって本質的であるということ自身が、知そのものの内で再構成されることになる。対象と知とのこのような複雑な相互関係の論理こそがまさに「弁証法」と呼ばれるものにほかならない。「弁証法」（Dialektik）とは、「ディアレゲスタイ」（διαλέγεσθαι）として、過程全体を「通して」（διά）「語ること」（λέγειν）であり、「媒体の内で、〈自らに語ること〉（Zu-sich-sprechen）」[24]を意味する。自らに語ることとしての弁証法は、具体的には判断における主語・述語の結合関係に揺さぶりをかけ、そこに動揺を引き起こすことで、知の上昇過程を実現していく。対象と知の相互関係を真理に照らして自己解明することで、知における「語り」の表現である判断形式は、主語と述語の内実を相互に返照し合い、「思弁的命題」[25]として自らを表すことによって同一性の命題を解体していく。この解体は単なる破壊ではなく、主語・述語形式を相対化し、その区別を統一しながら、判断形式の真理を絶対性の内で解き放ち、相対性からの解放過程そのものを知として形成する。したがって弁証法とは、「即自‐対自‐即かつ対自」という図式の単純な適用などではなく、「再構成する構成」[26]という、知の自己解明の進展を意味する。

　こうした複雑な過程を絶対知に至るまで辿っていく『精神現象学』の行程は、対象に関してはその内的・論理的規定の進展であり、その対象の真理性の顕現過程であるとともに、知の主体である自我にとっては、反省を通じて自己自身へと立ち返る還帰であり、主体の主体性の自己把握である。そのためここで働いている論理は、「自我性を必然的に包含する論理学」であり、知の自己解明を通じての対象的論理の根拠づけとして、カントが提起した「超越論的論理学」の役割を引き継ぐことになる。[27]通常の悟性使用の範囲内で表象の結合形式のみを扱う形式論理学とは異なり、ア・プリオリな認識の起源に関わる超越論的論理学は、対象の対象性の構成と知におけるその根拠を考察するものであり、[28]知に対する主観性の構成的役割を検証するものである。カントが範疇の超越論的演繹において目指したこの方向は、ヘーゲルにおいては――『精神現象学』の時代に構想された体系構成からすると――体系の第一部である『精神現象学』と第二部としての『論理学』との不可分性を通して吟味され、絶対知の無限性に対する主体的根拠づけと論理的根拠づけの相互関係を通して実現される。[29]それによってヘーゲルは、相対性からの「解放」によって洞察される絶対知の無限性を、カント的な範疇における「無限性」からも解き放ち、弁証法というロゴスの運動によって、無限性における自我性と論理性の相互的な根拠づけを実現することになった。

このように理解する限り、自己規定の深化である弁証法の論理は、思考の活動という遂行面と、対象の規定という認識内容とを不可分のものとして循環的に関わらせるという点で、哲学的解釈学の根底で働いている論理と共通の特徴をもっている。なぜなら解釈学の論理は、事象の理解と自己理解とが不可分であるという洞察にもとづいて、事象理解という内容面での規定と、それを理解する意味了解の遂行とが相即的に関係し、事柄の理解の進展が自己理解の深化に寄与する過程を解明するものだからである。『存在と時間』において展開される解釈学もまた、現存在の世界了解と自己了解のあいだの相即関係にもとづき、その両者の循環的な関係を通じて、存在了解の遂行を解明するものとなっている。つまりは、ヘーゲル的な弁証法、および解釈学的な媒介の論理は、認識の遂行を表す「統覚」と内容的な規定を含む「自己認識」とを峻別するカント的な方向とは異なり、遂行と対象、形式と内容という区別を固定的なものとは捉えずに、両者が相互に循環する生産的な運動を、その論理の根底に据えているのである。[30]このような点で、弁証法と解釈学的循環は、その論理構成の点から見るなら、ともに

ある種の交叉配列《キアスム》ないし相補性の原理に則っていると見ることができる。(31)

(2) 知の成立と「として」構造

『精神現象学』の記述は、交叉配列的な弁証法の論理に従いながら、その反省過程を上昇することによって、感覚的確信の内に含まれていた内容を段階的に展開していく。出発点である感覚的確信を超克しながら進展するこの行程は、感覚的確信を否定するものではなく、むしろそれ自身の真理へと至らせる道行きである。感覚的確信そのものは、目前の「このもの」のみを対象としてそれに固執する限り、その直接性がもっている豊かさを十分に捉えきることができないため、その真理を完全に把握するためには、より高次の視点が必要となるからである。対象の多様な性質を受け取り、その多様性を捉えるのは、「真に受け取ること」(wahr-nehmen)としての「知覚」(Wahrnehmung)である。もちろん、感覚的確信からこの知覚への移行は、感覚的確信自身がはらむ弁証法的展開によって内的に行われるのであって、その両者のあいだに截然たる境界線が引けるわけではない。そのためここでの知の展開は、自然的意識の遂行を方法的に「遮断」するフッサール的現象学の「エポケー」のような、ある種の主意主義的な傾向をもつものとしてではなく、知の進行そのものの内に各段階における無反省的な絶対性を崩壊させる契機を含むものとして記述されている。(32)つまり『精神現象学』において知が自らの本質に至る過程は、外的な理念によって既存の段階が乗り越えられるといったものではなく、それ自身にとって内的な自己超越の運動であり、フッサール的に言うなら、還元の遂行そのものの内に還元自身の動機づけを内在させているものなのである。

そのような知の自己反省の過程の中、対象の内容的な規定を主題とする知覚の場面で問われるのは、対象の諸々の性質とその統一であり、性質の多様性と物の自己同一性である。知覚においては、ひとつの対象に帰せられる諸性質は、差し当たってそれぞれが排他的で、互いに対して内的な関係をもたないため、それらは「また……でもある」（und auch）という並列の仕方で与えられる。例えば塩は白くもあれば、また辛くもあるが、それらの個々の性質同士は、互いに「没交渉」（gleichgültig）で中立的なものとして現れる。しかしこれらの互いに孤立した諸性質はある同一の対象の性質であるため、そこには何らかの統一が先取りされざるをえない。知覚はあくまでも自己同一的な物の知覚である以上、性質の多様性による分裂を、対象としての物の側に帰することはできないからである。そのため知覚は、「また……でもある」という構造に、「物体の媒体」[33]としての自己同一性の役割を担わせる一方で、分裂の契機を知覚の遂行それ自身の側に引き受ける。つまり諸性質の互いに孤立した分裂を、知覚する多様な感覚の側へと割り振り、そこで生じる分裂を知覚の観点の相違として、「……である限りで」（insofern）の内に差し戻すのである。塩は視覚によって見られる限りで白く、味覚によって味わわれる限りで辛いといった限定を通して、物の同一性を脅かす多様性が解消される。こうして知覚は、多様性と一性の矛盾を、「……である限りで」という自己限定を通じて自らの内に取り戻して処理するのである。

しかしながら、知覚の場面では、物の性質の多様性と自同性との矛盾は、このような知覚の自己限定を通じて主観的な多様性へと先送りされているだけであって、真理との関係が根本的に示されているわけではない。だからこそ、いまだ真理との必然的関係を確立しえない知覚においては、物の本質規定の誤りである「錯覚」が不可避的に生じるのである。[34]そうした錯覚に見られる通り、知覚においては、性質の多様性と物の自己同一性との緊張が常に緊張のまま残されているため、対象面においても、そうした分裂が同様の仕方で起こらざるをえない。知の自己限定である「……である限りで」は、対象面においては、複数の対象同士の相互限定というかたちを取って現れる。つまり知覚の場面では、ひとつの事物はそれが他のものではないという否定を介することによって、その自己同一性が保証されるのである。事物の自同性は、他の事物と関係し、それに対する限定において確定される。知覚の対象は、他のものとの関係においてそれ自身が他であることによって、初めてそのものとして「一」となる。一なるものは、それが一なるものであるために、他なるものでもある。したがって、対象である物の自己は、「他者に対している限りで自己に対しており、自己に対している限りで他者に対している」[35]。こうして二方向の「……である限りで」が、ひとつの対象に関して同時に成立するところから、対象の側にも矛盾が発生する。知覚においては、互いに孤立した多様性と媒体におけるその統一を、物の自己同一性と結びつけることができないため、最終的にこのような矛盾を解決することはできないのである。

ハイデガーが『精神現象学』のテクストを詳細に再構成し、「知覚」の場面に即して浮彫りにしている議論――つまり対象の諸規定と事象の自己同一性という問題――は、『存在と時間』においては、まさしく事象のあり方を規定する解釈の「として」（Als）構造の議論に相当している。それというのも、解釈学的な「として」においても、対象の規定性は、あらかじめ開かれた多様性としての先行地平によって媒介され、そうした媒介を通じて「……としての……」といった総合がなされるため、そこでは解釈による意味の多様性と、解釈される事象の自己同一性との統一が問題となっているからである。この「として」構造による分節は、それが日常的解釈の場で遂行されている限りは、ことさら構造として反省されることはないが、その点は、知覚の「また……である」が並列的な中立性を表し、対象の統一の無反省的な媒体として機能しているのと同様である。知覚において、諸性質の多様性が知覚の「……である限りで」の自己限定によって統一されるのと同じく、事象の意味規定である「として」構造にあっては、事象の意味の多様性は解釈の視点性《パースペクティヴ》ないし遠近法的性格に由来するものとして処理される。そしてこの「として」構造は、常に地平的媒介の論理によって規定されるため、部分と全体の循環、あるいはより根本的には「自」と「他」との相互規定関係に依存することになる。「として」構造は、ハイデガーがアリストテレスに即して示すように、そうした「自」と「他」の否定を介しての相互関係にもとづく「分離」(διαίρεσις)と「総合」(σύνθεσις)によって成立しているため、そこには「誤謬《プセウドス》」が入り込む余地があるというのも[36]、知覚において「錯覚」が生じるのと同様の局面を指している。

三　「力」の超越論的作動

(1)　地平の論理から知の自己露呈へ

『精神現象学』における知覚の議論と、『存在と時間』の「として」構造の理論とのこのような並行関係からは、解釈学的循環の弁証法的性格が顕わになると同時に[37]、前期ハイデガーの解釈学的存在論のはらむ問題点が浮かび上がってくる。『精神現象学』において、知覚における諸性質の「もまた」と「一」のあいだの矛盾として示された諸性質の多様性と自己同一性は、解釈学的な意味了解における意味の多様性と事象の自己同一性とのあいだの緊張関係に対応しているが、このような了解の弁証法的構造の存在論的意味こそ、『存在と時間』の解釈学が、了解の地平的性格にもとづいて主題化しながらも、最終的には未解決のままに留保した問題にほかならないからである。『存在と時間』の方法的支柱である了解的解釈は、現存在の存在遂行として、現存在の了解が投企する世界地平と、個々の存在者の意義とを媒介する分節機能を果たすものであった。その限り解釈の「として」構造は、意味の全体地平を個々の存在者の意義として分節する中間項であり、存在と存在者との差異を意味の領域としての世界地平と交叉させる地点を示している。「……としての……」は、存在者の存在の自己同一性を保持しながら、同時にそれを意味の場へと媒介する役割を果たす。『存在と時間』においても、「厳密に言って、了解されるのは意味ではなく、存在者もしくは存在である」[38]とされる以上、了解と不可分に働く解釈も、意味了解の遂行の中で、意味と存在のあいだの差異を緊張関係として保持するものでなければならない。それにもかかわらず『存在と時間』は、存在論的意味を投企の「向かう先」（Woraufhin）である超越論的地平と理解することで、解釈学的「として」を了解によって開かれた世界地平の内に限定する傾向をもっているため、了解地平そのものが存在の自立性との緊張の内で成立してくる事態を十分に記述することができなかった。その結果、そこでの分析は世界地平の発生論的な成立次元を射程に収めることができず、存在の自体性と真理性にとって意味が有する存在論的役割を、了解の開示性と遂行性の内に解消することになった。

解釈学的・地平論的な意味了解は、生活世界全体に根差した了解と解釈の創造的拡張を可能にしたが、解釈の目的論的構造が現存在の世界了解によって根拠づけられている以上、「究極目的」（Worumwillen）における自己了解がある種の規範となるため、当の究極目的の了解可能性そのものを洞察する次元を開くのはむずかしい。解釈学的「として」をモデルにした超越論性の理解が有するこのような限界ゆえに、ハイデガーは『存在と時間』ののち、『精神現象学』講義の前年の『形而上学の根本概念』（一九二九／三〇年）においては、「として」構造を世界地平内部の分節によってではなく、根源的な差異性を表す「あいだ」（Zwischen）あるいは「破開」（Aufbrechen）から新たに考え直そうとしていた[39]。存在者の自立的存立と世界地平による媒介とを二つながらに担う「あいだ」は、了解的解釈による地平的投企と分節との循環といった解釈学的・弁証法的媒介に解消されることなく、「止揚」（Aufheben）とは異なった「脱揚」（Entheben）によって思考され[40]、「投企」（Entwurf）における「脱自」（Ent-）の性格が強調される。存在者とその自存性の緊張としての「あいだ」、すなわち意味と存在の差異性は、解釈学的「として」が発動する場面に即して考える限り、地平と地平内部的存在者の差異へと還元され、存在者を基軸とした意味の多様化の運動に委ねられることになるが、「あいだ」によって示されるべき事態の真相は、「……としての……」が繋ぎ止める二項の差異ではなく、「あいだ」という関係性そのものであり、より正確には、関係が関係として開かれる次元に向けての超出なのである。したがって、解釈学的了解の基本的構造をなす「として」の機能をその起源へと掘り下げようとするなら、その起源への遡行は「として」そのものの根本的変質を経由して、「として」自身の自己透徹を介してなされるほかはない。その遡行は、いわば関係の関係性への問いであると同時に、事象の事象性そのものの確立であり、意味に解消しえない存在の自体性の顕現である。

このような主題は、認識の超越論的基礎づけというカントの構想を継承するヘーゲルの議論の枠組みにおいては、対象が知覚の多様性を受け容れながらなおも対象の同一性を保持し、なおかつ意識との関係において「知」として成立するその根拠への問いとして取り上げられる。そのため『精神現象学』では、「知覚と錯覚」に続く「力と悟性」の章において、多様性と自己同一性との緊張が、知覚における経験的認識を超えた物自体への問いとして立てられ、物自体の自同性が「力」の概念を手引きにして解明される。それによって、知覚の場面で「また……でもある」と「一」との緊張という仕方で論じられていた問題が、物自体の認識可能性という脈絡に移行し、事象の自体性、あるいは純粋な知の領域が開かれる。この「力」の主題からハイデガーが読み取ろうとしているのが、まさに解釈学的「として」という統合の構造がもつ「関係性」のあり方であるように思える。そこでハイデガーはヘーゲルとともに、「力」の概念の獲得のために、物自体と現象という区別を操作的な前提としては承認しながらも、その概念的区別の暫定性を顕わにすることで、現象と物自体の二元性を「力」という産出的・再帰的動態へと転換し、現象の現出性の場面に立とうとする。そしてそれは同時に、対象に向けられた認識が、対象を対象として、その対象性において捉える知であることを自ら証し、自らを存在論的な知へと自己形成する次元を露呈させることでもある。

(2)　振動する媒体としての「力」

対象がその自体性において現出し、それと並行して知覚から悟性へと知の行程が上昇する地点に、ヘーゲルは「力」の現象を見出している。このヘーゲルの「力」の概念を、ハイデガーは、『純粋理性批判』におけるカントの力学的範疇の分析を踏まえたうえで、「実体・原因性・交互作用」といった「関係」(Relation)の範疇をすべて含み、それらを「振舞い」(Verhalten)のあり方という意味での「関係」(Verhältnis)として一挙に統括するものと解釈しようとする。[41] カントにおいて、対象の対象性を特徴づける純粋悟性概念としての範疇は、悟性と対象との関係を分節し、存在者を存在者として現出させる関係を表現するものである限り、それ自体が形而上学的な存在規定である。[42]『純粋理性批判』の「超越論的原則論」においては、これらの範疇が、事物の対象的規定を示す「数学的(mathematisch)範疇」(量・質)と、事物の自存性を示す「力学的(dynamisch)範疇」(関係・様態)に分類され、対象の対象性を把握する悟性の規則としては、それぞれに「数学的原則」(直観の公理、知覚の予料)と「力学的原則」(経験の類推、経験的思考一般の要請)が対応していた。ヘーゲルはカントのこの理解になぞらいつつ、同時にライプニッツ以来の力動的・力学的存在理解に即しながら、存在者の自存的・積極的規定としての「力学的範疇」に注目し、なかでも因果性・原因性といった物理的・物性的性格に関わる「関係」を、「物自体」といった「物の物性」の本質である「力」（Kraft）として、意識の転換過程とともに考察するのである。ハイデガーはこの『精神現象学』講義に先立って、すでにカントの『純粋理性批判』を現象学的・存在論的に解釈し、力学的原則である「経験の第一類推」を中心に、超越論的図式性としての時間を分析したうえ[43]、超越論的構想力の内に時間図式にもとづくア・プリオリな純粋総合の機能を見ていた。そうしたハイデガーの視点に立つなら[44]、ヘーゲルの「力」の議論は、カントの原則論・図式論の問題を拡張し、超越論的図式性の成立を、関係としての「力」の法則性から把握する試みと理解できる。ハイデガーが指摘するように、「物を実体・原因性・交互作用として、すなわち関係として考える悟性の対象へと展開することが、意識の思弁的な解釈の課題である。この関係に対して与えられた名称が、〈力〉という表現である」[45]。しかもヘーゲルにおいては、感覚と悟性の二元性というカント的な枠組みそのものが現象の成立過程に即して流動化されるため、感覚と悟性の媒介といった意味での構想力の位置づけが、関係性の内的生成そのものの内部から洞察されているとも考えられる[46]。

ヘーゲルによる「力」の議論では、知覚における多様性と同一性を結びつけている関係が、関係性そのものとして直接に主題化され、その成立に関して問われている。知覚を通して考察された「また……でもある」という多様性、そして「……である限りで」という観点の自己限定は、多への分岐でありながらも、常に同一の事物に繋ぎ止められ、その同一性の内へと再帰的に取り戻される。カントにおいても「実体と属性」の規定によって代表されるこの関係は、多様性へ分散する拡がりをもちつつも、それらの諸性質へと完全に解体したり、多様性の渦の内に融解するのではなく、その分離に対して超越論的な根拠を与えることで関係としての統一性を成り立たせる。諸性質の多様性が認識の構成的機能によって同一なるものとしての事物に帰属させられる以上、そこには経験的な数多性とは異なる知の統一性が働いているはずだからである。そのためこの知の運動においては、対象を対象として成立させ、「真に受け取ること」（wahr-nehmen）の意味での「知覚」（Wahrnehmung）をその真理に即して実現するという意味で、悟性の働きと、そこに機能する「私は考える」（Ich denke）という超越論的統覚が示唆される。こうして、知覚における多様性と統一性との関係は、単に即物的・物理的な相互性ではなく、それ自身が真理へと開かれていく知の超越論的活動であり、知覚の内に悟性の働きを露呈させる思弁的・力動的「振舞い」である。したがって、知覚における多様性への分散は、孤立した個体の数多性への分裂ではなく、多様性と同一性のあいだで揺れ動く振動であり、進展的かつ再帰的な自己関係とみなされる。多様性と一性とのあいだのこうした揺動、つまり超越論的次元で生起する振動と分散が、ヘーゲルにおいてはその動態に即して「力」と呼ばれる。

力は事物によって誘発され、事物に作用することにおいて力としての働きを発揮するが、その両者が、作用する「力」と作用を受ける「物体」というかたちで捉えられる限り、いまだ抽象的な力の概念にとどまり、力の実在性を表現するには至らない。力が自らを現実の力として把握するのは、力が作動し、他なるものへ働きかけ、自らの作用を外部へ分散させようとしながら、そのための衝迫を自身の内部で感受することによってである。力は自らを外化すると同時に自身の内へと押し戻され、自らの内部での緊張を高める中で、多様性と同一性の振動としての力となる。「力の外化は、知覚の対象領域における〈また……でもある〉という多様性への拡散に対応する。そして可能な諸作用の多様性に直面して〈自らの内へ押し込まれてあること〉（In-sich-zurückgedrängtsein）は、事物が一として自己に対してあること（Fürsichsein des Eins des Dinges）に対応する」[47]。力はそれ自身において、作用であると同時に反作用であり、誘発する力であると同時に誘発される力である。その限り力は、そうした力内部の遊動あるいは交替において、力としての実在性を獲得する。「〔力に対する〕他として現れ、外化を誘発し、また自己自身への還帰へと誘発するのは……力そのものである」[48]。こうして力は、物体間に働く二次的な現象としてではなく、「誘発」(sollizitieren)という関係を介して、外化と自己還帰の運動として、あるいは誘発者と被誘発者の相互的転換として捉えられる。そのため力は、事物からの外的な触発、ないし事物への作用ではなく、自らに立ち返り反省された誘発として、事物をそれ自身の内で成立させる遂行である。ヘーゲルが言うように、「力はそれ自身、物質としての契機が存立する普遍的媒体(Medium)である。あるいは、力は自らを外化するのであり、力を誘発する他者とみなされたものは、むしろ力そのものなのである」[49]。

「媒体」としての力は、内的に不安定なものであるからこそ発動するのであり、単純な自己同一性とは異なり、外化の運動という揺動の内にありながら、なおかつ自己同一である関係として現れる。活動する力は、自らの内に外化という距離を産み出し、自らに逆らいながら自らを「誘発する」ものであり、誘発する力と誘発される力の戯れである。このような自己触発としての力の理解を通じて、ヘーゲルは機械的因果関係による力学的世界像の枠組みを超え出て、「実体」のカテゴリーを純粋な「力」へと転化し、振動する媒体としての世界を見出している。このような理解はまた、ライプニッツが「力」(vis)の理解によって、延長するものとしての実体や唯物論的意味での原子を、モナドという精神的活動性へ変換した伝統に連なるものであろう[50]。そしてまた、振動する媒体としての力の概念は、ハイデガーが『論理学の形而上学的始原根拠』(一九二八年)のライプニッツ解釈において、モナドの内で働く「衝迫」(Drang)を存在論的に解釈し、その核心部分に「超越論的振動」(die transzendentale Schwingung)の生起を読み取っていたことをも想起させる[51]。このような文脈で理解されたヘーゲルの「力」は、事物の成立の普遍的媒体であり、誘発者と被誘発者の遊動であるため、外的に捉えられた経験的な事物や力はその現実性を失い、事物の「内的なもの」としての超越論的な関係性へと移行することになる。したがってここでの関係は、あらかじめ存在する経験的・実体的な関係項を事後的に結び合わせる因果関係ではなく、ハイデガーが要約するように、「それ自身が対立項へと展開していく統一、そしてそれらのあいだにあって統一を行い、そのようなものとしてそれらの関係であるような統一[52]」である。こうして、自存する極を両項として繋ぐ経験的結合ではなく、その両極を自らの内で産出しながら関係づける「振舞い」（Verhalten）が、関係の本質である「関係性」（Verhältnis）として顕わになる。このような超越論性の「振舞い」としての「関係」をヘーゲルが「力」と呼んだとき、ヘーゲルは自存する極からその両者の関係そのものへと視点を移し、自らの内から両極を産出する能産的な媒介、その意味ではいわば関係項の存在しない関係、「両極項」（Extreme）を欠いた「媒辞」（Mitte 中間）を主題化したと言えるだろう。

関係項をそれ自身の内から発出させる関係そのもの、いわば関係項なき関係といったこのような中間領域は、ハイデガーの文脈では、意味と存在、存在者と存在の差異性である「あいだ」の問題に相当するものであり、とりわけ「として」構造が関係性として成立する地点と重なるものである。地平そのものの発生と、「として」構造の成立を同時に可能にする「あいだ」は、意味と存在との差異を開き、解釈による意義の多様性と、その多様性に解消されない存在論的次元との両者を媒介するものであった。それと同様に、『精神現象学』の「力と悟性」においては、知覚における矛盾をより高次の仕方で「関係性」として捉える悟性の立場に立つことによって、感覚的世界を超える「物自体」の同一性が、知覚の経験的多様性に解消されないことが示唆される。ハイデガーの解釈もまた、「力と悟性」の章に「現象と超感覚的世界」という副題が添えられていることに着目し、この章の議論に、一方では「知覚」における分裂の議論を引き寄せ、他方で「自己意識」以降の議論を先取りさせるかたちで展開されている。そのためハイデガーは『精神現象学』講義においても、悟性の記述を知の生成の単なる一契機ではなく、「カントの基盤と問題設定によって展開される形而上学から、ドイツ観念論の形而上学への移行の体系的叙述」[53]、あるいは『精神現象学』全体にとって「決定的な個所」とみなし、意識から自己意識への移行を含む悟性の中間的・媒介的役割の内に、規定の多様性と事象の同一性のあいだの接点のみならず、精神全体の生成過程の集約的表現を見ようとするのである。

四　生命と時間性

(1)　自己性と生命

『精神現象学』における悟性から自己意識への移行、つまり意識が自らの本質としての自己意識へと向かう段階の内に、ハイデガーは、物自体の自体的現出と知の成立場面との積極的な関係を見て取り、「現象」概念の新たな展開を試みようとしている。この場合にあらためて問われなければならないのが、事象の現出における意識の自己性と物自体の自体性との関わりである。悟性は、物自体を「それ自体として」(an sich) 認識することで、そのものの「自体性」(Sichheit) を対象にしているのは確かだが、それはいまだ意識の領域での認識にとどまっているため、知は事象のこの自体性を自らの「自己性」(Selbstheit) として把握するには至らない。意識においては、対象の自体性と知の自己性との統一が完全には果たされずに、物自体の自体性は対象性の次元でのみ捉えられ、知との根本的な合致において理解されるわけではないからである。この合致が洞察され、知の自己性が理解されるようになるためには、意識から自己意識への転換が必要となる。この転換においてこそ、主観‐客観の構図の内に留め置かれていた認識と物自体の関係が、二元的構造から解放され、知の同一性としての「自己性」

の内に収斂する。

意識の「自己性」をめぐるこのような議論は、対象との関係を自らの内で反省的に捉える意識が、それ自体として「自己」であることをどのようにして把握するかという問題、つまり反省論の主題と密接に関わっている。その意味で、この自己意識への移行の議論は、意識の理論が反省を方法論的に体系の内に取り込むことの基盤を与えるものでもある。意識自身の自己所与性と自己関係性、および、そうした意識の内的構造を通して反省的に捉えられる意識そのものの自体性との関係がここで問われることになる。しかも、「自体性」と「自己性」との関係を徹底して解明しようとする「自己意識」の議論においては、デカルトやフッサールの場合とは異なり、意識の自己関係性としての明証性がそのまま真理規範として前提されることはない。フッサールにおいてもなお、とりわけ前期においては、意識の再帰的自己把握の明証性から反省論が根拠づけられる傾向が強かったのに対して、ヘーゲルはむしろそうした自我の自己再帰的構造と自己性とを区別し、自我の自己関係性そのものが成立する場面そのものを再構成しようとしている。その議論は、自我の明証性から出発するデカルト的着想を超えて、自我の自我性が成立する地点にまで分析の視線を延長し、反省の根拠を限界まで追い続けようとするものだと言えるだろう。

デカルト・フッサール的な狭義の反省論を包括し、その根拠へと迫る自己意識論の解釈において主題となるのは、対象と関わる限りでの意識の成立ではなく、自己意識そのものが「自己」（Selbst）として「存立する」（stehen）こと、つまり自己意識の「自-立性」（Selbst-ständigkeit）である。ここではすでに、認識において対象の自体性がいかに把握されるかといった対象認識の問題は乗り越えられ、自己意識そのものの「存在」が主題となる。つまりここにおいては、もはや対象の対象性を根拠づける超越論的前提が問われるのではなく、自我の自己関係性から区別された自己性そのものが、対象との関係に解消されない「自立性」というかたちで新たに主題化されるのである。このような自己意識の「自立性」という概念で語られているのは、物自体の認識において、物自体がもはや対象としてではなく、「自体」でありながら意識の「自己」として把握されるような次元である。このような境位において、知の「自己」としての生成と、物自体の自体性とが合致し、両者を媒介するものとしての現象理解が獲得される。「われわれが——絶対的に知るものとして——物自体として認識するものはわれわれ自身（wir selbst）であり、しかもそれは常に解放を行いつつ知るものである。絶対的に知られるものとはただ、知が、知るという営みの中で生起させ、ただそのように生起しつつあるものとして知の中に存立するもののみである」[54]。

自体的でありながら知としての関係性をそれ自身の内から産出する「現象」は、もはや知に対向する「対-象」（Gegen-stand）の性格を脱却し、生成を内在させた自体性であるため、ハイデガーはそれを「成-象」（Ent-stand）と呼ぶ[55]。この「成象」という造語を導入することで、ハイデガーは、自らのカント解釈における「物自体」の議論を自己引用し、それをヘーゲルの自己意識の次元に接合することができた。それというのもハイデガーは、すでに『カントと形而上学の問題』（一九二九年）において、認識を触発する「物自体」を、認識と認識対象の可能条件の合致という観点から考察するカントの超越論的考察を踏まえながらも、「物自体」が有する存在論的・発生論的意味を強調するために、「生起」（Entstehen）の語を元にした「成象」（Entstand 生起する事象）という表現を提案していたからである[56]。「成象」とは、実在的・独断的な意味で設定された「物自体」でもなければ、認識と認識対象との相即を示す「超越論的対象X」として機能的に理解されるものでもなく、事物の自体性を認識の自己性とともに生成させる発生論的な次元を名指している。そこでハイデガーは、カント解釈を通して獲得したこの「成象」という術語を、『精神現象学』における意識から自己意識への転換の場面に導入し、その超越論的・存在論的意味を明らかにしようとする。なぜなら、ヘーゲルにとっても自己意識とは、閉鎖的・完結的な抽象的自己関係ではなく、そこにおいて物自体が「自体」であると同時に「知」であるものとして出現するところであり、「自体」（Ansich）が同時に「自己に対するもの」（Fürsichhaftes）として、「自己」（Selbst）に帰属する場所だからである。こうして意識は、すでに認識と認識対象の構図に即して説明される「相関的」（relativ 相対的）な関係を脱し、相対性から自らを「解放」（absolvieren）することによって、自己性と自体性をともに把握する「絶対的」（absolut）な知となる。このように物自体が、単に認識を説明するための機能的な想定ではなく、それ自身の内に知と自体性の接合を含むものと理解されたとき、そうした物自体の知への自己生成が「成象」と呼ばれる。つまり「成象」とは、物自体が自らを知へと明け渡すと同時に、知が自立性へと生成する生起であり、ヘーゲルの用語では、自己を絶対的に把握する知としての「概念」に相当する事態を名指しているのである。

概念の内では、対象が自らの本質を「自体」として顕わにするのと同時に、意識は反省を通して自己の自体存在を確立するべく自己へと還帰し、自己意識へと推移する。しかしながら、意識から自己意識への転換の中で、対象が「自体」として把握されるということは、同時に対象の真理はあくまでも自己意識にとって疎遠な他なるものであるということであり、その限りで自己意識もまた「不幸な意識」として、いまだ絶対者への途上にある点も明らかとなる。知覚において「錯覚」がそうであったように、自己意識においては「不幸な意識」が不可避の否定的契機として現れることによって、自らが内部分裂を抱え、生成に委ねられていることが見出される。こうして、自己意識は自己分裂を通して、自己存在の真理である精神を予見し、概念は自らが絶対者であることを確信する。その意味で概念は絶対的な生成であり、その生成の内で、物自体に向けての意識の超越を遂行するとともに、自己意識における物自体の真理の顕現を、生起する自体性として、すなわちまさに「成象」として実現するのである。

このような文脈においてハイデガーが際立たせているのが、「意識」の章全体の終わり近くで語られる「絶対的な概念は生命の単純な本質である」という定式であり、自己意識の存在を示す術語としての「生命」である(57)。生命の現象は、自体性の自己生成とみなされ、意識の反省論的把握に先行する運動と考えられる。したがって、意識から自己意識への移行の場面でこの生命の理解が導入されることによって、その移行は「超越論的意識を、カント的な超越論的統覚の意味での自己意識という超越論的な前提へと遡らせることではなく(58)」、意識がその真理において顕現し、概念が生命において躍動する自発的運動を意味することになる。ヘーゲルが語るように、「この単一の無限性、ないし絶対的な概念は、生命の単一の本質であり、世界の魂であり、万象の血と呼ばれるべきである。それはいかなるところでも区別によって曇らされることもなければ、中断されることもない。それどころか、それ自身が一切の区別でもあれば、その区別の止揚でもあり、したがって自己の内で脈打ちながら自身は運動することなく、自己の内で振動（erzittern）しながらも自己自身は動揺することがないものである(59)」。ここで豊かに叙述されているのは、活動する絶対的概念の圧倒的な力と、生々しいまでの生命力であり、同一性と分裂の揺動、単一性と多様性の相互触発、静止と運動の葛藤、振動と分散の生起である。ヘーゲルにとって、「〔生命の〕本質は、あらゆる被区別項が止揚されてあることとしての無限性であり、純粋な軸回転的運動であり、絶対的に揺動するものでありながら、それ自身は静止した無限性である(60)」。

ハイデガーはこのように理解された生命概念こそを、自己意識の解明を通じてヘーゲルが獲得した「新たな存在概念」として重視し、そこに現象の自体的存立のありようを見て取ろうとする。「生命――それは自らを自らの内から生み出し、その運動の中で自らを自らの内で保持する存在のことである[61]」。このハイデガーの要約には、自己産出的な生命がもつ独自の自発性と自体的存立とが、「存在」の現象性格として表現されている。そして、「自らを自らの内から」、あるいは「自らを自らの内で」と強調されるように、この生命現象もまた、自立性と同時に、ある種の自己関係的構造を有している。しかしながらその自己再帰的な統一性は、反省によって自己を対象的に主題化する意識の自己関係とは根本的に異なったものだと言わなければならない。生命の運動において遂行される同一性は、意識の自己把握とは異なり、対象化の契機を不可避的に呼び込んでしまう意識の反省によっては捉えきれない事態である。自体的現出としての「現象」ないし「存立」は、「いまやそれ自身が生命であり、自立性でなければならない知を指し示す[62]」とハイデガーが言うように、ここでの知は関係性の内に解消されない、それ自体の自存性をもって成立する。そのため生命現象において発生する差異性もまた、反省によって産み出される対象的な距離性でもなければ、差異化された被媒介項から推定された乖離でもない。生命の自己産出的な活動は、そのものの自立性の内に非対象的な差異性を産み出し、知そのものへの分岐を引き起こす。「この運動自身の内で自らを産み出す全体の統一は、生命の高次の、そして本来的な統一であり、そのようなものとして直接的な同一性とは別のものである[63]」。ここにおいて、知による媒介と自体の存立を同時に成立させるものとしての現象理解、あるいは、事象と知とをまさに媒体として繋ぐ「あいだ」としての現象理解が成立する。

(2)　媒介の生成に向けて

こうしてハイデガーは、『精神現象学』の解釈を通じて、事象の自体性と知の自己再帰性とを統合した現象理解に肉薄し、地平論的論理に依拠した解釈学的解明によっても、意識の明証性を基盤とした反省によっても到達しえない次元を視野に収めつつある。学の始源としての直接性から出発し、その始源に含まれる媒介性、学の構築における「われわれ」の視点といったヘーゲルの議論をその最も豊かな可能性において再構築することで、「始源、起源、循環、螺旋」[64]をめぐるその徹底した思弁は、自己産出的な「生命」という新たな現象理解に踏み込むに至ったのである。しかしながらハイデガーは、こうした媒介の論理がもつ可能性を十全に展開しながらも、その最後の微妙な地点で、ヘーゲルと袂を分かっているように見える。それが、生命現象の運動性の核心をなすと同時に、媒介という過程そのものの捉え方を左右する「時間」をめぐる理解である。それまでヘーゲルの議論を忠実に辿っているかに見えたハイデガーの解釈のすべての相が、この時間理解を軸にして、一挙に逆転する反転図形のような光景が出現する。そして同時にここは、ヘーゲル的な媒介の論理の限界が朧気に見えてくる場所でもある。

『精神現象学』は、対象と相即的に展開する知の生成過程そのものを、学知の原理の自己媒介の内に取り込むことによって、知の高次の自己把握と対象の存在論的生成とを同時並行的に記述するものであった。そのため、絶対性ないし無限性を把握する原理論（伝統的には神学）と、知の自己関係を根拠づける自己性の把握（自我論）、および事象の自体的存立を主題とする存在論とを、媒介の「論理」によって一体のものとした『精神現象学』の議論は、ハイデガーによって、「存在‐神‐自我‐論的」（onto-theo-ego-logisch）の名称のもとに総括される[65]。そして、ヘーゲルの体系を、神論と自我論の結合した存在論と特徴づけることで西洋の哲学的伝統全体の中に位置づけ、さらにそうした伝統的体系と時間理解そのものとの関係を考察することで、ハイデガーは、ヘーゲルの論理と自らの思索とのあいだの微妙な距離を測定しようとしているかのようである。「無限性としての存在のこの〈存在‐神‐自我‐論的〉概念の中で、時間は自らを存在のひとつの現象として示す[66]」。つまり、『精神現象学』における知の生成の理論においては、その生成を貫いている「時間」が、知の最高の到達点において洞察される「存在」のひとつの顕現様態とみなされ、時間そのものは止揚され解消されるというのである。ヘーゲル的な媒介の論理は、その発展の動機を弁証法の過程そのものの内に内在させ、生成の運動を知の成立にとって本質的なものと捉える着想を含んでいる。とはいうものの、その運動の根底で働く時間性は、最終的に知の完全な自己把握の側から、つまりは知の自己現前という意味での「存在」から規定されることになる。「ヘーゲルは、自我を規定するのとまったく同じ仕方で、つまり論理的-弁証法的に時間を規定している。換言すれば、すでに前もって決定されている存在の理念から時間を規定している」(67)。

この点をハイデガーはさらに明確に、ヘーゲルにおいては「存在が時間の本質である」のに対して、自らの思索においては「時間が存在の本質である」という仕方で、両者を対比している(68)。「存在が時間の本質である」と定式化される『精神現象学』の議論においては、知の自己生成の運動性が意識の弁証法的過程として積極的に組み込まれながらも、同時にその過程を通じて、時間の本質が絶対知の自己現前という仕方で顕わにされることで、過程の運動性は知の顕現に吸収される。そのためここでの過程全体は、「再構成する構成」を行う学知によって「過ぎ去ったもの」として回顧され、それに応じて時間もまた、不定の将来に開かれた不断の媒介過程ではなく、必然的に完了した経過にならざるをえない。ヘーゲルの場合は「過去が時間の際立った特徴である」(69)とハイデガーが言うのは、まさしくそのためである。ヘーゲルの場合は、すでに媒介がなされた地点から、絶対知の眼差しによって射抜かれた限りで、すべての運動が見られている。したがってその運動全体も、自己自身へと到達した絶対知の自己所有の地点と、そこにいまだ達しえていない自然的意識との差異によって引き起こされるものとなっている。これに対して、「時間が存在の本質である」とするハイデガーは、自己把握に至った絶対知から再構成されるのとは異なった方向を志向しているように思える。しかしそれはもちろん、高度に再構成された媒介の論理を放棄することではなく、その積極的な洞察を保持しながら、ヘーゲル的な論理においては絶対知による全面的媒介の内に解消されてしまう時間性を、自らの手に積極的に取り戻すことを意味している。それはおそらく、時間性を素朴で経験論的な直接性の次元に置くことでもなければ、時間性をさらに高次の地点から媒介するようなメタレベルに立つことでもない。ここで求められるのは、ヘーゲル的な媒介の論理の内に、存在の一様相とみなされるのとは異なった意味での時間性を導入し、むしろ時間の側から存在を洞察するような眼差しである。(70)

「存在が時間の本質である」という定式から、「時間が存在の本質である」という定式への変貌は、ハイデガー自身が言うように、単なる「アンチテーゼとして対置される」のではなく(71)、そこにおいて、存在と時間の根本的な洞察が開ける地点を名指している。ここにおいて媒介の論理は、絶対知が自己自らに至ることをもってその到達点とするのではなく、むしろ媒介の運動の過程で、それを分析する知の視点そのものが自己変貌を遂げていく、予断を許さない緊張に満ちたものとなるだろう。ここでは完結し全体化される媒介ではなく、いわば生成する媒介こそが問われなければならない。このような媒介の生成は、ヘーゲル的な論理的・思弁的な媒介によって捉えることのできない次元に接することになる。ハイデガーは、ヘーゲルの媒介理解が論理的な「推論」をモデルとしていることに着目し、そこにおける「媒体」概念も、三段論法における「媒辞」の意味で捉えられている点を指摘しているが(72)、そうした考察を通じて、まさにそのような論理的な媒介の限界が見定められようとしている。そして、そのようなヘーゲル的な「存在‐神‐自我‐論」の内には回収しきれない余剰として立ち現れるのが、時間性をその内に導入するかたちで理解し直された「生命」概念なのである。自己産出的な知の初発形態をそれ自身の内に含み、しかも不断に生成する媒介の論理によって裏打ちされた生命概念は、いまやヘーゲルの体系をその内部から侵食し、過剰として溢れ出るかのような観がある。こうしてハイデガーは、『精神現象学』の大胆な再構成を行いながら、その論理を思弁の頂点にまで導き、ヘーゲル的現象学との創造的な「対決」(Auseinandersetzung)を行っているように思える。ある意味でそれは、ハイデガー自身、『存在と時間』以降自らが辿ってきた方向に目を凝らし、その可能性の深度を測定しているかのようでもある。こうしてハイデガーの現象学的思考は、ヘーゲル的な意味での思弁を存分に吸収しながら、その可能性の深みへ降り、差異性と同一性とが絡み合った思弁の森を踏み分け、現前と非現前が明滅する明るい闇の中へと入ろうとする。現前に解消されない非現前、あるいは現前と非現前の差異化の振動を探り出し、自らをその振動と同期させながら進展する思索は、脈打つ生命の拍動に耳を傾け、差異化の運動に就き随いながら、それを停止させることなく目撃するすべを模索することになるだろう。

五　媒介と否定性

(1)　懐疑《スケプシス》と超越論的苦痛

同一性と分裂、事象の自体性と知の自己性のあいだで揺れ動く生命の振幅は、「否定」による媒介を通じてその力を顕わにする。なぜなら、事象との相関の内で自己媒介を遂行する知は、対象と知のあいだに乖離が生じ、その次元での解決が困難になることで次の様相への変転を迫られるからである。ハイデガーの『精神現象学』解釈もまた、知覚・意識・自己意識への移行の局面に注目することで、多様性と同一性、自体性と自己性、物自体と知といった、各々の場面での緊張関係に焦点を定め、そこに働く媒介の論理から最大限の可能性を引き出すことを狙っていた。その際にハイデガーが注目したのは、ある段階から次の段階に移行する際に開ける「あいだ」であり、次元が切り替わる一瞬の間隙、さらにはその空隙において生じる振動である。過程の断絶において、過程の進行を活性化する媒介の運動は、それ自身の内で振動し、被媒介項を分散させる生命の強度である。ヘーゲルの叙述においても、「力」や「生命」はそれぞれ、知覚から意識の「あいだ」、および意識から自己意識の「あいだ」として、移行の弁証法が端的に示される現象であった。意識の経験の進展において、「力」の分析は、誘発する力と誘発される力の相互触発を顕わにし、「生命」概念は、現象と物自体というカント的な区別を止揚し、知の内で振動し分散する自体性を見ることを可能にするなど、弁証法の内に浸透する概念の生命は、移行の各段階に即して自らを顕わにする。そこでの知の生成の各段階は、「力」や「生命」として具象化され、精神の自己把握へと至るために知の自己展開を駆り立てる必然的契機となる。精神の自己形成のこうした各段階――精神の行程が「絶対精神の記憶とゴルゴタの丘」[73]と呼ばれるなら、知の「留」(statio)とも言えるところ――は、知の転換への跳躍を促し、低次の段階の否定を通して、より強固で確実な肯定へと上昇させる。

『精神現象学』において絶対的な媒介の論理を辿るヘーゲルと、それに随行するハイデガーは、ともに思弁の頂点において、媒介によって接合される「あいだ」という中間領域、およびそこに働く否定性の契機を知の起源に関わる事態とみなしている。存在と知、事象の自体性と思考の自己性といった両者の問題意識は、哲学的知の成立という最も根本的な次元において接触し、強い親和力を産んでいるのである。しかし両者のあいだには、哲学的知がどこからどのように始まり、どこへどのように到達するかという点に関して、近さゆえの決定的な遠さが生まれているように思える。何よりもハイデガーはヘーゲル的な媒介の論理を、「生命」の把握という点で、存在論的次元にまで及ぶ洞察として評価しながらも、『精神現象学』講義の最後で強調しているように、同時にその生命理解の内に「存在―神―自我―論」の現れを読み取り、自らの思考をそこから区別しようとしているのである。このような「対決」において、媒介の推進力を産む「生命」と時間性との関係が決定的な問題になる。『精神現象学』において、生命が「絶対的に揺動するものでありながら、それ自身は静止した無限性」[74]と語られる場合、ここでの「生命」は果たして時間への到来であるのか、あるいは時間からの離脱であるのか――つまり生命とは時間の現出であるのか、時間の止揚であるのか――という点で、同じ規定が別様の意味をもつことになるだろう。そこで『精神現象学』講義からおよそ十年後のハイデガーは、『ヘーゲル』（全集第六八巻）としてまとめられた二つの演習・講義草稿（「否定性」〔一九三八／三九、一九四一年〕、「ヘーゲル『精神現象学』「緒論」の解明」〔一九四二年〕）、および論考「ヘーゲルの〈経験〉概念」（一九四二／四三年）において、三〇年代の講義よりも大局的な視点に立ち、主として『精神現象学』「緒論」の思考に沿いながら、その形而上学的性格を明確にし、自身の存在の思索との距離を見定めていく。そこではとりわけ、知の生成に関わる「懐疑」、経験の本質としての「苦痛」、そしてその核心に働く「否定性」ないし「無」の理解をめぐって、ヘーゲルとの近さと遠さが争われることになる。

『精神現象学』において叙述される意識の道程は、意識がその本質の完全性において現れる歩みである。そしてそれは、意識されたものである「対象」をその自体性において理解すると同時に、対象を意識自身に関係づけ、その対象性を絶対的に把握する過程でもある。「対象である限りの対象は、自己意識にとってある。しかしまた自己意識である限りの自己意識は、それが自己自身に対してあることによって、対象の対象性を構成するものとして現象する。自己意識は、自らの対象に対する規範である」[75]。意識は自己自身へと到達するために、まずは直接的で無反省的な状態にある自然的意識を「懐疑《スケプシス》」によって揺さぶり、その否定の力によって、自然的意識にとっての実在性を解体し、そこからより高次の意識を出現させていかなければならない。このような「意識の経験」において、自然的意識は自らの信じる実在の世界ともども棄却され、懐疑の中へと投げ込まれるが、そのことによって自然的意識はかえって自身の虚偽性から解放され、真の意味での実在的意識に到達する。自然的意識は懐疑によって自らの地盤を崩され、否定的経験による挫折を通して、自身の根底に実在的意識としての「意識-存在」（Bewußt-sein）を見出し、それと同時に、意識対象の対象存在としてのあり方を摑み取っていく。

　意識を意識存在において、そして対象を対象存在において顕現させるこの運動は、現存在と存在との相即と差異を確証しながら、その相関関係を「として」構造の内に見出していったハイデガー自身の思考とも並行している。なぜなら「として」構造は、存在と存在者の「あいだ」をその現出という場面に即して名指したものであり、しかも存在者の自体的現出を可能にするこの「として」ないし「あいだ」そのものの生起は、現存在が日常的・自然的態度を停止させ、非本来性から本来性への転換の中で、自らの否定性の経験を通して洞察されるからである。ハイデガーの思考の中では、それは「不安」や「死への先駆」、あるいは「退屈」といった場面で、世界の「無意義性」[76]（Unbedeutsamkeit）、あるいは生全体の「宙づり」[77]（Leergelassenheit）というある種のエポケーとして経験され、そこにおいて意味と存在、存在者と存在の「あいだ」が、被媒介項の内に解消しえない差異性として露呈する。そしてハイデガーがヘーゲルの「経験」概念の内に見出そうとしたのもまた、懐疑という否定性を通じて顕現する「として」の生起であり、「あいだ」の発生論的媒介であった。

「経験という名称によって、ヘーゲルは現出者としての現出者、存在者としての存在者（ὂν ᾗ ὄν）を名指している。経験という言葉の内には、この〈として〉（ᾗ）が考えられている」[78]。自然的意識における懐疑は、意識の様相を転換することによって、自然的意識の影になっているこの「として」そのものを際立たせ、存在者をそれ自体として現出させる。「存在者の存在への懐疑《スケプシス》は、存在者を存在者そのものへと差し戻し、それによって存在者は存在者として、〈として〉（als）において現れる。この転換は〈存在者〉（ὄν）との関係において、〈として〉（ᾗ）を際立った仕方で生起させる」[79]。したがって、ヘーゲルの語る経験とは、存在者についてのものではなく、存在者の存在に関わるものであり、「として」そのものの経験、「カント的に言うなら、超越論的経験」[80]である。しかしながら、存在論的洞察を獲得する意識の自己形成の過程は、その過程を実際に辿っていく経験的主体ないし自然的意識にとっては、「懐疑」による破滅の道であり、没落へと向かう歩みである。なぜなら経験的意識は、自らの向き合う現実が懐疑によって破壊され、その実在性が消失することで、自らの世界の消滅、すなわち自らの死を経験せざるをえないからである。意識はその「経験」において「絶望の道」を辿り、眼差しの転向によって自らの現状を破壊し、素朴な信頼を突き崩しながら、容赦なく自身を引き裂いていく。意識が自己自身へと到達する旅程《イティネラリウム》は、荒海への航海であり、挫折に継ぐ挫折、「本質的に苦痛に満ちた」ものであり、「ゴルゴタの丘」への歩みにほかならない。もとよりそれは、ハイデガーが語るように、「われわれの身体的・心理的状態への作用」である痛苦でもなければ[81]、存在者についての何らかの経験でもなく、超越論的経験にとって本質的な否定性であり、超越論性そのものの「痛み」である。ハイデガーが通常の用語法には見られない「超越論的苦痛」[82]（der transzendentale Schmerz）という語を導入してまで語るように、それは特異な存在論的試練であり、超越論的思考に必然的にともなう否定性の経験なのである[83]。こうして、「否定性」（Negativität）および「無」（Nichts）という、ハイデガーとヘーゲルに共通の主題が、「苦痛」というある種の情態性とともに浮上することになる。

（2）媒介・無・差異

自然的意識における懐疑と思考の転換は、意識にとっての否定的契機であると同時に、媒介の運動を始動させ、弁証法を機能させる本質的な要素である。この否定的契機によって、意識の存在的認識と実在的知の存在論的認識との差異が開かれ、両者の対話が、「弁証法」（Dialektik 対話）の語の根源的意味に即して展開されることによって、哲学的思考の自己形成が引き起こされる。この自己形成において働く否定性の内に、媒介の「超越論的苦痛」といった性格を見るところで、ハイデガーとヘーゲルの視線は交叉し、両者にとっての生命の理解が共鳴し合う。しかしながらハイデガーは、ヘーゲルにおける否定性の理解の内に、自身の存在論的思考との決定的な相違を見て取り、とりわけ一九四〇年代にはより明示的に、そこからの訣別を図ろうとする。ハイデガーとヘーゲルは、まさに差異そのもの、そして差異の差異化である否定性の位置づけをめぐって、一瞬交わったお互いの視線を逸らし、それぞれ別の彼方を遠望する。

存在論的差異を差異そのものとして、あるいは「あいだ」を「あいだ」それ自体として考察しようとするハイデガーにとっては、媒介における否定性の発生、否定性の「根源」は最も慎重に考察すべき問題である。確かにヘーゲルにおいても、自然的意識と実在的意識の「あいだ」（Zwischen; διά）において、その両者の差異によって絶対者の絶対性への歩みが開始され、自己形成を促す差異性の領域が開かれる[84]。しかしながら、ヘーゲルの論理によれば、その差異は、意識の経験の進行そのものを叙述する「われわれ」の視点から眺められ、最終的には絶対知の自己把握の内に解消される。そのためそこには、精神の自己形成の歴史というかたちで、時間的・歴史的契機が認められるにしても、「あいだ」という事態そのもの、あるいは差異としての差異に照準が絞られることはなく、むしろ差異は同一性への途上として消極的に理解されるにとどまるのである。

自然的意識と実在的意識の差異は、元来は自然的意識の側から自発的に開かれるものではなく、実在的意識の境位、および知の絶対性に立つことによって初めて「差異」として洞察される。意識が自己自身を把握する過程は、自らの初発のあり方を自己喪失として見抜く視点をあらかじめ前提しているのであり、経験の叙述とはまさにそのような上位の視点である「われわれ」によって遂行される。意識の経験を駆り立てる差異は、常に絶対知の絶対性の側、無差別の総合の側から「すでに見られた」ものであり、絶対知の「臨在」（Parusie）を前提としている。したがって、意識が経験する自己転換の苦痛、懐疑の遂行は、意識を何ら損傷するものではなく、むしろ意識の完成に力を貸し、それを絶対的な自己知へと導いていく。「懐疑の〈すでに見た〉（vidi）は絶対性の知である。意識の転換は、知の本質の中心であり、現象する知の叙述はそのようにして自己を展開する(85)」。懐疑はいつでも自らの進む先を予見し、その予見された地点から自らの苦難をすでに振り返って見てしまっている点で、その経験においては、自らを根本的な危機に直面させる衝撃や挫折は何も起こりえない。確かに自然的意識はその経験の中で懐疑によって自己否定の道を歩み、苦難を経験するにしても、ハイデガーが言うように、「この絶えざる死において、意識は自らの死を犠牲に捧げ、その供犠の中から自己自身への甦生を獲得する(86)」。意識はいかに否定を経験し、いかに自らの死に直面しようとも、その否定性は意識の致命的な挫折や没落ではなく、再生への希望、復活の約束なのである。そのため、「否定性」についての草稿でハイデガーが記すところに従えば、「このような死を、けっして真剣に受け取ることはできない。なぜならそこでは、いかなる絶滅《カタストローフ》（καταστροφή）も起こりえないのであり、いかなる墜落も転覆もありえないからである(87)」。

ヘーゲルにおいて、「意識の経験の学」は「絶対者の絶対性から絶対的に始まる。それは臨在の意志の究極の威力から始まる(88)」。したがってこの意識にとって、存在とは現前者における現前性であり、その現前は知としての現出である以上、「現出する知の現出には、自らをその現在（Präsenz）において表象すること（repräsentieren）、すなわち自らを叙述することが属している」(89)。意識の経験は、絶対知の「臨在」の光の中で経過し、懐疑によって破壊される自然的意識を意識の自己現前へと止揚することで、意識を自己知の絶対的確実性へ導き、最終的には「学」として自らを証すのである。そして『精神現象学』の核心をなすこの思考――「臨在」という現前性の存在理解、および知の絶対的確実性としての「学」の理念――の内にこそ、ハイデガーはヘーゲルの形而上学的思考の極限を見て取り、それを拒絶しようとする。なぜなら、ヘーゲル的な経験の理解においては、どれほど否定性の力が強調され、「生命」としての躍動性が現れるにしても、そこでは「あいだ」そのもの、差異自体の差異化といった出来事は、無制約的現前性という表象化の絶対的な光に照らされ、ついにその差異性それ自体において捉えられることはないからである。そのためハイデガーが目指したのは、媒介という事態を、否定そのものの否定性、差異の差異化の生起へと差し戻し、その根源性において考え抜くことによって、否定性の根源であり、なおかつ無底である「無」をその闇の中で見ること、そしてまた「超越論的苦痛」をその最も根源的な意味で受苦すること、いわば超越論性の痛みの底へと降って行くことであった。

否定性を知の自己把握の契機へと飼い馴らし、その起爆力を殺いでしまうヘーゲルの思考に対して、ハイデガーは差異性の暴力を剥き出しにして、総合を本質とする知をその臨界に立たせようとする。ヘーゲルにおいては、『論理学』第一部「客観的論理学」の「存在論」に見られるように、否定の根底に働く「無」は、その直接性と無内容性ゆえに「存在」と互換可能とみなされ、両者の差異が無効化されるのに対して、ハイデガーはその差異性を、存在と無の抽象的・論理的無区別性としてではなく、存在者と存在の存在論的差異として捉え直し、その差異の内に媒介不可能な無の在り処を探り出そうとする(90)。存在と無は表象的な対象化を通じて理解される限り、「存在は無ではない」「無は存在しない」という形式的な対比において相互に打ち消され、その無差別性への止揚を「生成」として洞察する知を介して、可知性の空間の内に取り込まれる(91)。「存在」と「無」を論理的な二項として処理し、それらを可知性の領域の内に回収するこのような表象的・概念的な思考に対して、ハイデガーは、論理的平面を切り裂く原理的な次元差に注目し、思弁的な相互媒介を許さない差異性を抉り出していく。その差異は、いかにしても同一平面において出会うことのないもの同士の差異であり、存在者の視座に立つ知にとっては、常に死角に取り残され、視野に収めることのできない「あいだ」として予感されるほかはない。存在論的差異、つまり存在者と存在の区別は、存在と無が立つ均衡の平面に対して垂直に切り立ち、可知性の領域をその根底へと崩落させる。もとより存在は存在者ではないが、かといって、そこで否定によって対立した存在と存在者が、思弁的に相互に媒介されることは起こりえない。なぜなら存在は絶えず存在者の裏側に回り、同一平面に出現することがないため、そこではいかなる論理的な操作も空回りせざるをえないからである。存在をめぐる論理的媒介が成功したかに見えたとしたら、それは存在を存在者の次元に吸収してしまったことの証しであり、存在を決定的に捉え損なった失敗の証明なのである。

存在論的差異という「あいだ」は、概念的な中立化は不可能であり、「われわれ」の視点、ないし絶対知の臨在という可知性の光の中で、知の自己把握と現前性へと解消されることもありえない。ハイデガーの現象学は、いかに「われわれ」という上位の視点――それ以上の視点が存在しない最高の視点という意味ではむしろ無視点性――を呼び込むことなく、思考の有限的な視点性にとどまるか、そしていかに差異の差異化を閉ざさずに、それを差異化の生起のままに捉えるかという点に自らの命運を賭けている。「存在は存在者ではない」と語られるとき、その「ではない」の「無」とは、存在と対比される限定的な無ではなく、表象的・概念的知からの逃走であり、存在者の次元に対する拒絶である。その否定性は、存在者に取り込みえない彼方、論理的媒介の彼岸としての差異性を指し示す「形式的指示」であるとも言えるだろう。そしてこの差異性こそが、逆に存在者の空間で自由に振る舞う知の活動を保証するものである限り、「存在」は単なる不可知性や知の挫折ではなく、むしろそこから知が自らの活動の自由度を受け取り、知として自身を確立する場所でもある。知の原点でありながら、知そのものからは退去するその事態は、論理化と表象化を宙吊りにして、媒介ではなく、媒介の破れとして生起する。そのためハイデガーは、この意味での「存在」に「原存在」（Seyn）という表記を与えるとともに、その現出である知の空間を「開かれ〔明るみ〕」（Lichtung）と名づけ、日常的語彙からのかすかな逸脱に目を向けさせる。「原存在」は、繋辞として語形変化して存在者と結びつく「存在」（Sein）と同じ音を響かせながら、存在論的にはそれと区別された存在者の現出可能性の領域であり、また「開かれ」は、知の「光」との類縁を感じさせながらも、超越論的には可知性の光とは区別された知の根源的な活動領域なのである(92)。

　この存在論的な知の超越論的成立を、ハイデガーは、表象作用の背後に働いている「開かれ」との関わりを通して叙述している。「否定性」の草稿におけるハイデガーの叙述に従えば、表象作用が何かを見るということと、つまり「……の光において（im Lichte）、何ものかについて（von）何ものかとして（als）表象すること」は、「すでにそれ自身において、〈……について〉、〈……として〉、そして〈光において〉によって組み立てられ合一化された接合態（Gefüge）であり、それこそが、光で照らされたものの〈開かれ〉である(93)」。ハイデガーが注目するのは、もはや表象作用を可能にする主観的機能や、対象の対象性の超越論的構成ではなく、超越論性そのものの成立であり、差異性そのものの生起である。そのためここで、言語表現としては、存在者やその動きを示す名詞や動詞ではなく、知の骨格をなす形式としての前置詞群が、存在者ではない「無」として強調されることになる。「〈……について〉、〈……として〉、〈光において〉は、〈存在者〉ではなく、無（Nichts）であるが、無効なものではない（nicht nichtig）」[94]。超越論性の思考とは、カントの超越論哲学においても、基本的に「形式」を主題とするものであるが、ここでは、形式を内容とするその思考が純度を上げ、〈……について〉について、〈……として〉をそのものとして、そして〈光において〉をその光において考察するといった思考を経由しながら、それらの対象性との関わりを相対化することで、各々の前置詞がその「無」において、つまり存在者との差異において、思考の自己再帰性とは区別される発生論的様態において出現する。こうした思考は、フィヒテがその『知識学』（一八〇四年）において、知の洞察を「ア・プリオリで絶対的な〈……を通して〉（Durch）」と規定し[95]、その純粋な透過性において際立たせたのと同様に、それと等しい水準に立って根源的な差異性に迫り、その差異性を知の超越論的自己規定の根底として示すことになる。そのためこの文脈においてハイデガーは、現出者の自体的現出としての「自–性態〔性–起〕」（Er-eignis）、そして存在者および知との関連に即して「脱–根拠〔深淵〕」（Ab-grund）といった次元を呼び起こす。ハイデガーが多用するErやAbといった接頭辞は、事象の獲得とともに、存在者ないし存在者の知からの決定的な距離を示し、その事象の自立性と同時に彼岸性を語り出す。その思考はいわば、前置詞の思考と連動する接頭辞の思考とも言うべきものであり、そこに暗示される差異性は、ヘーゲル的な知の媒介によって橋渡しされることのない距離であり、絶対知の現前ではなく、その起源への遡行、「存在–神–自我–論」の解体であり、まさしく形而上学の彼方であった。

結語　超越論性の痛み

「あいだ」とその媒介という主題に沿ってヘーゲルの思考を追跡してきたハイデガーは、ヘーゲルの思考の最高の可能性を見極めながら、その最後の地点でヘーゲルの絶対的媒介の思考から離れ、そこに回収されえない「あいだ」そのもののあり方の内に沈潜しようとする。そこで問題となるのは、「あいだ」として生起する「差異」、あるいは「無」を、存在者の背面として、不可視のまま可視化することであり、闇を照明することではなく、闇の中で闇を見ることであった。知が光だとするなら、その光の光源に遡り、その光源を光そのものであるがゆえに見えないものとして経験し、知についての知といった反省の無際限性を打ち破り、知をその不在の根底へと突き落とすことが、ハイデガーの思考の所作として示される。差異性を媒介によって総合することなく、「あいだ」を「あいだ」として保持すること、存在の傷口である裂開を差異として耐えること、これこそが「超越論的苦痛」と呼ばれるものの核心である。そこでは、思考の成立が同時に思考の無化を招来するが、それはヘーゲル的意味での懐疑でもなければ、フッサール的なエポケーでもなく、甦りをかならずしも保証されていない挫折であり、無へと足を踏み出す知の冒険であり、復活の希望を抱かない受苦である。

ヘーゲルにおける「意識の経験」から、知の超越論的起源へと遡行するこの問題意識において、思考が危殆に瀕する「苦痛」に関して、ハイデガーはヘーゲルとは別の方角を見据えていたように思える。実際に、ハイデガーは一九四〇年代のヘーゲル論と同時期の草稿『自性態〔性起〕』のいくつかの場面において、「苦痛」を根本的な事態として取り上げるだけでなく、それをヘーゲルとは異なった存在論的・真理論的な水準で捉えようともしている。そこでは、「あいだ」と「苦痛」が結びつけられ、「あいだと苦痛。ここで間隙において、とりわけ原存在と始まりとのあいだ、存在者性と原存在のあいだ、原存在と人間のあいだ〔が問題となる〕[96]」と記され、また「思考と苦痛。苦痛——深淵の脅威と離脱の歓喜[97]」など、思考そのものにまとわりつく情態性としての苦痛が言及されている。「否定性」の草稿において、ヘーゲルにとって否定性は「自明のもの」(fraglos)であったのに対して、ハイデガーにとっては「問いの領野[98]」(Fragebereich)であると語られていたのと並行して、草稿『自性態』では、「原存在の問題性の苦痛[99]」(der Schmerz der Fragwürdigkeit des Seyns)が主題化され、存在者に対する表象的思考に絡め取られずに差異性の裂開に耐える苦痛が暗示される。もとよりこの「苦痛」は、単に心理的・精神的困難を表す名称ではなく、のちのハイデガーが「存在への問い」(一九五五年)においてユンガーにちなんで語るところに従うなら、ギリシア語に遡って「痛苦《アルゴス》」(ἄλγος)と理解され、「ロゴス」との類縁性が聴き取られるべきものである[100]。それはまさに超越論性の次元において目撃される否定性の経験であり、言うなれば超越論性の痛み、これもまたハイデガーの特異な用語によれば、「存在史的苦痛[101]」(der seynsgeschichtliche Schmerz)と呼ばれるものだろう。生命の振動という文脈で語り直すなら、この否定性の経験は、生命の対極に位置して、生を外部から襲う死ではなく、生の裏側に貼り付いた死であり、いかに背後に回り込んでも捉えることのできない「無」、生の内に「問い」として刻まれた傷口である。

「存在者としての存在者」が語られる際の「として」は、存在者の内に開かれる裂開であり、仮にそれを主題化して語るなら、その「として」そのものは、再び「〈として〉として」の誘惑の内に身を隠してしまう。したがって課題となるべきは、「あいだ」として仄かに現れる次元を厳密な差異に沿って、差異化の相において洞察することであり、「として」を、対象化の方途としてではなく、閉ざしえない裂け目と見ることである。存在と差異をめぐる思考は、超越論性において開ける媒介不可能な傷口を存在の裂罅と受け止め、「苦痛」という「静寂の裂開」[102]（Riß der Stille）において出現する謎としての「無」を閃かせることによって、存在についての自らの思考を思考として、思考の光において生起させる。そしてそれは、到来する未知性に思考を開き、可知性を問題性へと譲り渡す「問い」の経験であり、知の自己形成を促進する「経験における苦痛」ではなく、知の自己完結性を破る「苦痛の経験」、その意味でまさしく「超越論的苦痛」と呼ばれるべきものであった。

註

（1） E. Husserl, Philosophie als strenge Wissenschaft, in: *Logos. Internationale Zeitschrift für Philosophie der Kultur*, hg. G. Mehlis, Bd. 1, Tübingen 1910/11, S. 292.

（2） のちにハイデガーの弟子となるエルネスト・グラッシが、一九二四年にフッサールを訪れた際の逸話を語っている。自らの哲学上の素養を、「スパヴェンタ、クローチェ、ジェンティーレの伝統に即して、再び体系的で、歴史的にはヘーゲル的な哲学を目指している」と自己紹介したグラッシに対して、フッサールは、「そうした問題意識の枠組みの中で教育されたのなら、もう取り返しがつきませんし、何の見込みもありませんよ」と言い放ったという。E. Grassi, *Einführung in philosophische Probleme des Humanismus*, Darmstadt 1986, S. 4.

（3） J.-L. Marion, G. Planty-Bonjour, *Phénoménologie et Métaphysique*, Paris 1984〔J＝L・マリオン、G・P・ボンジュール『現象学と形而上学』三上真司・重永哲也・檜垣立哉訳、法政大学出版局、一九九四年〕、E. Fink, *Hegel*, Frankfurt a. M. 1977.〔E・フィンク『ヘーゲル――精神現象学の現象学的解釈』加藤精司訳、国文社、一九八七年〕

（4） M. Heidegger, *Grundprobleme der Phänomenologie* (1919/20), Gesamtausgabe (= GA), Bd. 58, Frankfurt a. M. 1993, S. 240; S. 146.〔強調は原文通り〕

（5） Cf. K. de Boer, *Thinking in the Light of Time. Heidegger's Encounter with Hegel*, Albany 2000, pp. 268ss.

（6） Cf. H.-G. Gadamer, Hegel und Heidegger (1971), Gesammelte Werke, Bd. 3: Neuere Philosophie I, Hegel-Husserl-Heidegger,

Tübingen 1987, S. 90.〔H＝G・ガダマー「ヘーゲルとハイデガー」、『ヘーゲルの弁証法』山口誠一・高山守訳、未來社、一九九〇年、所収〕「ハイデガーの思考が執拗にヘーゲルの周辺を回り、ヘーゲルに対する境界画定を、今日に至るまで繰り返し試みているのは、実に目を引く点である」。

（7）M. Heidegger, *Grundprobleme der Phänomenologie*, GA 58, S. 262. Cf. R. A. Makkreel, Heideggers ursprüngliche Auslegung der Faktizität des Lebens: Diahermeneutik als Aufbau und Abbau der geschichtlichen Welt, in: Papenfuss, O. Pöggeler (Hgg.), *Zur philosophischen Aktualität Heideggers*, Bd. 2: *Im Gespräch der Zeit*, Frankfurt a. M. 1989.

（8）M. Heidegger, *Grundprobleme der Phänomenologie*, GA 58, S. 27.

（9）*Ibid.*, GA 58, S. 238.〔強調は原文通り〕

（10）Id., Hegels Begriff der Erfahrung (1942/43), in: *Holzwege*, Frankfurt a. M. 1950, S. 164 (GA 5, Frankfurt a. M. 1977, S. 179).

（11）Id., *Hegels Phänomenologie des Geistes* (1930/31), GA 32, Frankfurt a. M. 1980, S. 74.

（12）ハイデガーのヘーゲル解釈を論じた代表的な論考として以下を参照。O. Pöggeler, Heidegger und Hegel, *Hegel-Studien* 25 (1990), S. 139-160.

（13）Cf. O. Pöggeler, Geist und Geschichte, in: id., *Schritte zu einer hermeneutischen Philosophie*, Freiburg/München 1994, S. 399.

（14）M. Heidegger, *Hegels Phänomenologie des Geistes*, GA 32, S. 43.

（15）*Ibid.*, GA 32, S. 47.

（16）*Ibid.*, GA 32, S. 19-32, 69-75.

（17）*Ibid.*, GA 32, S. 69.

（18）G. W. F. Hegel, *Phänomenologie des Geistes*, Werke, 1832-1845, hg. E. Moldenhauer, K. M. Michel, Frankfurt a. M. 1969, Bd. 3, S. 71.

（19）M. Heidegger, Hegels Begriff der Erfahrung, in: *Holzwege*, S. 125 (GA 5, S. 156).

（20）Id., *Hegels Phänomenologie des Geistes*, GA 32, S. 71. cf. *ibid.*, S. 21.

（21）*Ibid.*, GA 32, S. 74.

（22）*Ibid.*, GA 32, S. 101.

（23） G. W. F. Hegel, *Phänomenologie des Geistes*, S. 67. Cf. M. Heidegger, Hegels Begriff der Erfahrung, in: *Holzwege*, S. 140 (GA 5, S. 153).

（24） M. Heidegger, *Hegels Phänomenologie des Geistes*, GA 32, S. 92f.. Cf. id., Hegels Begriff der Erfahrung, in: *Holzwege*, S. 169 (GA 5, S. 184).

（25） G. W. F. Hegel, *Phänomenologie des Geistes*, Vorrede, S. 51. Cf. M. Heidegger, *Hegels Phänomenologie des Geistes*, GA 32, S. 93.

（26） M. Heidegger, *Hegels Phänomenologie des Geistes*, GA 32, S. 104.

（27） *Ibid.*, GA 32, S. 114.

（28） I. Kant, *Kritik der reinen Vernunft*, A56 (Akademie-Ausgabe [=AA], Bd. 4, S. 50f.), B80 (AA 3, S. 77f.).

（29） M. Heidegger, *Hegels Phänomenologie des Geistes*, GA 32, S. 110.

（30） P. Ricœur, Herméneutique des symboles et réflexion philosophique (II), in: id., *Le conflit des interprétation. Essai d'herméneutique*, Paris 1969, pp. 321-325.

（31） F. Laruelle, Anti-Hermes, in: Ph. Forget (Hg.), *Text und Interpretation*, München 1984, S. 79.〔F・ラリュエル「アンチ・ヘルメス」、Ph・フォルジェ『テクストと解釈』轡田収・三島憲一訳、産業図書、一九九〇年、所収〕

（32） K. Held, Heidegger und das Prinzip der Phänomenologie, in: A. Gethmann-Siefert, O. Pöggeler (Hgg.), *Heidegger und die praktische Philosophie*, Frankfurt a. M. 1988, S. 119.

（33） M. Heidegger, *Hegels Phänomenologie des Geistes*, GA 32, S. 123.

（34） *Ibid.*, GA 32, S. 125.

（35） *Ibid.*, GA 32, S. 135.

（36） Id., *Logik. Die Frage nach der Wahrheit* (1925/26), GA 21, Frankfurt a. M. 1976, S. 146f.

（37） ガダマーは、ヘーゲルの『論理学』の弁証法の論理を、言語を介することで解釈学へと展開することを主張していた。「弁証法は、解釈学において自らを取り戻さなければならい」。Cf. H.-G. Gadamer, Die Idee der Hegelschen Logik (1971), in: Gesammelte Werke, Bd. 8: Neuere Philosophie I, Tübingen 1987, S. 65-86.〔H＝G・ガダマー「ヘーゲル論理学の理念」、『ヘーゲルの弁証法』所収〕

(38) M. Heidegger, *Sein und Zeit*, 15. Aufl., Tübingen 1979, S. 151. (GA 2, Frankfurt a. M. 1977, S. 201)
(39) Id., *Grundbegriffe der Metaphysik. Welt-Endlichkeit-Einsamkeit* (1929/30), GA 29/30, Frankfurt a. M. 1983, S. 530f.
(40) *Ibid.*, GA 29/30, S. 529.
(41) Id., *Hegels Phänomenologie des Geistes*, GA 32, S. 150; 168.
(42) Id., *Die Frage nach dem Ding. Zu Kants Lehre von transzendentalen Grundsätzen* (1935/36), GA 3, Frankfurt a. M. 2010, S. 193-195.
(43) Cf. id., *Logik. Die Frage nach der Wahrheit*, GA 21, S. 347-357.
(44) Cf. id., *Kant und das Problem der Metaphysik*, 4. erweiterte Aufl. Frankfurt a. M. 1973, S. 182-189 (GA 3, Frankfurt a. M. 2010, S. 188-195).
(45) Id., *Hegels Phänomenologie des Geistes*, GA 32, S. 152.〔強調は原文通り〕
(46) 『純粋理性批判』におけるカントの存在理解を「関係の存在論」と見る解釈に関して以下を参照。久保陽一『ドイツ観念論とは何か――カント、フィヒテ、ヘルダーリンを中心として』ちくま学芸文庫、二〇一二年、八八―九二頁、村岡晋一『ドイツ観念論――カント・フィヒテ・シェリング・ヘーゲル』講談社、二〇一二年、五一―六五頁。
(47) M. Heidegger, *Hegels Phänomenologie des Geistes*, GA 32, S. 166.
(48) G. W. F. Hegel, *Phänomenologie des Geistes*, S. 112.
(49) *Ibid.*
(50) Cf. J. Hypplolite, *Genèse et structure de la phénoménologie de l'esprit de Hegel*, Paris 1946.〔J・イポリット『ヘーゲル精神現象学の生成と構造』上巻、市倉宏祐訳、岩波書店、一九七二年、一六〇頁〕
(51) M. Heidegger, *Metaphysische Anfangsgründe der Logik im Ausgang von Leibniz* (1928), GA 26, Frankfurt a. M. 1978, S. 174.
(52) Id., *Hegels Phänomenologie des Geistes*, GA 32, S. 151; cf. *ibid.*, S. 168; G. W. F. Hegel, *op. cit.*, GA 32, S. 114.
(53) M. Heidegger, *Hegels Phänomenologie des Geistes*, GA 32, S. 161.
(54) *Ibid.*, GA 32, S. 159.〔強調は原文通り〕
(55) *Ibid.*

(56) Id., *Kant und das Problem der Metaphysik*, S. 29 (GA 3, S. 34). 竹田壽恵雄『存在と存在者——ハイデッガーとハルトマン』創元社、一九四九年、三三一—三四二頁（同書では、Entstehen〔発生〕を念頭に、Ent-stand に「發象〔発象〕」の訳語が当てられている)。

(57) M. Heidegger, *Hegels Phänomenologie des Geistes*, GA 32, S. 206.

(58) *Ibid.*, S. 200.

(59) G. W. F. Hegel, *Phänomenologie des Geistes*, S. 132.

(60) *Ibid.*, S. 140.〔強調は原文通り〕

(61) M. Heidegger, *Hegels Phänomenologie des Geistes*, GA 32, S. 207.〔強調は原文通り〕

(62) *Ibid.*, GA 32, S. 213.

(63) *Ibid.*

(64) D. J. Schmidt, *The Ubiquity of the Finite. Hegel, Heidegger, and the Entitlements of Philosophy*, Massachusetts/London 1988, pp. 96-124: Beginnings, Origins, Circles and Spirals.

(65) M. Heidegger, *Hegels Phänomenologie des Geistes*, GA 32, S. 183

(66) *Ibid.*, GA 32, S. 209.

(67) *Ibid.*, GA 32, S. 116.〔原文は最初の一文全体がイタリックで強調〕

(68) *Ibid.*, GA 32, S. 211.

(69) *Ibid.*, GA 32, S. 116.

(70) E. Mazzarella, Heidegger und Hegel: Die Vorlesung zur *Phänomenologie des Geistes* (1930/31), in: H. Seubert (Hg.), *Heideggers Zwiegespäch mit dem deutschen Idealismus*, Köln/Weimar/Wien 2003, S. 151-154.

(71) M. Heidegger, *Hegels Phänomenologie des Geistes*, GA 32, S. 211.

(72) *Ibid.*, GA 32, S. 158.

(73) G. W. F. Hegel, *Phänomenologie des Geistes*, S. 591: die Erinnerung und die Schädelstätte des absoluten Geistes.

(74) *Ibid.*, S. 140.

（75）M. Heidegger, Erläuterung der »Einleitung« zu Hegels »Phänomenologie des Geistes«(1938/39), in: *Hegel*, GA 68, Frankfurt a. M. 1993,S. 93f.〔強調は原文通り〕
（76）Id., *Sein und Zeit*, S. 187 (GA 2, Frankfurt a. M. 1977, S. 248).
（77）Id., *Grundbegriffe der Metaphysik*, GA 29/30, S. 209.
（78）Id., Hegels Begriff der Erfahrung, in: *Holzwege*, S. 166 (GA 5, S. 180).
（79）*Ibid.*, S. 174 (GA 5, S. 189).
（80）Id., Erläuterung der »Einlitung« zu Hegels »Phänomenologie des Geistes«, GA 68, S. 102.
（81）*Ibid.*, GA 68, S. 134.
（82）*Ibid.*, GA 68, S. 103.
（83）C. Malabou, Négativité dialectique et douleur transcendentale. La lecture heideggérienne de Hegel dans le tome 68 de la Gesamtausgabe, *Archives de Philosophie* 66 (2003), pp. 265-278.〔C・マラブー「弁証法的否定性と超越論的苦痛――ハイデガー全集六八巻におけるヘーゲルの読解」西山雄二訳、『現代思想』二〇〇七年七月「ヘーゲル――『精神現象学』二〇〇年の転回」、六四―七五頁〕
（84）M. Heidegger, Hegels Begriff der Erfahrung, in: *Holzwege*, S. 169 (GA 5, S. 184).
（85）*Ibid.*, S. 177 (GA 5, S. 193).
（86）*Ibid.*, S. 147 (GA 5, S. 160).
（87）Id., Negativität. Eine Auseinandersetzung mit Hegel aus dem Ansatz in der Negativität (1938/39, 1941), in: *Hegel*, GA 68, S. 24
（88）Id., Hegels Begriff der Erfahrung, in: *Holzwege*, S. 191 (GA 5, S. 207).
（89）*Ibid.*, S. 171 (GA 5, S. 186).
（90）O. Pöggeler, Hegel und Heidegger über Negativität, *Hegel-Studien* 30 (1995) , S. 145-166.
（91）G. W. F. Hegel, *Wissenschaft der Logik*, I. Teil: Die objektive Logik, 1. Buch: Die Lehre vom Sein, Werke, Bd. 5, S. 82f.
（92）L. Amoroso, La Lichtung di Heidegger come lucus a non lucendo, in: G. Vattimo, P. A. Rovatti (eds.), Il pensiero debole, Milano 1983, pp. 137-163. L・アモローゾ「ハイデガーにおける lucus a (non) lucendo としての開かれ＝空き地」、G・ヴァッティモ

／P・A・ロヴァッティ編『弱い思考』上村忠男・山田忠彰・金山準・土肥秀行訳、法政大学出版局、二〇一二年、二〇五―二〇九頁〕

(93) M. Heidegger, Negativität, in: *Hegel*, GA 68, S. 45. 〔強調は原文通り〕

(94) *Ibid.*

(95) J. G. Fichte, *Wissenschaftslehre* (1804), in: Fichtes Werke, Bd. X: Nachgelassenes zur theoretischen Philosophie II, hg. I. H. Fichte, Berlin 1978 (1834/1835), S. 168-178.

(96) M. Heidegger, *Das Ereignis*, GA 71, Frankfurt a. M. 2009, S. 209.

(97) Id., Erläuterung der »Einleitung« zu Hegels »Phänomenologie des Geistes«, GA 68, S. 211.

(98) Id., Negativität, in: *Hegel*, GA 68, S. 37.

(99) Id., *Das Ereignis*, in: *Hegel*, GA 71, S. 217.

(100) Id., Zur Seinsfrage (1955), in: *Wegmarken*, GA 9, Frankfurt a. M. 1976, S. 404.

(101) Id., *Das Ereignis*, GA 71, S. 218.

(102) Id., *Gedachtes*, GA 81, Frankfurt a. M. 2007, S. 196.

第六章　媒介と差異

――ドイツ人文主義とハイデガーの言語論――

序　人文主義と媒介の問題

「貨幣」と「言語」という二つの事象は、普遍的な交換手段として共通した性格をもち、貨幣の交換が国家の富を増加させるのと同様に、言語の交換は人間精神の内実を充実させると指摘したのは、モーザー（Friedrich Karl von Moser-Filseck, 1723-98）によって「北方の賢者」と呼ばれ、いわゆる「ゲーテ時代[1]」ないし「ドイツ人文主義」（新人文主義）の魁となったハーマン（Johann Georg Hamann, 1730-88）であった。「市民的・社会的生活のあらゆる富は、普遍的な基準である貨幣に結びついている」のと同じく、「人間のあらゆる認識の豊かさは、言葉の交換にもとづく」というハーマンの言葉に示されているように[2]、経済活動・文化活動といった人間的世界を「交換」ないし「交流」という観点から普遍化し、相互性と対話の次元を導入したのは、ドイツ人文主義のひとつの功績である。古典古代にならって人間性の顕彰を目指すドイツ人文主義は、個々の現象や一人ひとりの人間を孤立した事象ではなく、相互に連繋し触発し合う創造的な関係と捉えることで、個体の単純な積算によっては達成しえない新たな次元を切り拓き、従来の哲学の中心的主題としては見過ごされてきた「媒介」（Vermittlung）ないし「媒体」（Medium）といった領域に踏み込んでいった。社会性や共同性、あるいは知性的・

文化的特性が人間にとって本質的であるならば、人間的経験は個人という実体の内に完結するものではなく、相互の交流によって外部へと開かれ、その関係において成立するものと捉えられねばならない。人文主義の思想は、自存する基体を前提する実体論の枠組みを離れ、世界を無数の関係の総体とみなすことによって、経験をその多様性と多層性のままに理解し、媒介の超越論的意味を探ろうとするのである。

人文主義的思考において超越論的に理解された媒介とは、分節された極同士を繋ぐ紐帯であり、二項を結ぶ接合ではあるが、二項の極を前提としてそれらと同一平面上に発生する第三項ではなく、対立する二項をそれ自身の内から産出する創発的関係であり、それらを可能にする条件である。経験を可能にする超越論的な媒介ないし関係性といった論点は、すでにカント『純粋理性批判』において、直観と悟性の「共通の根」としてそれらを接合する構想力の問題を通して、そしてまた純粋悟性概念を扱う範疇論の中でも、「関係」・「様態」という「力学的範疇」によって扱われていたものである。認識一般のア・プリオリな純粋悟性の形式を直観的所与へと適用する図式論も、まさに現象の成立における媒介の創造的機能を論じたものであり、それを具体化する原則論は、「経験の第三類推」において、まさしく超越論的な関係としての「共働性」(Gemeinschaft) の問題を主題としていた(3)。有機的関係性や目的論的連繫のもとで見られた世界理解、つまり『判断力批判』への道を拓くこれらの問題群は、やがてフィヒテにおいても、「交互規定」(Wechselbeziehung) の問題として、あるいは「有限性と無限性のあいだに揺動する」構想力の問題として継承される(4)。そして何よりもヘーゲルにおいては、知の成立過程とその現実構成の機能の両面において、媒介という相互活動の論理が最大限に活用され、絶対知の「現前」に至る媒介過程の全行程が描き出される。カントからドイツ観念論に向かうこうした潮流と同時代にあって、同じく世界経験の本質をなす創造的な媒介機能を究明しようとしていたのがドイツ人文主義である。

しかもドイツ人文主義は、機能的に分化したア・プリオリな構造を結合するといったカント的な問題設定に全面的に同調するのではなく、むしろ媒介が生起する中間領域そのものに着目し、言語および歴史の内に媒介の主要な作動領域《エレメント》を見出していく。歴史的・間主観的に働く経験的現象としての言語こそが、分節化と意味化の運動を通して、人間の経験世界を多様に構造化し、思考の活動空間を開くものと考えられるからである。媒介の過程そのものが、世界内でいかに事実的に遂行され、経験世界内部での「媒体」としての実在性をいかに獲得するのかという問いこそが、ドイツ人文主義がカント的な超越論哲学と連繫する接点であると同時に、そこから根本的に袂を分かつ分岐点であるように見える。ドイツ人文主義にとっての媒介は、機能的で論理的なア・プリオリな総合に解消されることなく、むしろそれ自体が経験的な厚みと不透明性をもつ媒体へと具体化し、世界内の事実として経験の成立を制約する。そのためこの中間領域の生成にあっては、媒体のア・ポステリオリ性が、ア・プリオリ性の純粋主義に浸潤し、超越論性の内実を変貌させていく。ハーマンおよびヘルダー（Johann Gottfried Herder, 1744-1803）が、『純粋理性批判』に対する「メタ批判」を試みたのは、こうした超越論性の理解の転換に深く関わっている。

媒体において生起する超越論性の運動は、さらには二十世紀において、「現存在」という存在了解の媒体を現象学的に記述しようとしたハイデガーにおいて、その存在論的意味とともに問い直される。なぜならハイデガーは、超越論的構想力の理論を中核に据えるカント解釈を通じて、事実的な人間存在の実存論的様態を現出の立ち現れの中間領域として――すなわち「現存在」の「現」として――現象学的に理解する一方で、ドイツ人文主義、および解釈学の思考を継承して、媒介の現実的生起を言語と歴史の内に求めているからである。『存在と時間』における解釈学的現象学は、存在了解の言語的・歴史的形成を実存論的・解釈学的に究明する方向を打ち出すものであったが、『存在と時間』以降に徐々に練り上げられていく後期思想においては、実存論的方法論を離れることによって、現存在の「現」の媒介構造が、存在の生起の動向である「存在史」とともに主題化される。実存論的構造に即した解釈学的媒介の理論から、存在の現出の自己媒介としての存在史へのこうした移行は、ヘーゲルの『精神現象学』から『エンツィクロペディー』に向けて展開される媒介の歴史的体系化と並行するようにも見える。しかしハイデガーにとっては、ヘーゲルが提起した弁証法的媒介から自らの存在論的思考をいかに区別するかが重要な点であり、そのためにヘーゲル的な絶対精神による絶対的媒介に対して、現存在の有限的媒介を対置しようとしていた。つまりハイデガーは、媒介の生起をその具体的様態と構造性とともに理解しようとする一方で、ヘーゲルによる媒介の論理の形而上学化とは一線を画し、ドイツ人文主義が主題化した言語と歴史を、存在了解の事実的生起の場と捉える方向に向かっていったのである。

媒介や関係性は、複数の独立した諸契機を前提した体系的総合や、対立項同士の弁証法的止揚に解消されるべきでないとするなら、その動向を把握する理論は、現実をめぐる既存の概念をその発生地点に差し戻し、現実全体を自由な創造的関係に即して捉え直すこと、そして何よりも、その複合的な関係を現実の生きた経験として再発見することが必要となる。ドイツ人文主義は、自立した原子的個体をモデルとする人間論を、社会性や共同性という生きた関係の有機的ネットワークへと転換し、人間の全体性を、関係の創発的な「形成」(Bildung)の内に求め、そこに新たな現実を創造しようとしていた。そしてハイデガーもまた、「世界‐内‐存在」という関係性の現象を手引きとして、近代における実体的・機能的な主観性の理解を解体しながら、現実的世界の事実性を現存在の存在了解という媒介性へと差し戻す思考の中で、媒介の具体的生起としての言語と歴史に注目し、媒体と媒介の主題を存在論的に徹底しようとした思想家である。しかもハイデガーにおいては、ドイツ人文主義とドイツ観念論との近さを十分に見据えながら、言語という固有の現象を存在の生起の媒介と捉えることで、両者の隔たりが併せて浮彫りにされていく。その点で、ハイデガーの内では、ドイツ人文主義とドイツ観念論の思考がそれぞれに継承されながら、その両者の生産的な対話が行われていると言ってもよいだろう。本論ではそのような布置関係を念頭に置きながら、ドイツ人文主義、なかでもフンボルト（Friedrich Wilhelm von Humboldt, 1767-1835）の言語哲学を考察したうえで、ハイデガーとフンボルトの類縁性と相違を見定め、ハイデガーのフンボルト批判を通して見えてくる言語思想の転回の道筋を追っていきたい。その考察はおのずから、超越論的媒介という思考そのものの射程と限界を測定するものとなるだろう。

一　言語と超越論性

（1）超越論的媒介性の次元——ドイツ人文主義の言語論

人間をその活動の全体において捉えることを目指し、人間精神の創造的な自己関係や内面性としての「人間性」（Humanität）や、自己の自発的形成である「陶冶」（Bildung 教養）といった主題を中心に据えたドイツ人文主義の思想は、媒介の問題を人間理解の根幹に関わるものとみなし、人間と世界との関係の内に、媒体の自己産出の運動を見出そうとしていた。人文主義思想の中核をなす「人間性」（Menschlichkeit）ないし「精神」（Geist）の概念は、世界と人間との創発的で相互的な媒介関係を意味している限り、人間性にまつわる考察はまさしく、媒介の現象をその遂行態に即して表現する試みであったと考えられる。十八世紀末にフンボルトは、初期のいくつかの綱領的な断章において、「人間精神」、あるいは「人間の陶冶」という主題を取り上げ、人間性の理解をそのような媒介の問題に即して記述する着想を集中的に書き綴っている。そこでは、「人間性の概念は、精神の生ける力にほかならないのであり、そのような精神こそ人間に魂を与え、人間の内から語り、人間の内で活潑に作動していることが明白に示される」と記され、人間精神はそれ自身の内から活動を生み出す「本質および力そのもの」と捉えられている。(5) 不可視の活動としての「精神」は、生理学的な物質と解された「身体」（Körper）には還元しえないものであるが、他方では非物質的で純粋な観念性である「魂」（Seele）とも区別され、「自己活動性、ないし根源的活動性の成果」という媒介運動を通して、それ自体の実在性と現象様式を獲得するものである。(6) この精神は、魂と身体との相互関係である以上、具体的な民族や種族において自らを個別的に実現すると同時に、歴史的変遷によってそれ自身を絶えず変成させる。人間精神は、社会的・歴史的世界において自己形成の活動を遂行し、その進行において経験的な偶然性を止揚しながら、世界との相互媒介を通して自らの「本質」と「力」、つまり自らの了解可能性と事実的活動性とを自覚していく。精神における媒介はその点で、意志と理性の相互浸透であり、行為を通した実践理性と理論理性の総合でもある。(7) したがってこの媒介は、単なる機能的・機械的な結合ではなく、それ自身の内に自己形成の運動と、自己理解の原理を含んだ自己表出的・再帰的構造をもっている。

人間の言語活動は、そのような媒介における活動性と創造性、およびその遂行そのものに再帰的に関わる自己理解を端的に具体化するものであるため、ドイツ人文主義の思想家たちは、詩的・芸術的活動をも含め、言語現象に特権的な地位を与えていた。言語に対する関心は、単に「理性〔言語〕をもつ動物」（animal rationale）としての人間の優位性への注目にとどまらず、むしろそうした人間の種的な規定を越えて、人間が人間となるための自己形成の過程を主題化し、そこに歴史的・現実的要素を取り込むことに貢献している。人間精神は歴史を通して言語において受肉し、文化や世界観によって表現され、その表現の過程の内で自己自身を理解し、自らを精神として実現する。現実世界と関わる精神が、現実世界に能動的に関与しながら、なおかつその現実世界によって規定されるといったこのような循環を遂行する際、その精神の運動を媒介する条件として、言語の問題が浮上する。なぜなら言語こそが、精神的思考の無制約性の発露であると同時に、思考を条件づけ、拘束する有限的媒体でもあるからである。言語と思考は、一方的な根拠づけの関係にあるのではなく、両者のあいだで根拠づけの空間そのものが多層化され、その複雑化された関係の中で、両者はその配置を絶えず変更し、交互的作用を繰り返していく。言語は思考が働くための先行的な作動領域として与えられ、その限りで思考に先立つにしても、思考に対して与えられるその事実的媒体は、思考に対して反省を可能にし、自らが言語的に形成された精神であることを自覚させる。したがって精神の自己理解の次元では、言語は単に経験的・自然的な条件ではなく、人間の精神そのものにとって構成的な超越論的要件と考えられなければならない。

経験の可能条件である次元を媒介の遂行と捉えるこうした理解は、カントの超越論哲学に内包されていた思考を延長し、「経験」と呼ばれる領域を拡張するとともに、超越論性そのものの再定義を促していく。カントの超越論的論理学をその最も創造的な可能性に即して理解するなら、そこでの「超越論性」の問題は、対象的な経験を前提したうえでその可能根拠を遡及的・論理的に辿った先に見出される特定の領域に関わるものではなく、対象の対象性の生起が「経験」として成立する過程を主題化し、対象と主観のあいだの中間領域が、その両項に先立つ媒体として出現する際の論理を探究するものであった。しかしながら、カント自身が実現した超越論哲学は、感性と悟性を独立した認識能力として二元的に設定し、ア・プリオリとア・ポステリオリの区別をも論理的な前後関係を優先して捉えようとしたために、超越論性の媒介的運動を十分に記述することができなかった。カント自身の思考が超越論性の遂行的側面と体系的側面のあいだで動揺していた点に関しては、『純粋理性批判』の第一版から第二版への「超越論的演繹論」の大幅な書き換えがその事情を伝えている。そして『純粋理性批判』第二版において、カントは超越論哲学の体系化の方向へと大きく舵を切り、超越論的統覚をア・プリオリな総合判断の可能条件とみなすことで、図式論、および構想力の議論に見られた媒介の遂行的側面を大幅に後退させることになった(8)。そしてこの超越論的統覚が純粋な主観性（「われ思う」Ich denke）とみなされる限り、その統覚は経験の具体的地盤から切り離され、経験に属することなく経験を可能にする形式的構造として理解される。そこでは、思考が具体的に展開されているはずの言語現象は、判断という仕方で論理的に純化されてしまい、思考を裏打ちする地盤としては承認されることがない。しかしながら、超越論性が経験の可能条件であると同時に、経験の生成であるなら、それは言語を介して具体的に表現され、その言語的経験そのものが逆に主観性を構成するのではないか——このような問題意識を強く抱き、カントにおいては主題とならなかった言語の超越論的・媒介的機能に着目したのが、ハーマンやヘルダーなど、カントと同時代にあって言語に中心的な役割を与えた思想家たち、そして何よりも、彼らを受け継ぎながら組織的な言語理論を展開し、比較言語学の端緒を開いたフンボルトであった。

(2) 純粋理性のメタ批判と言語起源論——ハーマンとヘルダー

言語を経験の超越論的媒体と理解することは、カントの超越論哲学の基本構想に沿いながらも、カントが目指す理性の体系に決定的な異物を導き入れ、その構想全体を覆しかねない冒険である。なぜなら超越論哲学の内に言語をその本質的要素として組み込むことは、カントが『純粋理性批判』の第一版と第二版のあいだで逡巡した媒介の主題をあらためて取り上げて、言語を含めたかたちで図式論を書き直し、いわば『純粋理性批判』第三版を計画するようなものだからである。第二版での統覚と演繹論の議論を継承し、それを絶対精神に至るまで大規模に展開したのがドイツ観念論だとするなら、ドイツ人文主義は、それとは異なった路線でカントの問題提起を引き継ぐために、その第三の選択肢を選び取り、言語にその根本的な役割を託したと言えるだろう。こうして、ドイツ人文主義において言語現象は、理性が自らを精神として具現化し、世界の内で現実を活動的に産出していく「最初で最後の唯一の器官《オルガノン》にして基準《クリテリオン》」（ハーマン）と呼ばれる。[9]「言語の秘跡」を主張することで言語哲学に先鞭をつけたハーマンは、言語を考慮せずに理性を捉えるカントの批判主義哲学を「理性の潔癖主義」（Purismum der Vernunft）とみなして、それを克服する「メタ批判」を試みる。何よりもハーマンは、歴史的伝統・経験的判断・言語的思考から理性を浄化しようとするカントの内に、「質料に対するグノーシス的嫌悪と形式に対する神秘的愛好」[10]を嗅ぎ取り、理性の純粋性に対して、言語的伝承に媒介された理性の具体的生成を強調するのである。[11]「言語なくしてはいかなる理性も存在せず、理性なくしてはいかなる宗教も存在せず、人間本性にとって本質的なこれら三構成要素なくしては、精神も社会の絆も存在しない」[12]。人間の理性的思考と宗教性、さらに社会性・公共性の形成にとって、言語は不可欠の前提とみなされ、理性に先行して人間の高次の活動全体を支える根本的条件と考えられる。

ハーマンが理性の基盤と考える言語は、カントとは異なり、判断において機能する「概念」でもなければ、純粋悟性によって形成される「範疇」でもなく、感性的に音声や文字として現前しながら、非感性的な意味を運ぶ経験的で具体的な言語活動である。そのためハーマンは、「言語の受容性」（Receptivität der Sprache）と「概念の自発性」（Spontaneität der Begriffe）とを区別し、この両者の二義性の内に超越論哲学における錯視の源泉を見ている[13]。それというのも、この「言語の受容性」と「概念の自発性」を、「感性の受容性」と「悟性の自発性」というカント的な二項対立的な区別をモデルに捉えるなら、言語の超越論的な媒介機能は分断され、主観と対象との相関性に関わる超越論性の意味は見損なわれてしまうからである。超越論的媒介の本来的な機能を見出すためには、「受容性」と「自発性」の理解を変更しながら、両者をその相互性に即して規定し直さなければならない。まず、言語は意味了解の不可欠の条件ではあるが、それは理性的主体が自由に構成するものではなく、限定された個別的言語（各国語）として受容・習得されるものである限り、悟性の自発性とは区別されねばならない。しかしその一方で、言語における意味の受容は、それが「意味」として受け取られる以上、個別的な経験的所与に限定されるものではなく、経験を経験として有意義化するア・プリオリな働きでもある。つまり言語は、その成立に関しては受容的で発生論的でありながら、その受容性はカントにおける感覚刺激の「触発」とは異なり、意味理解の構造そのものの受胎であり、それ自体として構成的で超越論的な機能をもつ[14]。したがって「言語の受容性」とは、単に悟性的な自発性に対立するものではなく、それ自身の内に意味構成の自発性を含みこんだ「超越論的受容性」とでも言われるべきものである。理性は、意味の観念的・ノエマ的次元を構成する以前に、すでに前反省的に言語の内に棲み込んでおり、言語的意味によって媒介され、その言語的媒介の只中で意味の自立的領域を構成する。つまり理性は言語の内でこそ、意味を構成する能作の主体として、それ自身が受容的に構成されるのである。このような問題意識のもとで、ハーマンは「言語の系譜学的先行性《プリオリテート》」（genealogische Priorität der Sprache）という独自の論点を提起し[15]、理性に対する言語の先行性とともに、言語自身の発生論的生起を主張することになった。

カントの用法からは語義矛盾とも言える「系譜学的先行性」、つまり生成するア・プリオリ性というこの論点は、ハーマンのメタ批判を受け継いだヘルダーによって、『言語起源論』（一七七二年）として、つまり言語の発生を人類史的に辿る歴史的・考古学的思考へと転換される。ヘルダーの『言語起源論』が、ジュースミルヒ『人間言語の神的起源の証明の試み』(16)に発する論争を背景に、ベルリン学士院による懸賞論文として公刊された経緯からも窺えるように、十八世紀においては発生や起源をめぐる多様な言説が現れ、「始源《アルケー》」（ἀρχή; Ursprung）の理解を歴史化する始源論《アルケオロジー》の動向が顕著に現れている。そうした文脈の中でヘルダーは、ジュースミルヒが提起した言語神授説に対して、言語を人間精神に固有の働きに求め、理性と言語の不可分の関係を主張していた。「人間は、すでに動物として言語をもっている」というテーゼから始まるヘルダーの『言語起源論』は、言語の生得性を出発点としながら、自然主義的な言語の発生にとどまることなく、理性の成立と言語の発生との同時並行的で超越論的な相関性を記述している。「人間は、それ固有の反省意識の状態におかれ、この反省意識（反省）を自由に働かせることで、言語を発明した(17)」。ここで指摘される「反省意識」（Besonnenheit）とは、意識に与えられる多様な表象のうちからあるひとつの徴表のみに注目し、それを同一の対象に同定する「認知」（Anerkennung）の働きを指している。人間はある対象と遭遇する際に、そのものを同定するのにふさわしい徴表を選び出し、それを記憶の手がかりとすることで適正な概念を形成する。そのようにして抽出されたさまざまな徴表が、意識の内で「内的徴表語(18)」（ein innerliches Merkwort）のかたちで定着し、それによって初めて対象は同一対象として持続的に同定され、「認知・承認」（anerkennen）される。ヘルダーが挙げている有名な例に従えば、人間は例えばさまざまな羊を、その啼き声によって同種の動物と同定して、「羊」という概念と名称を形成する。こうした認知の確立は、対象の反省的把握であると同時に、現実を理解する意識主体の自覚でもある。したがって、ヘルダーにおける言語は、反省意識の活動によって芽生えてくる精神の自己形成であり、経験の対象と意識自身の呼応を表出するという点で、超越論性の水準を開き、それを外的に具現化する。対象を同定する「反省意識」のこうした働きは、カントが『純粋理性批判』第一版の「演繹論」において、対象の対象性にとって本質的な総合機能として示した「再認の総合」（Synthesis der Rekognition）に相当するものである[19]。カントにおけるこの総合は、「覚知の総合」（Synthesis der Apprehension）、「再生の総合」（Synthesis der Reproduktion）とともに働きながら、それらを統括する位置を占めており、対象の経験的・感覚的な所与性に解消しえない余剰として、対象の対象性の超越論的構成の中核をなしている。ライプニッツにおける「知覚」（perceptio）と「統覚」（apperceptio）の区別をも念頭に置いたヘルダーの議論は、認知におけるこのような超越論的な統覚機能を言語の内に認め、対象の自立的存立と認識における言語的意味の成立のあいだに相互性を確立しようとするものであった[20]。こうしてヘルダーは、言語の能力を神的な恩恵と見る言語神授説とは一線を画し、また他方では、言語を意思疎通のための道具（コンディヤック）や、後天的な合意による協定（ホッブズ）、あるいは動物的な感情の発露から発達したもの（ルソー）とみなす同時代の自然主義的起源論からも距離を取り、言語を精神の反省の次元に位置づけ、その内発的で超越論的な発生を際立たせることになる。

二　媒体としての言語——フンボルトの言語論

（1）　起源から超越論性へ

十八世紀の多くの言語起源論が、他者との意思疎通や、事後的で規約的な協定や、実用主義的な有効性に定位するのに対して、ヘルダーの言語論は言語を、対象との関係における理性の再帰的自己把握に即して、理性と対象の相互成立の過程とともに考察する点で、理性論的に独自の意味をもっている。ヘルダーにとって言語とは、他者との間主観的な合意に先行して、「魂の自己自身との合意、つまり人間が人間である限り必然的な合意」[21]を意味しており、主観性の自己関係を表現するものである。理性の自己関係に注目するヘルダーのこの議論は、言語を「われわれの精神の自己感情と意識の媒体」[22]と捉えて、精神の自己再帰的構造の内に言語を不可欠の条件として組み込む点で、カント的「統覚」とは異なった主観性の理解を提起しようとしている。しかしながら他方でヘルダーの論述は、「起源論」という問題設定の内に留め置かれ、自然主義的な発達や進化という枠組みを完全に離れることはない。そのためヘルダーにおいては、言語の理性的・対象構成的機能に関する考察と、経験的発生という生理学的・動物学的視点が混在し、超越論的演繹と経験的発生との区別が未整理のまま残されたと言うこともできる。

言語起源論の問題設定が抱え込まざるをえないこうした難点を見据えつつ、フンボルトの言語思想は、起源論の圏内から出発しながらも、やがては当の問題を未決定なままに保留し、とりわけ「比較言語研究について――言語発展のさまざまな時期との関係において」（一八二〇年講演）が書かれた頃からは、言語論の主題を言語の事実的発生ではなく、その構造の考察へと明確に転換する。[23]言語をもたない未開の人間がどのようにして言語を獲得するかではなく、常にすでに言語を有する人間において、言語はどのように機能し、その本質はどのように構造化されているかという点こそがフンボルトにとっての問題なのである。「言語の起源という奇跡は、解明しようがないものだが、それは実際のところは、日々われわれの眼の前で生起している」[24]。歴史上のある一時点にのみ限定された時間的な起源ではなく、その現象が生起するたびにその現象とともに働き現出する超越論的な起源こそが問われなければならない。フンボルトの思想の後継者であるシュタインタール（Heymann Steinthal, 1823-

99）が明確に語っているように、「言語の本質から必然的に生じる矛盾を解決することが、フンボルトにとっては、〈言語の起源を説明する〉ということであった。こうしてフンボルトは、起源を本質と同一視し、〈どこから〉（Woher）を〈何〉（Was）へと変換したのである(25)」。

経験的な起源論を無効化していくこの思考は、カント的に言うなら、時間的な「始まり」（Anheben）に代えて、超越論的な「発現」（Entspringen）に着目し(26)、経験的事実としての発生を、実証不可能な想定としては承認しながら、問題の中心を経験的観点から切り離し、超越論的観点へと移行させることを意味している(27)。そのため、言語論の伝統の内でフンボルトが試みた変革は、カントが「ア・プリオリ」を経験的・自然主義的な時間から切り離し、超越論的・論理的関係として捉え直すことによって引き起こした転回に対応するものであった。カントにおいても、「理性の起源という問題は、個別科学的・生成論的観点と超越論的‐哲学的〈発出〉へと分かれ(28)」、同時代の感覚主義的哲学のように、理性の成立を経験的・時間的起源の領域で考察するのではなく、超越論的な構造を通してその機能を解明する方向が採られる。それと同様にフンボルトにおいても、言語の起源という問題が、時間的発生や経験的蓄積の観点を離れて、人間の世界経験の構造上の問題に転換される。そのためフンボルトの言語論は、言語の連続的・段階的発生という起源論的着想とは一線を画し、むしろ言語の瞬間的な誕生について語ることになる。「言語が徐々に形成されるという想定は自然なものではあるが、実のところ〔言語の〕創出はただ一挙にのみ起こる(29)」。もとより、この「一挙に」という表現も、時間内でのある一点を指しているわけではなく、時間内の特定の出来事へと還元されることがない言語の自己成立の事態を表している。したがってフンボルトは、自然主義的・経験的な時間の内で言語の起源を求める問題設定そのものがすでに無意味になる地点に立ち、言語の成立を時間内の事実に帰するのではなく、逆に言語を時間的・事実的経験が成立する条件そのものとみなそうとする。フンボルトにおいては、人間の理性の成立と言語の誕生は、その同時発生が事実として認定できるといったものではなく、両者の「起源」と「本質」は、経験的には区別されながらも、超越論的には同一の事柄を表すものと考えられるのである。「人間は言語によってのみ人間である。ただし言語を創出するためには、人間はすでに人間でなければならない」[30]という循環的表現で語られたのは、まさしくそうした起源と本質との互換性であり、生成そのものの超越論的理解であった。

言語起源論という経験的発生の着想を超越論的構成の議論へと移行させることによって、フンボルトの言語論は、時間的生成の場から離脱し、言語の構造的全体性を視野に収めるに至る。起源論の超越論的転換は、言語の構造論的な把握と連動し、言語の働きを単語の段階的集積や文法の洗練化としてではなく、「一挙に」発生する全体的システムとして捉えることを可能にした。「言語が元々段階的に形成されるといった想定は最終的に矛盾する」[31]とフンボルトが語っているように、言語の歴史において、野生の無言語的な状態から言語が徐々に形成され、未完成の状態から時間を経て完成するといった段階的発展を実証的に検証することはできない。なぜなら「言語は、人間の知性の内に言語の原型がすでに存在するのでなければ、発明されることはありえない。人間がひとつの言葉を、単なる感覚刺激としてではなく、真に言葉として——つまり分節され、概念を表示する音声として——理解するためには、すでに言語が全体として、言葉との関連の内で成立しているのでなければならない」[32]からである。すでに「バスク語研究断章」（一八〇一／〇二年）においても、「言語ぬきではいかなる思考もありえないがゆえに人間は言語を語り、それゆえ思考法則の普遍性は、人間が語りに付与する形式を規定する」[33]と記されていたように、思考の分節と言語の成立のあいだには常に循環と相互関係が見出される。概念的な意味理解にとっては言語が構成的な機能を担うが、当の言語が働くにはすでに概念的分節が前提されるといった循環を認めることによって、フンボルトの言語論は、言語の超越論的理解を提示すると同時に、要素の集積には還元しえない言語構造の全体的分節に注目する。「言語においては個的なものは存在せず、そのそれぞれの成素はただ全体の部分としてのみ自らを告知する」(34)。言語的構造の先行的分節、および言語全体の同時的成立というこの着想は、差異化による言語組織の全体的形成を主張するソシュール以降の構造主義的言語観を思わせる。しかしながらフンボルトにおいては、構造主義においては看過されがちな思考と言語の相互関係、つまり経験の媒介をめぐる問題が中心的課題として取り上げられるため、その言語論はむしろハイデガーを介して、二十世紀の哲学的解釈学と親和性をもつことになる。

(2) 記号から媒体へ

カントの超越論哲学を継承しながら、理性の超越論的構造の中枢に言語の働きを見出すフンボルトは、カントの内に潜んでいた媒介の問題をより鮮明に打ち出し、理性批判の課題を越えて、言語の構成的機能を積極的に主題化しようとする。カント的な批判哲学の問題設定では、言語はともすると、思考の純粋性を妨げる障害や、仮象の温床とみなされがちだが、フンボルトはカントにおける批判哲学の展開を見据えつつ、ハーマンによるメタ批判の動機を引き継ぎ、「理性の潔癖主義」ゆえに言語を排除するのではなく、言語を理性の成立とその機能にとって不可欠の条件として、理性の哲学的吟味の中心に据えるのである。その際にフンボルトはあくまでも具体的な言語現象に注目し、意味を介して事象を表現する記号としての言語を、その本質と機能に即して分析しようとしている。言語はそれ自体が、感性的な対象(音声・文字)によって観念的・精神的な意味を表現するという点で、複合的な事象である。しかも、言語は何ものかを代表する記号であると同時に、それ自体が意味の具現化であるため、その分析においても、記号と象徴の両方の側面が注目される。そこでフンボルトの言語思想は、まずは記号と象徴を対照項としながら、そのどちらにも解消されることのない言語独自の位置を見出すところから出発している。

青年時代にフランス革命期のパリに滞在した経験をもつフンボルトは、すでに早い時期より、コンディヤック（Étienne Bonnot de Condillac, 1715-80）を中心とするフランス観念論者《イデオローグ》の影響のもとで言語現象に関心を抱き、人間にとっての言語の意味を根本的に考察する試みに着手している。その際にフンボルトは、言語を純粋な記号とみなすコンディヤックの記号論的な言語理解には抵抗を示し、十八世紀的記号論にもとづく言語論とは袂を分かとうとしていた。フンボルトによれば、アリストテレスに端を発してストア学派で定着を見た記号論、あるいは言語の命名理論《ノーメンクラトゥール》は、「人間にとって自然本性的であるがゆえに、容易には抜け出せない(35)」前提ではあるが、記号と観念との結合として言語を捉えるその言語論は、その結合に際して働く人間精神の関与を見損なっている点で不十分である。何よりも、「言葉を、そこから自立して存在する事象ないし概念の記号にほかならないものと捉えるこの限定的な理解(36)」は、「あらゆる精神を扼殺し、あらゆる生を追放するもの(37)」と考えられている。ここでは、有節音声と自存する事象である観念という二項的区別に依拠しつつ、言語を音声と観念との恣意的結合として、または観念の代理表象として捉える記号論的理解が否定されている。「〔記号においては〕表示されたものがその記号から独立して存在するのに対して、〔言語においては〕概念は言葉を通じて初めてその完成に至り、その両者は互いに分離することができない(38)」。言語は、すでに成立している観念ないし概念の二次的表現に尽きるものではなく、むしろ表示内容と不可分の表示として、そこで表示される概念を形成する積極的な機能をもつ。フンボルトは、代理ないし記号としての言語という古い伝統をもつ立場と一線を画すことによって、思考内容そのものにとって言語の働きが構成的であることを主張することになる。その意味では言語は記号よりは、むしろ感覚的形態を通じて理念が輝き出る象徴に近いのである。

しかしながら、感性的形態と思考内容とが相互に不可分的であるとはいっても、象徴とは異なり、言語において両者は無差別に同一化するわけではない。そのためフンボルトは、自らの言語思想を展開するに当たって、すでにクラテュロスに現れるもうひとつの伝統的言語理解、つまり言語を理念の具現化とみなす言語観からも離れなければならなかった。言語は、感性的なものと非感性的なものの相互浸透的な結合という点で、象徴との共通性をもつが、「象徴化は、そこから輝き出る理念を知覚するにはいわばその殻を突き破らねばならないような個的な対象へと沈潜させる」(39)のに対して、言語において展開される思考は「純粋に精神的な活動」(40)であり、「恒常的・静態的・休止的なものがまったく見られない内的な運動」(41)であるとして、象徴と言語のあいだの区別が立てられる。言語を思考の内発的躍動との関係において考察しようとするフンボルトにとって、事象の象徴的機能から一挙に世界理解の次元へと降り立つという途は、「世界の鏡」としての芸術の領域に属すべきものであり、「人間の器官」としての言語が採るべき方途ではないと考えられているのである。(42)

記号でも象徴でもない第三の道、つまり記号論でも美学でもない言語論独自の方向を進むに当たってフンボルトの言語論の歩みを支えたのは、思考のもつ反省的機能と言語の関係についての考察であった。(43)この点は、最初期の断章「思考と言語について」(44)においてすでに明瞭に現れている。(45)その草稿は、「思考の本質は反省である」という第一テーゼから始まって、反省と言語との不可分性を一六のテーゼを通じて提示している。反省はまず「思考する者と思考されたものとの区別」(テーゼ三)を行い、「分化と結合」を通して思考内容の全体性を形成することによって、思考された対象と思考する主体を対置する(テーゼ四)。思考が反省を通じて対象世界を構成するこうした過程は、すでにヘルダーの言語論において、カントの「再認の総合」に相当する「反省意識」として示されていたものである。[46] 反省意識を言語起源論の問題設定のもとで捉えていたヘルダーにおいてはなおも、言語に対する反省意識の先行性が見られたのに対して、フンボルトにおいて特徴的なのは、こうした反省遂行そのものがすでに言語によって媒介されているという見解である。「いかなる思考も純粋なものではなく、われわれの感官の普遍的形式の助けによって生起するものにほかならない」（テーゼ五）。カント的な表現ではあるが、ここでの「感官の形式」とは、直観形式としての時間・空間ではなく、まさに思考を媒介する感性的存在としての言語を指しており、言語の内に、感性的・経験的な所与と思考の観念的活動との相互浸透が見出される。しかも言語はあらかじめ形成されている条件ではなく、「反省の最初の遂行と同時に始まる」以上、反省と同時に成立する言語は、個々の概念形成上の分節を果たすだけでなく、そうした分節が可能となるための条件である主観・客観の分節の場面でも構成的に機能する（テーゼ六）。したがってこの断章においては、主観の統覚の機能から言語が演繹的に説明されるのでもなければ、言語の構造が思考を規定するという言語決定論が採られるのでもなく、むしろ思考と言語の相互性こそが、主観・客観図式を成り立たせ、自己意識をも可能にするという主張がなされているのである（テーゼ七）。対象の対象性を構成するとともに、主観の主観性自体の条件になるという点で、ここでの言語は、かならずしも統覚を想定しない超越論的思考の可能性を示しているとも言いうるだろう。[47]

言語は主観と客観の分化が成立するまさにその局面に関わるがゆえに、主観・客観のどちらか一方に位置づけることはできない。むしろフンボルトは、言語のもつこうした中間的・媒介的性格を積極的に評価することによって、伝統的な言語論には見られない新たな知見をもたらすのだが、その自覚的な歩みは一八〇〇年九月のシラー宛書簡にも如実に語られている。断章「思考と言語について」は、言語を思考の成立場面にまで遡及して捉え返すものであったが、そうした論法は逆に、思考の成立条件としての言語と、記号としての言語との関係を見えにくくする弱点をももっていた。これに対してシラー宛書簡においては、思考の制約としての言語と感性的実在としての記号表現の両者が、言語そのもののもつ両義的性格に即してさらに踏み込んで記述されている。「言語とは……人間が自己自らと世界を形成する手段、さらには、人間が自身は世界から区別されているということを意識する手段――手段そのものではないにせよ、少なくとも感性的な手段――である」[48]。言語の超越論的機能に触れたこの個所であえて「感性的」という特質に注意が向けられているように、言語は主観的活動であると同時に、思考の所産である概念を産出し、それ自体が一個の自立的現象として経験的な対象ともなる。「言語は明らかにわれわれの全精神的活動を主観的に表すが、それはわれわれの思考の客体であり、同時に諸々の対象をも産み出す」[49]。

言語は精神の活動そのものと等しく、世界と自己との差異を分節し、各々の対象的経験の可能条件となるが、他方で感性的実在としての言語は、一連の思考を分節し、個々の思考内容の連関を形作る記号としての側面をも有する。そこから言語は、「人間の作品であると同時に世界の表現でもある感性的媒体」であり、この「媒体」（Medium）を介して「内的思想・感情と外的対象とが相互に対立しながら産み出され」、さらに「自らを明確に自覚する」ものとされる[50]。この定式の内には、人間による恣意的規定としての記号理解と、世界の像としての象徴的言語理解とが「媒体」という現象のもとに統括され、言語の超越論的位置づけがなされている。このような媒体としての言語の理解は、悟性的自発性と感性的受容性の媒介というカント的問題に対するフンボルトからの応答であり、ハーマンの「言語の受容性」の理解を記号論的な観点に即してさらに徹底したものであった。カントの「共通感覚」(sensus communis)にならって「言語感覚」(Sinn zur Sprache; Sprachsinn)という造語が用いられてもいるように、フンボルトの思想は、カント的な「構想力」、あるいは「反省的判断力」の問題群を、言語を軸に編成し直したものと見ることもできるだろう。(51) さらに、主観と客観、能動と受動を架橋するこうした中間的性格、および再帰的自己関係という特質は、「媒体」という語が元来ギリシア語の「中動態」に由来することを明らかに思い起こさせる。中動態とは、受動態によって能動的事態を表すことで再帰的表現を果たす用法であるが、フンボルトの媒体理解の内にはこのようなギリシア語の中動態の特質が十全に表現されているのである。こうして「媒体」ないし「媒介者」(52)(Vermittlerin)としての言語という理解を導入したことによって、フンボルトの言語論は、経験の可能性の制約としての言語と、客観的に対象化された経験的言語との二面性を共に射程に収めることになった。そして遺稿として残された大部の『人間の言語構造の多様性、および人類の精神的発展に及ぼすその影響について』(いわゆる『カヴィ語論序論』)では、こうした媒体理解を踏まえながら、経験的言語のもつ流動性と自立的構造性を共に有する言語の「本質」記述のための術語として、「活動性《エネルゲイア》」および「内的言語形式」という根本概念が提示される。

(3) 活動性《エネルゲイア》としての言語と世界観

分節音声を通じて具現化される言語は、世界と人間との紐帯であり、主観的内面と客観的現実とを相互に往き来する活動である。この過程をフンボルトは、音声が口唇より発し聴覚へと帰還する過程として叙述し、この再帰的関係性の内に言語の特徴を見て取っている。言語活動は、「主観へと還帰する客観性への暗黙にして不断の移行(53)」を遂行する運動であり、客観の領域への移行を完了した経験的言語は、単に言語現象の二次的で対象的な側面を表すにすぎない。「それ〔言語〕は形成物《エルゴン》ではなく、活動性《エネルゲイア》である。言語の真の定義は、発生論的な(genetisch) ものでしかありえない」[54]。したがって言語研究は、個々の国語としての現象形態のみに限定されてはならず、むしろそうした経験的形態を支える内的活動を解明すべきものとされるが、その内的活動こそが「内的言語形式」と呼ばれるものである[55]。この内的言語形式は、音声の分節や文法の構造として現れる「外的言語形式」とは異なって、実証的に分析可能な構造ではなく、言語を産み出し運用する働き全体を意味する。つまり内的言語形式は、「形式」という誤解を招きやすい名称にもかかわらず、言語現象をまさに言語という行為として可能にするものであり、「活動性」と同様に、言語の構造性とともにその発生論的生起を名指す概念なのである。そのため「内的言語形式」は、個別言語に解消しえない言語能力であるが、潜勢的な一能力の遂行に解消されるものではなく、それ自身が意味の明示的表出である限り、自らの内に分節化の構造をもち、その構造を経験的言語に適応する規則をもその内部に有している。自らを経験的内実に適用する規則を有する形式は、内容に当てはめられた外的な枠組みではなく、経験と形式の媒介であり、それ自身が経験にともなって経験を構成する「図式」(Schema) として、理念的意味と感性的具体物を結合する役割を果たす。そのため、フンボルトが「活動性」の生成的創発性の意味をも籠めながら、言語を「内的言語形式」と呼ぶとき、チョムスキー (Avram Noam Chomsky, 1928-) が好意的な誤解にもとづいてそれを「生成文法」の先駆けとみなしたの[56]とは異なり、その問題意識は限りなくカントの超越論的図式論の議論に近づいている。

カントにおいて「図式」とは、範疇という悟性形式を現象に適用する際の規則であると同時に、構想力の総合の法則であるため、単なる外挿的な形式とは異なり、それ自身の内に適用規則を含んだ構造の生成を意味する。そのためこの図式は、概念と直観の結合という表向きの問題設定を越え出て、悟性と感性を自立した二機能として想定する議論の枠組みに解消されない媒介の領域を示唆することになる[57]。このように理解された図式論を念頭に置くなら、フンボルトが言語を経験そのものの媒体と捉え、媒介の適用規則とその「活動性」を「内的言語形式」と名づけたとき[58]、その言語論は、『純粋理性批判』における超越論的図式論と同じ役割をもっていたと考えられる。フンボルトが言語を記号論的理解の内に解消せず、観念と記号といった二項対立を無効化した地点から出発していることを考え併せるなら、その言語論は当初より、二項対立に先立つ媒介とその運動に狙いを定めていたことは歴然としている。さらにカントの場合、『判断力批判』において「図式」は、経験的概念の適用である「実例」（Beispiel）、および理性概念の感性化である「象徴」（Symbol）と区別され、純粋悟性概念を直観に適用する際の規則として、その両者の中間に位置づけられている[59]。ここでは、適用されるべき概念の種別――「経験的概念」「純粋悟性概念」「理性概念」の区別――にもとづいて、「実例」「図式」「象徴」の序列が整理されていることに対応させるなら、フンボルトにおいても、「記号」とも「象徴」とも異なった両者の中間に設定された言語は、カントの問題設定の中で「図式」に相当する位置を占めていることになる。もとよりカントにとって図式とは、ア・プリオリな純粋悟性概念である範疇の適用に関わるものであり、経験的な概念の表示である言語の問題がそこで十分に考慮されることはなく、その点ではカントとフンボルトのあいだには埋めがたい溝があるのも確かである。しかしながら、分節と総合にもとづく経験の構成が、「図式」という形式による反省的媒介とともに語られるカントと同様に、フンボルトにおいてもまた、言語的媒介の全体が「内的言語形式」との関係で問われることを考慮するなら、両者の内には、適用規則を自らの内に内蔵した遂行的な構造性、あるいは、「形式化された形式」（forma formata）とは区別された「形式化する形式[60]」（forma formans）とでも言うべき共通した理解を見出すことができるだろう。

フンボルトにおいて、「内的言語形式」にまで遡って言語の成立が考察される場合には、概念と記号の経験的な結合や、理念の感性的具体化ではなく、あくまでも経験全体の成立と言語の起源との構造的な相関性が問われている。そこで問題となるのは、準ア・プリオリ的な言語経験の全体が世界経験そのものと同時に生起する場面を目撃することであり、経験の媒体としての言語の成立を、「活動性」という超越論化された発生の理解とともに語ることであった。こうして「活動性《エネルゲイア》」および「内的言語形式」という言語の規定は、主観と客観、自己と世界の区別を産み出しながら、両者の仲介を果たす媒体の性格を新たに表現し直したものと考えられる。言語は世界と自己との裂開を切り開き、自らその両者に同時に帰属する逆説的な「移行」として、二領域の相互関係を可能にしている。そのため「内的言語形式」は、世界と自己の出会いのあり方である諸々の「世界観」(Weltansicht)と不可分の仕方で語られる(61)。言語はそれ自身が経験的客体として社会的・歴史的に成立しながら、主観への還帰を通じて、歴史的に形成された世界観を自らの内に沈澱させ、それによってそれ自身が社会的・歴史的現実の形式であることを示し、現実との関係を形成する。したがってカントの「図式論」が単純な「図式主義」とは決定的に異なるのと同じく、フンボルトの内的言語形式もまた、内容を抽象した単なる形式や、ましてや現実から遊離した「形式主義」といったものとは何の関わりもない。概念と音声を媒介する「内的言語形式」は、個別言語から離れた純粋悟性の形式ではなく、あくまでも個々の経験的言語の内にあって、それを動かしている可塑的・自己形成的構造の生起である。したがってフンボルトにとっては、人類の中で多様に存在する言語は、それぞれが固有の仕方で自己と世界との出会いを表し、経験の多様な可能性を表現している。

フンボルトの言語思想は、言語に対する思弁的な構築物や、逆に個々の言語に関する事実的な報告に尽きるものではなく、個別言語の多様な豊かさを博物学的・実証的に提示しながら、言語全体の意味に関する哲学的反省に貫かれたものであった。サンスクリット語やバスク語の調査から始まり、弟アレクサンダー（Alexander von Humboldt, 1769-1859）が持ち帰った資料にもとづくアメリカ言語の研究、さらにはマレー語、なかでもその雅語であるカヴィ語にまで及ぶフンボルトの博捜と考察は、ボップ（Franz Bopp, 1791-1867）やラスク（Rasmus Kristian Rask, 1787-1832）らの比較言語学の本格的な展開に繋がるばかりか、比較人間学の構想とも連繫し、人間精神に対する包括的な反省を結実させていく。しかしながら、経験的言語学と哲学的人間学の結合、実証的検証と超越論的反省の総合という試みは、原理的に大きな問題をはらんでいるのも確かである。なぜなら、経験的で個別的な言語を経験の超越論的条件とみなすなら、一方では超越論的思考を経験的次元の内に埋没させ、超越論性の理解をなし崩しにしてしまう惧れがあり、また他方で、超越論的反省の姿勢をどこまでも堅持しようとするなら、言語の言語性そのものを言語の内で自己言及的に叙述するというかたちで、超越論性の次元を際限なく上昇させることになってしまうからである。フンボルトが多様な個別言語同士の相違を、単に文法や音声・文字の多様性としてではなく、「世界観」の相違として捉えようとしたのは、この原理的困難を自覚しながら、言語の多様性を、経験的な事実としてではなく、媒介の超越論的自己形成の類型化として捉える試みであったと考えられる。したがってフンボルトが語る「世界観」とは、世界に対する主観的な「見方」や何らかの表象類型ではなく、言語を通じて生起する世界と人間との媒介にほかならない。

「あらゆる概念は言語を通して把握されうる以上、言語は世界の外延と重ならねばならないが、それのみならず、言語が諸対象とともに引き起こす変化によって、精神は、世界の概念と不可分の連関を洞察するようになる。それゆえに、言語はまさに世界観なのである」(62)。世界との関係として遂行される精神的活動は、言語を通じて自らを表現し、さらにその表現を自らに対して反省的に示すといった循環的遂行がそこで実現される。言うなれば、

「世界観」そのものが「活動性《エネルゲイア》」なのであり、内的言語形式との相関関係において世界が生成する発生論的事態を表現している。「人間は、自分自身の内から言語を紡ぎ出すのと同じ行為によって、自らを言語の内に織り込んでいる」(63)。言語は人間にとって背進不可能な条件であるが、それは特定の言語が事実として与えられているためではなく、その言語を人間自身が産み出しているためである。能動と受容の交互性、あるいは形成と被形成の反転こそが、言語の絶対的起源性と、言語による世界の超越論的構成の相互性を告げている。言語における構成的・被構成的両義性は、言語と世界観を結びつける「表現」の論理にもとづいて、言語と世界の反省的自己把握を可能にする。言語において世界観が現れるとするなら、それは、世界が言語の像として言語を表現すると同時に、言語が世界の像として世界を表出しているからである。換言すれば、言語は世界の像化という意味で世界像の表現であり、世界は言語を像化した言語像の表現である。こうして、フンボルトが「活動性《エネルゲイア》」や「内的言語形式」の術語を駆使しながら言語の媒介性を叙述した際には、師エンゲル（Johann Jacob Engel, 1741-1802）を通して学んだライプニッツのモナド論、とりわけその「表現」(64)（expressio）の論理が活かされ、言語と世界の相互像化作用が正確に捉えられていたものと考えられる。したがってフンボルトにおいては、言語に先行して分節された理解内容や観念体系という意味での世界表象が、文法や語彙などの言語の具体的様態を決定するといった意味での「言語相対主義」（サピア、ウォーフ）とは異なり(65)、言語の多様性は、言語が媒介として機能する際の像化の創造性を具現するものであった。言語は自らを世界として像化し、経験の構造を超越論的に構成する限り、その活動性によって超越論的構想力の総合を実現しつつ、図式機能としての内的言語形式によって、経験の自己構成に対する反省の可能性をも開いていく。その点で、フンボルトの言語論は、カントの超越論哲学の構想を引き継ぎながら、その基本的動機を言語現象の内で変奏しながら展開していると言えるだろう。

三　媒介と現存在――ハイデガーの言語論

(1) 言語論・存在論・現象学

現象学と新カント学派による超越論的着想のもとで基礎存在論の構築に踏み出したハイデガーは、人間存在を存在了解の媒介である「現存在」と規定し、了解および解釈とともに、言語活動を現存在の存在の形成契機と捉えることで、存在論のみならず、言語理解に関しても新局面を開いていった。とりわけ『存在と時間』(一九二七年)において、言語は存在了解を具体化する媒体と理解され、現存在の存在のみならず、世界理解の構造、および存在一般の意味を解明する手がかりとみなされる。その点で、現存在をめぐるハイデガーの議論は、ドイツ人文主義が提起した「精神」の媒体性といった理解をその根本的な意味において継承し、さらに言語を基礎存在論の構成契機として超越論的に捉え直すものであった。そのためハイデガーの言語論は、二十世紀に見られた「意識の超越論哲学から言語の超越論哲学への展開」の一環として、「言語-人文主義」[66](K=O・アーペル)の特徴を多分に具えている。ハイデガー自身のテクストにおいて、ドイツ人文主義そのものに対する直接の言及はけっして多くはなく、また同時代に展開された「フンボルト再生《レディヴィウス》」と呼ばれるドイツ人文主義の再興運動[67]と直接の交流をもつことはなかったにせよ、例えば『存在と時間』でフンボルトの代名詞論に触れ、一九三〇年代末にはヘルダーの『言語起源論』に関するゼミナールを行い、また後期の論考「言語への道」においては、「古代ギリシアに萌し、紆余曲折を経た言語に対する考察は、フンボルトにおいてその最高峰の内に集約されている」[68]と評すなど、人文主義の言語思想への関心を見出すことができる。

ドイツ人文主義において言語は、人間の社会的共同を可能にし、歴史的伝承を産み出す一方で、共同体と歴史を前提として、社会的・歴史的に形成される限り、それ自体が条件であると同時に条件づけられたものでもあるといった二義性によって規定される。したがってここで主題化される言語は、世界理解そのものを開く超越論的制約でありながら、それ自身が世界内において出現する経験的言語でもあるという二重性において理解されなければならない。所与として与えられる経験的事象と、その成立のための媒介との差異を「超越論的差異」[69]（E・ハインテル）と呼ぶなら、言語という媒体は、それ自身の内で媒介と被媒介の相互制約を起こす両義的活動体であり、条件づけるものと条件づけられたものが互いに陥入し合うという意味で、超越論的差異の捩れの現象でもある。ハーマンやヘルダーがカントに対するメタ批判を展開したのは、純粋理性の規定のもとでは現れることのないこうした二義性を前景化させるためであった。ハイデガーが人間存在を「世界-内-存在」と規定し、その有限性を中心に据えて現存在分析を試みたときに、その思考の内では、こうしたメタ批判に相当する動機がより根本的に展開され、近代における無世界的主観への批判と結びついた仕方で、言語をも含む実存全体の構造性が浮彫りにされていった。とりわけハイデガーの実存論的分析にとっては、自らのカント解釈が参照先となることで、積極的に解釈し直された超越論的構想力の機能が、現存在の実存論的構造の内に取り込まれている。フンボルトにおいてはこの超越論的構想力が「言語感覚」として表現されていたことを考え併せるなら、ハイデガーの論点が、ドイツ人文主義の超越論的思考と重なり合い、とりわけ構想力に見られる媒介の問題と響き合っていることが確認できるだろう[70]。

ハイデガーの存在論的・超越論的な言語思想は、こうした人文主義の思考圏を拡大・深化させる一方で、さらに遡って、存在とロゴスの関係をめぐる古代以来の哲学的伝統に棹さし、ロゴス論としての論理学の側面を併せもっている。ハイデガーによれば、パルメニデスに発する存在と言語、オンとロゴスの関係は存在論《オントロギー》の核心をなし、その同一性と差異をめぐる思考こそが、ヨーロッパ存在論の歴史を根本から規定している。そして、超越論的論理学として遂行されるその存在論は、やがては論理的・弁証法的反省と内在的・自己完結的主観性の肥大化にともない、ヘーゲルにおいて形而上学としての論理学を産み出し、言語と存在の内密な関係を喪失し、ついには絶対精神の反省的体系の内に封じ込められるものとみなされている。潜在的にはすでに『存在と時間』の内に萌しているこのような歴史的展望に従うなら、ハイデガーの存在論的言語論は、ドイツ人文主義とドイツ観念論の交叉する場所に立ち、言語の媒介性に照らしつつ、超越論的思考と思弁的反省の関係を問い直すものでもあった。ロゴスの存在論的根源性を思弁的論理学の絶対的媒介に包摂することなく、言語との創造的関係の内で哲学的言説の可能性を開くことが、ハイデガーの当初からの狙いであった。

もとより、フンボルトが言語の哲学的分析にもとづいて諸民族の言語を分析する比較言語学を構想したのとは異なり、現存在分析を通して存在一般の意味の解明に取り組んだ『存在と時間』の時期のハイデガーにとっては、言語現象は分析の中心的な主題というよりは、むしろ実存論的分析全体がその内で遂行される作動領域《エレメント》である。ヘーゲルが『精神現象学』の「序言」において、認識と不可分の関係にある認識の「媒体」そのものを分析する困難について述べているように、ハイデガーにおいて言語、とりわけ日常言語は、平均的日常性における現存在を分析する有力な手引きであると同時に、分析そのものの表現手段でもあった。世界の中にありながら世界全体を開示するという逆説的な事態が現存在の開示性に固有の構造であるなら、言語もまたその開示性のひとつの様態として、それ自体が限定された現象でありながら、自身を通して世界の全体性を開示する反転構造を内在させている。そのため『存在と時間』において言語は、世界性の分析を通して現存在の存在了解を顕在化させる過程において、現存在という媒体の逆説的構造に即して、経験的な対象としてではなく、実存論的構造の構成契機として現象学的に分析される。

ハイデガーにおいて現象学とは、経験について何らかの定義を与えることではなく、むしろ一般に既知の常識と思いなされている信念を一旦は停止したうえ、そこから事柄の経験そのものを新たに発見し、それを忠実に記述するものでなければならない。「事象そのもの」の露呈を目指す現象学は、事象の記述に際して、記述の方法が事象の現出の暗黙の制約となることを警戒して、むしろ記述を事象そのものの手前にとどめ、事象自体が自らの新たな規定を語り出すことを待望する。「それ自身の側から見えるようにさせること」（von ihm selbst her sehen lassen）と理解された「ロゴス」が現象学概念の内に組み込まれ、それが意味理解としての「解釈」（ἑρμηνεύειν）と結び合わされているように、[71] すでに現象学の方法論的予備考察において、ロゴスの根本現象が注目され、言語そのものの新たな経験の可能性が示されている。経験の解明が同時に経験の変容を促すことによって、現象学はロゴスそのもののロゴス的自己解明という困難な道を拓き、反省の自己変貌としての超越論性の思考を具体化していく。そのためハイデガーにおいて、現象学の徹底化、すなわち「可能性としての現象学」の探究は、学知の性格を変質させ、しかもその学知というロゴスの転換を、ロゴスである言語の根本的考察を介して実現しようとするものであった。

（2）言語の成立と遂行

一般的通念《ドクサ》を中立化しながら進行する現象学の手法に忠実に、ハイデガーは『存在と時間』において、言語についての何らかの規定を前提することを避け、そのあらゆる可能性を段階的に検討することで、分析の進行とともに変貌し続ける「言語的なるもの」の諸相を追跡し、言語現象をその本来の意味で目撃する領域を開いていく。その分析は、音声記号・文字記号としての言語、記号を可能にする世界の関係性としての「有意義性」(Bedeutsamkeit)、「言明」(Aussage) として表明される「解釈」(Auslegung)、内世界的な現象として具体化される「言語」(Sprache) および「言葉」(Wort)、日常的に語られる「無駄話」(Gerede)、言語の実存論的・存在論的基礎としての「語り」(Rede) など、それぞれの言語的形態が互いに絡み合うモザイク状の複合現象として考察される。実存論的構造の明確化を目指すハイデガーの分析においては、開示性の一様態である「語り」が根源的に言語現象を基礎づけるものと理解されるが、言語現象を作りなすそれら複数の様相は、互いに一義的な基礎づけの関係にあるというよりも、「世界-内-存在」全体の表現として、その構造自身が多様に分化し、分散していく運動を示している。そのような構造そのものの運動性、あるいは超越論性の生成こそが、現存在の存在の意味として取り出される「時間性」にほかならない。そうした時間的構造をもつ現存在が、自らの存在を言語によって了解し、言語において解釈する限り、その再帰的自己関係を分節し表出する言語的媒介は、それ自身が時間的性格をもつものとして自らを表現しなければならないだろう。言語はその「起源」が問われたときに初めて時間的に見られるのではなく、言語そのものがすでに時間的・発生論的なのである。こうして、ハイデガーの実存論的分析は、言語の構造的全体性に注目したフンボルトの問題意識のみならず、「系譜学的先行性《プリオリテート》」を提起したハーマンの問題圏をさらに掘り下げ、言語現象の存在論的・実存論的意味を、存在了解の超越論的地平である時間性の内に見出していくことになる。

言語の構造的全体の生成は、もとより経験的次元で起こる発生や発達といった「言語起源論」の問題群に解消されるものではない。ハイデガーも言語起源論に言及しながら、情動的音声や模倣的擬音などの記号の内に言語の起源を求める十八世紀的起源論の議論に対して、音声や模倣が言語的音声として受容されるには、すでに意味的分節が先行していなければならないと反論しているように(72)、ハイデガーにおいて、言語の段階的発生の問題は、言語的に表現される意味了解そのものの可能根拠の問いへ転換される。かつてフンボルトが言語起源論の枠組みを離れて、精神的に把握されうる意味の全体性である「世界観」の主題を見出していったのと同様に、ハイデガーもまた、記号としての言語や、生理学的条件による言語の発生を離れ、言語と「世界‐内‐存在」の相互性を現存在の構造上の制約として、つまり現存在の意味了解の問題として問い直すことになる。言語が現存在の「ア・プリオリ」な構造的条件であるなら、世界の内で存在了解と自己了解を遂行する現存在において、その自己関係とともに開示される意味の領域は、それ自身がすでに言語的に媒介されていることになるだろう。すでに『存在と時間』において、「意味」の概念は、純粋意識のノエマ的対象や、記号表現における指示《シニフィアン》と指示《シニフィエ》対象の結合としてではなく、世界全体に拡がる有意義性連関の表現と考えられている。こうして意味概念が、生きられた日常世界の全体性の内に根拠づけられることによって、意味了解との密接な関係で捉えられる言語もまた、通常の経験的意味での言語に限定されることなく、世界遂行の全体に浸透する「言語的なるもの」、あるいは生きられ生成する言語へとその位相を変えていく。フンボルトの用語で語るなら、言語はまさに形成物《エルゴン》としてではなく、活動性《エネルゲイア》として「発生論的」に捉えられなければならない。『存在と時間』は、経験的・具体的「言語」（Sprache）からその実存論的根拠である「語り」（Rede）へと遡り、さらに世界性の分析を介して、その「語り」を現存在の存在遂行としての了解的解釈の構造全体に組み込むことによって、こうした課題に応えることになった。

「言語の実存論的・存在論的基礎」と規定される「語り」は、「自己表明」（Sich aussprechen）ないしは「告知」、「語られる事象」（Worüber）、「言表内容」（das Geredete）、「伝達」（Mitteilung）の四契機をもつものとして分析される。語りとは常に何ものかについての語りであり、そこで語り出される内容は、他者との意思疎通と自己表現とを可能にする。語りにおいてはこうした四契機が統一されており、そのうちのどれを欠いても語りは成り立ちえない。なぜなら語りとは、観念の形成とその音声化という二段階の過程ではなく、現存在の世界への関与を全体として含み込み、表現する開示性だからである。このような語りの統一性は、構造的には現存在の了解・解釈、および被投性、あるいは頽落という世界‐内‐存在の他の契機との関係において可能になっている。「語りとは、世界‐内‐存在の情態的了解可能性を意義に即して分節することである」(73)。了解的解釈とは、有意義性全体を分節する現存在の世界関係の遂行であり、それぞれの存在者をそれとして現出させる地平を開示する働きである。諸々の個別的意義とその全体的連関を可能とするこのような地平的媒介の機能に支えられることによって、語りは初めて具体的な「何ものか」をそれとして語ることができる。しかもこの何ものかについての語りは、「世界‐内‐存在」全体の存在遂行として、常に現存在自身の自己了解の働きをともなっているため、語りは「自己表明」として、それ自身の内に「表現」の論理を実現しているのである。

有意義性全体を分節し、個別的な意義を成立させる解釈は、語りとして自らを表出する。その際に語られる言語は「言表内容」として具体化され、個々の「言葉」（Wort）として結実する。「世界‐内‐存在の情態的了解可能性は、語りとして自らを発話する。了解可能性の意義全体は言葉となる。それぞれの意義には言葉が生育する」(74)と語られるように、ハイデガーにとって言語とは、現存在の世界了解ないし解釈によって分節された意義を核として有機的に発生する。発話を通じて「言葉」という内世界的存在者の様態を獲得することによって、語りは間主観的な伝達を可能とし、了解内容は共同現存在によって共有可能なものとなる。こうして語りの自己表出における存在遂行は、世界への被投的な帰属性、世界への依存性にもとづいて共同現存在の地平へと解き放たれ、に、現存在が常に帰属している歴史的共同体の語りでもある。

語りは解釈を通じて自らを存在者に向けて開き、解釈は自ら分節する意義を語りによって表明すると同時に、被投性によって具体的に経験可能な言葉として諸々のかたちを取る。こうした過程はまた、現存在の自己了解が世界地平によって媒介されながら個々の存在者へと向かい、それらの存在者を意義としての自らの自己了解の内に再び取り込み、それを経験的な言語において表明するという運動でもある。そのため言語は、現存在の自己性と世界性との区別を引き受け、同時にその両者を媒介することによって、自らの内に現存在の自己了解と世界了解を形成していく。このような言語理解にもとづいて、『存在と時間』の時期のハイデガーは、日常的な言語使用を前存在論的な存在了解の結実する場とみなし、学的構築以前の日常言語を解釈学的な分析の拠りどころとしていた。これはまさしく、個別的言語の分析を通して、その内で形成される「世界観」を解明しようとするフンボルトの基本的着想と相通じるものである。実際にハイデガー自身も世界性の分析において、代名詞の内に現れる世界理解を論じたフンボルトの論考に言及しており、言語とは世界の像化であり、世界了解と自己了解の相関性の表現であるといった着想をフンボルトと共有している。

『存在と時間』でハイデガーが言及したフンボルトの論考「若干の言語における場所的副詞と代名詞との類縁性について」は、「ここ」や「そこ」といった空間を表す場所的副詞が「私」や「あなた」といった人称代名詞に転用されるような言語——トンガ語、中国語、日本語、アルメニア語など——を分析するものであった(75)。空間表現と人称表現の関連を扱うフンボルトのこの論考を援用して、ハイデガーは日常的・配視的現存在の空間性と、現存在の平均的な自己了解が根底において繋がっていることを示し、「世界-内-存在」としての現存在の自己了解をその具体相において浮彫りにしようとしている。[76]「自らの世界に融け込んでいる現存在は、〈ここ〉と言うとき、自身に向かってではなく、自己を通り越して、配視的に用具的存在者の〈そこ〉へ向かって発言するのだが、そこで言われているのは実存論的空間性における自己（sich）である」[77]。こうして、日常的に用いられる言語の内には、平均的日常性の様態での自己了解と世界了解の一体性――フンボルトの用語で言うなら「世界観」――が表明される。フンボルトにおいて「世界観」、ないし「内的言語形式」とは、言語と世界を相互に像化する運動を指し、感覚的世界と精神的世界を媒介する「図式」を意味していた。カントの超越論的図式性に相当する「内的言語形式」のこの働きを考慮するなら、ハイデガーがフンボルトに即して強調しているのは、空間という直観的形式と自己了解という統覚との媒介であり、言語における自己了解と世界了解の像化であったことが理解できる。しかも現存在の自己了解が、世界の空間性を経由して、「ひと」である匿名的な「自己」（sich）の内に結実する経緯は、空間的形式と統覚といった区別に先立って、むしろ両者が分かちがたく結びついている媒介性の次元、すなわち超越論的図式性の機能そのものを表現している。さらにはハイデガーが、場所的副詞と人称代名詞の互換性というフンボルトの文法論的な定式化に飽き足らず、現存在の根本的規定にとっては、副詞や代名詞といった「文法がまったく役に立たない[78]」ことを指摘するとき、そこでは、文法的区別に先行して発生する差異化の構造を探り出すこと、そして同時に、文法という経験的な言語構造に先立ちながらそれでもなおも言語的と言える次元を開拓することが目指されていた。経験的な言語現象に限定されない言語活動の遂行こそ、文法的区別や論理的範疇に先行する言語の超越論的発生の次元、すなわちハーマンが「系譜学的先行性」として暗示し、フンボルトが「言語感覚」と呼んだもの、そしてハイデガーが「語り」として示した事態にほかならない。こうしてハイデガーは、ドイツ人文主義の思考を――明示的にではないとしても――その思考の根本的な形態において継承することで、カント的な超越論哲学の思考を拡張し、媒介の問題とともに言語の領域を掘り下げ、ロゴスのロゴス性をロゴス化すること、言語を言語の内部で言語化することを試みていくのである。

(3) 媒介と図式

言語の実存論的基礎である「語り」は、ひとつの実存疇として現存在の構造をなしながら、同時に「世界‐内‐存在」の構造全体を表現する特権的な開示性である。そのため語りは、フンボルトにおける「内的言語形式」と同様に、自らの内に分節された構造的契機を含みながらも、それ自体がひとつの遂行としての性格をもっている。したがって、「内的言語形式」が、自らを図式化する図式性とでも言える性格をもつように、語りもまた、遂行に先立って自立した形式ではなく、「形式化する形式」と捉えられなくてはならない。実存疇とは、自らとの直接的な近さゆえに適切な距離を取ることができない事実的生が、自身を解釈することによって自らの生を形態化する解釈の規則である。そこには、深層構造とその発現形態、あるいは形式と内容というような明確な二層的区別は存在せず、内容は自らを像化することで形式となり、形式は自らの内に適用規則を有することで図式となる。したがって、実存疇としての語りの自己表現によってこそ経験的な言語が成立すると考えるべきであり、言語の働き全体を何らかの文法的・論理的規則によって実証的に証明することは断念されねばならない。それゆえ生成文法論や普遍言語論といった言語に対する学的・客観的処置は、ハイデガーにおいては、言語の実存論的な条件を捉え損なっているものとみなされるのである。

現実の経験的言語と実存疇としての語りを、互いに異なった出自をもつ経験と形式としてではなく、両者の自己形成に即して捉える着想は、経験的言語を現存在の開示性全体の内で理解し、言語を存在者の現出の媒体として解明する方向を示している。現出の媒体とは、現出を可能にする場の機能を果たすが、当の媒体自身も一個の現象としての性格をもち、超越論的次元と経験的次元との区別に先立って、むしろ自らの内でそうした差異を発現させるものと考えられる。語りは了解・解釈による脱自的・地平的構造を介して個々の存在者の現出の場を開きながら、そのような遂行の過程の只中でそれ自身が経験的な言語として世界の内に現出する。ここにおいては、媒介性と被媒介性、規定性と被規定性とがいわば相互に反転し合いながら、その反転の運動そのものが媒体という統一的事態を形成しているのである。そして存在論的次元と存在的次元とが絡み合うこの地点こそが、ハイデガーが「現存在」の「現」（Da）という語で示そうとしていたものだとも考えられるだろう。その限りでは、ハイデガーにおいて言語は、現存在の存在了解の解明のための通路として、特権的意味での「現」であり、抽象性を脱した生きられた精神であり、世界の歴史的・共同的現実に繋留された具体的理性の表現でもあった。

言語を実存疇としての「語り」にまで遡及して考察するハイデガーの言語論は、「言語的なるもの」の全体をその各契機の複合的様相に即して現象学的に考察することを可能にするという強みをもっている。言語を特定の定義によってあらかじめ限定するのではなく、分析によってそのつど顕わになった事態を「言語的なるもの」の内に取り入れ、言語の創造的・存在論的な位置を見定めていくというのは、言語現象をその活動性《エネルゲイア》において捉えるために有効な方法であった。しかし、媒介の総合的機能を射程に収めるこうした議論は、その反面で、「言語的なるもの」に関わる要件を、他のさまざまな実存論的契機へと浸透させ、かえって言語固有の契機としては見えにくくしてしまうという代償を払わざるをえない。つまり、言語が表出する「意味」が世界性全体に拡大されるとともに、世界性開示の機能そのものが了解と解釈の内に認められ、さらに言語の具体的表現や、言語行為論の多くの側面が現存在の被投性に帰せられるなど、「言語的なるもの」はいわば現存在全体へと沁み出し、「世界

-内-存在」の全体を言語によって染め上げていくのである。そのため「語り」は、現存在の構造全体の内で、開示性の一契機として、実存疇のひとつでありながら、同時に現存在全体を包括する構造を意味することになる。

現存在の構造の中で、語りが二重に登録されるというのは、とりわけ「分節」の機能に注目するときに明確になる。それというのも、語りは「了解と心境と頽落」といった開示性の各契機と「等根源的」とみなされ、開示性全体を分節するものとされる一方で、存在者を存在者として現出させる具体的分節である「として」（Als）構造は、了解の内に基礎をもつ「解釈」に委ねられるからである。しかし、意義全体の分節機能が語りに帰せられるのなら、意味地平の分節もまた語りの内に基礎づけられねばならないはずである。こうした多重的な構造ゆえに、「言語的なるもの」は複数の層にまたがり、語りの位置づけを不明瞭にしている。語りは他の開示性の各契機を構造的に分節する役割を果たすのか、その意味では最も根源的な開示性であり分節性であるとみなすべきなのか、あるいは分節はあくまでも有意義化された意味の内で働くと考えて、語りが遂行する分節も世界内部での対象理解の場面に限定されるべきなのか——こういった未解決の疑念が、「語り」の現象を宙吊りにし、その身分を動揺させる。こうした難点は、言語現象という媒体の成立を実存論的に遡りながら言語の領域を拡張し、しかもその拡張された言語によって分析全体を叙述しようとするときに生じる逆説に由来するものと考えられる。ロゴスが自らを変貌させながら、その変貌自身をロゴスの内で語るというこうした逆説は、まさに現象学的な超越論性の哲学が抱え込まざるをえない難局《アポリア》である。これはもはや論理的な自己言及の問題というよりも、超越論的主観性を脱主観化しながら、世界と自己の中間領域で思考を推し進めることによって突き当たる超越論性の謎とも言えるだろう。

「語り」に現れる構造上の捩れこそが、超越論性と経験性を自らの内で差異化しつつ接合する媒体の働きを端的に示しているとするなら、語りは媒介の逆説性、あるいは媒介を媒介として機能させる超越論的図式性の困難を集約している。『存在と時間』の目的が、媒体としての現存在の存在了解の構造を、時間性の超越論的地平に即して見届けることにある限り、この媒介そのものの時間性をどのように表現しうるかという問題こそ、『存在と時間』の超越論性の思考の核心をなしている。ハイデガー自身は、「世界-内-存在」としての現存在に関して、存在了解という脱自的な媒介構造に注目することで、伝統的な超越論的主観性の枠組みを突破しながらも、なおその存在性格の内に「超越」の根本規定を見出すことによって、自らの思考を根源的意味で「超越論的」と呼ぶ権利を確保している。(79) 超越において世界地平を開示し、世界内部の存在者を存在者として把握しつつ、その世界了解から返照的に自己了解が成立するといった循環構造は、まさに超越論性と経験性の相互性と分岐を示しており、両次元を接合する媒介そのものの活動を意味する。このような経験性と超越論性の中間領域は、現象学的には「地平」として、カント的には「図式」として主題化されるものである点を念頭に置くなら、ハイデガーが媒介の構造契機として、超越的脱自の「向かう先」(Woraufhin) である「地平」を見出し、それを「地平的図式」(das horizontale Schema) と名指したとき、媒介の主題はきわめて適切な名称を獲得したと言えるだろう。

ハイデガーの現象学的な超越論性の思考において捉え直された図式性の問題は、「存在を時間性の諸脱自態の根源的な地平的図式から理解する」こと、そして「時間性に帰属する諸々の地平的図式の統一」を「時節性」(Temporalität) として、その構造に即して記述するという課題に収斂する。(80) この課題が十全に成し遂げられるためには、図式概念の実存論的意味を明確化し、それとともに図式の分節に関わる「として」構造、そして何よりも「語り」の諸相が、時間性の観点のもとで問われなければならない。ロゴス自身の構造をロゴス化するという現象学的な超越論性の思考にとっては、事象が現出する世界の分節性のみならず、その分節性を遂行する現存在自身の多様な構造を分岐させる実存論的分節性が同時に示されねばならないからである。その意味では、現存在の存在了解の像化を遂行する「語り」の現象は、単に脱自態の一契機のみに関わる事柄ではなく、むしろ超越論的思考が集約される高密度の集積体であり、実存論的分析全体の成否を握っている核心であった。『存在と時間』のハイデガーもこの問題の所在を指摘しているにもかかわらず、それに十分な解答を与えることができなかったのは、『存在と時間』のプログラムが未完に終わったことと密接に関係している。確かに『存在と時間』における「脱自態の時間的解釈」においては、「語り」が「世界‐内‐存在」のそれぞれの契機全体に浸透していることにもとづいて、「時間性はいかなる脱自態においても全体的に時間化する」と述べられ、時間化の脱自的統一態としての「語り」が現存在の構造全体を基礎づけるものと主張されていた。しかしその際には、語りと他の脱自態、とりわけ実存論的分析全体を方法的にも牽引する了解との関係が、時間性の時間化に即して明確にされたわけではない。実際にハイデガー自身、「語りの時間的構成の分析と言語形象の時間的諸性格の解明に着手するには、まずは存在と真理との原理的関連の問題が、時間性の問題圏から展開されていなければならない」として、その問題を先送りしているのである[81]。こうして『存在と時間』では、言語と存在との関係、および言語的に表明される意味と真理との関係が未解決のまま、語りという図式性そのものの時間的究明が留保されたことになる。対象理解と自己理解のあいだの関係、すなわち世界地平の脱自的な開示と、現存在自身の脱自的・再帰的な自己開示のあいだの関係といった問題こそ、超越論的思考を支える中枢とも言うべきものであるはずだが、『存在と時間』では、その中心問題が徹底して吟味されるには至らなかった。「存在の問い」の究明という点から見るなら、これは確かに体系的にも方法論的にも大きな欠陥であり、この挫折がのちにハイデガー自身の思考の転回《ケーレ》を引き起こした一要因となったものと考えられる。しかしながら、『存在と時間』において空白のままに残された場所は、カントが「構想力」として、またフンボルトが「言語感覚」として探究しながらも、最終的には哲学的に十分な表現を与えきれなかった次元を顕在化させたものでもあった。その点で、「語り」と時間性、とりわけ「地平的図式」をめぐる欠落は、その後のハイデガーの思考を促す有意味な不在であり、新たな思考が展開される領域を示す道標であったとも言えるだろう。

四　媒介から差異へ

（1）ハイデガーとドイツ人文主義

ドイツ人文主義に秘められた思考は、ハイデガーにおいて再びその潜在的な可能性を見出し、現象学・解釈学といった現代哲学の知見を加えながらより大規模な展開を始めたように思える。その思考は、『存在と時間』における実存論的分析の枠を越えて、後期の思想にも繋がる可能性を示している。そこでは、ドイツ人文主義の創造性を認めながらも、その限界をも視野に収め、存在史の思想と言語論との接点が探られる。例えば一九三九年のゼミナールでは、ヘルダーの『言語起源論』が取り上げられ、そこでの「覚書き」において、ヘルダーの議論を踏まえながら、その思考を存在論的に変換する試みがなされているのは、そのひとつの現れである。[82] そこでのある断片では、ヘルダーが扱う「起源」（Ursprung）という問題設定が三様に理解され、「言語遂行の成立」、「言語能力の由来と原因」、「言語の可能性の根拠」といった区別がなされるが、そのいずれにおいても、言語そのものは、「客体的存在者への〈対象化〉」にそれと知らずに陥っているものとみなされる。[83] こうした考察を手がかりとして、言語を何らかの形成物《エルゴン》として対象化せずにその生成において捉える『存在と時間』での思考は、媒体の実存論的解明の領域にとどまらず、形而上学の克服という動機と連動し、「存在史」ないし「原存在」の思索という方向へ向かっていく。それに応じて、「言語の本質――それは形而上学的に問われるのではない。〈本質〉はそれゆえエイドスではない」と考えられ、「存在者性ないし条件として、そのつどより普遍的に設定されるものではなく、原存在（Seyn）への帰属、裁配（Austrag）としての自性態（Ereignis 性起）への帰属」といった点が強調される。(84)「言葉はただ世界を基礎づけるだけでなく、原存在であり、沈黙の内に現（Da）の開かれ（Lichtung）を保持する」とも言われるように、言語は「現」の媒介性に即して新たに考察されねばならない。そこでは言語的媒介が、世界における意味の構成、あるいは世界地平の意味分節といった場面に限定されることなく、むしろ媒介としての「現」の存在論的発生に即して考えられようとしている。

ドイツ人文主義の言語論を存在史の問題へと開いていくこうした思考とともに、フンボルトに対するハイデガーの評価も、『存在と時間』の時期にもまして両義的な性格を帯びていく。もとより、『存在と時間』以降、実存論的分析の方法が放棄されたのちにも、言語活動を現存在の世界関係における超越論的媒介として捉えていく構想は変わることはなく、むしろ、人文主義的な言語思想を存在論的に捉え直す方向性はいっそう深められていく。とりわけ超越論的言語論の「最高原則」とも言うべきフンボルトのテーゼ――「人間は言語によってのみ人間である。ただし言語を創出するためには、人間はすでに人間でなければならない」――は、いくつかのテクストで肯定的に引用され、言語と人間との相互性を徹底して考える際の手引きになっている。(85) しかしながら、フンボルトの大部の遺作『カヴィ語論序論』（『人間の言語構造の多様性、および人類の精神的展開に及ぼすその影響について』）を取り上げた晩年の論考「言語への道」（一九五九年）では、フンボルトの言語思想がヨーロッパの言語論の頂点として賞讃されながら、同時にそれに対するきわめて明確な批判が展開されている。この論考においては、言語を活動性《エネルゲイア》として発生論的に把握するフンボルトの思考が共感とともに受け止められる一方で、それでもやはりフンボルトの言語理論は言語の存在論的把握としては大きな欠陥をもつものであり、ドイツ観念論と同様に、言語を「精神の働き」に還元することで、言語の核心を捉え損なっているものと結論づけられている。フンボルトにおいては、「言語は単に相互理解のための交換手段であるのみならず、精神が自らのもつ力の内的な活動によって、精神自身と対象との中間に定立する真正な一個の世界である」(86)と語られるが、ハイデガーはこの主張を、「中間」、つまり媒介性という現象の根本的な定式ではなく、むしろ媒介性を開く主体的精神の側から記述されたものと読解することで、フンボルトの言語思想の精神論的・観念論的側面を強調していく。その結果、フンボルトにおいては、「語ることが、それ固有の次元としての言語から経験されるのではなく、他なるものに対する観点の内に転置されている」(87)とみなされ、そこからの訣別が図られる。

フンボルトの言語理解は、ハーマンとヘルダーのメタ批判を介して、ハイデガーによる「世界‐内‐存在」の捉え方と繋がり、その「内的言語形式」の思想は、カント的な超越論的図式論を介して、ハイデガーによるカント解釈、とりわけその構想力の創造的理解に通底する点を考えるなら、ここでのハイデガーのフンボルト批判は、フンボルトの創造性を十分に汲み尽くすものではなく(88)、その根本的な狙いを意図的に矮小化しているようにも見える。何よりもそこでハイデガーは、フンボルトの思想の潜勢力を掘り起こすというよりは、フンボルトの言語思想をドイツ観念論と重ね合わせ、両者をともども主観性の形而上学の内に送り返そうとしているのである。そのため、フンボルトの語る「内的言語形式」、および「世界観」も、言語における世界の創造的な像化作用に即して積極的に理解されるというより、精神の定立作用の所産として、精神の諸能力のひとつへと限定されてしまう。それに応じて、フンボルトが強調する言語の「活動性《エネルゲイア》」も、アリストテレス的・存在論的な意味で捉えられているものではなく、ライプニッツにおけるモナドの活動性（「原初的活動力」vis primitiva activa）に由来するものであり、その点では、言語そのものの現出性というよりは、「主体の活動」を表すにすぎないものとみなされるのである。(89)

こうした批判に対しては、その見解はフンボルトをあまりにも主観主義的に解釈し、過度にヘーゲル化されたフンボルト像に加担しているという再批判を提起することも可能だろう。(90) とはいえ、『存在と時間』においても、フンボルトの代名詞論を「世界-内-存在」の空間性や自己了解の範例として用いていたこと、あるいは三〇年代最後のヘルダー・ゼミナールでも、ヘルダーの言語起源論の存在史的意味を掘り下げようとしている点などを勘案するなら、後期の言語論でなされたフンボルト批判が、単にフンボルトの矮小化のみを狙ったとは考えにくい。むしろこうした批判を通じてハイデガーは、媒介性の働きを見極めようとするフンボルトの試みの内になおも潜むドイツ観念論的な要素に焦点を絞り、超越論的媒介という思考そのものが陥りかねない隘路を示そうとしているように思える。言い換えれば、ハイデガーはフンボルトの内に、ドイツ人文主義とドイツ観念論とがせめぎ合う舞台を設定し、媒介の思想をいかにドイツ観念論の思弁的弁証法から救い出すか、その方途を模索しているものと考えられるのである。それは同時に、「現」の言語性を主題化しようとしたハイデガー自身の実存論的分析をあらためて吟味し、その難点を克服する道を探る試みに繋がるものでもあった。言語を「精神」や「実存」の自己解明とは異なった仕方でいかに論じるか、主観性の形而上学や実存論的分析の語彙を使わずに、言語の働きそのものをいかに語るかということが、そこでの最大の問題となる。

(2)　起源と根源

「われわれは……、内的な精神活動と密接に重なり合っている言語の根源と、それが精神活動に対して与える相互的な影響を注視しなければならない」。――「言語への道」において引用されるフンボルトのこの一文のうち、とりわけ「相互的」の語について、ハイデガー自身の手拓本では、「〈内的な精神活動〉と言語活動の〈根源〉が影響し合う〈重なり合う〉、その〈相互的〉とは、いかなるものか」という註記が施されていた[91]。この註記の一節では、言語の「根源」(Ursprung)の言説と、言語起源論における「起源」(Ursprung)とが共鳴し、その響きの中に「起源＝根源」という倍音が鳴り渡る。そしてその倍音の複雑な重なり合いの中から「相互性」という主題が浮き上がり、媒介の問題が喚起される。言語の起源〈根源〉と「内的な精神活動」の「相互性」といったこの問題群こそ、フンボルトにおいて「内的言語形式」と呼ばれたものであり、ハイデガーにおいて、「語り」の分節性と媒介性として分析された当のものであった。

フンボルトの言語論は、言語をその内的構造から理解すると同時に、言語の根源と個別的言語の現象形態のあいだを有機体的・発生論的に連繫させるものとして、「内的言語形式」といった媒介を主題化し、そこに世界観という世界の像化作用を見出すものであった。この内的言語形式は、経験的な個別言語と超越論的な言語形式を仲立ちするものであり、ハイデガーの言語論を通して見るならば、存在的次元と存在論的構造の差異を徹底させながらも、両者を相互関係的なものとして媒介する「語り」の根本構造に通じる着想であると言うことができる。しかしながら、フンボルトはこのような事態を記述するに当たって適切な概念装置をもっていたのか、あるいは哲学的に十分な反省の局面を開きえていたのかという点には疑問が残るのは事実である。『カヴィ語論序論』において言語の媒体としてのあり方を論じる場合でも、「主観へと還帰する客観性への暗黙にして不断の移行[92]」といった表現が用いられていた点からしても、その記述はハイデガーの指摘の通り、主観・客観図式の枠内で完結し、ドイツ観念論的な主観性の論理に回収されているようにも見える。そのため、言語が遂行する媒介機能は、主観・客観という既存の二領域間の経験的媒介であるのか、あるいは言語こそが当の主観と客観の区別を開くという意味での超越論的媒介であるのかが不明瞭になっている。もとよりこの二つの働きは峻別不可能な両義性として、共に媒体の逆説的性格に帰属させられるべきなのではあるが、フンボルトの場合は、この二つの機能が意識的に連続させられているのか、あるいはむしろ両者が、反省の次元において混同されているのかがかならずしも明らかではない。その意味でフンボルトは言語的媒介を、主観と客観の二項を前提したうえでそれらを仲立ちする機能として、しかもそれを主観の自発性の側に立って記述しているとも言えるのである。こうして、反省の視点が反省されるべき遂行の次元から離れてしまうなら、いかに言語を活動性とみなしたところで、その活動の機能は活動自身の内部から捉えられたものではなく、二次的に構成されたものとなることは避けがたい。その場合、活動はいわば何ものかの活動として、その背後に何らかの実体的理解を忍び込ませることになるだろう。その結果、活動とみなされた次元とその活動を担う次元とが二極的に分化するかのような錯視が産まれ、媒体の媒介機能が遂行を離れて実体化する。ここにおいて言語と言語以外のところとの乖離が生じ、媒体としての言語の統一性が失われ、言語は言語以外の「主体」の表現としてあらためて再構成されることになる。

言語の中心的な可能性を強調しながらも、それを最終的に主観性の領域の内で根拠づけるこうした発想は、フンボルトの独創的な言語論として知られる論考「双数について」（一八二七年）においても現れている。この論考においてフンボルトは、目や手足、あるいは男女、天地など、自然界において対をなしている事物や現象を表現する「双数」という言語形態を手がかりにして、言語における二元性を際立たせ、それを元にして、人称表現に示される言語の対話的性格を論じている。(93)双数における二項の関係性は、人称表現において最も活動的で形成的な働きを発揮する。なぜなら、人称表現においては、単なる「私」と「彼」の区別にとどまらず、「私」と「あなた」の関係が発生することで、「自我」と「非自我」という純粋な対立が活性化され、「語りかける者」と「語りかけられる者」の対話空間とともに、三人称である「彼」を含んだ言語的世界全体が構成されるからである。こうしてこの論考では、双数や人称表現の内に現れる言語特有の対話的構造が巧みに示され、「世界の言語への変容」、つまり言語における世界の像化が主題化されている。しかしながらフンボルトは、そうした像化の構造を理論化するに当たって、言語が有する対話的活動性を、精神の内での「命題と反対命題、定立と廃棄、存在と非存在、自我と世界」(94)といった思弁的二元性によって説明しようとしている。そのため対話としての言語は、中間領域の発生としてそれ自体において取り上げられるというよりは、自我の定立・反定立の作用によるものとみなされ、言語における対話性は、弁証法的な総合と同型的なものとみなされる。このような根拠づけの制約によって、言語は「主観の活動」ないし「表現」として、つまり——ハイデガーが言うように——「他なるものに対する観点」から基礎づけられることになったと言いうるだろう。

媒介に対する哲学的反省の次元を視野に収めたうえで、ハイデガーの論考「言語への道」を読み直すなら、そこでの批判はひとりフンボルトにとどまらず、ハイデガー自身の『存在と時間』での言語論をも批判的に見る視点を提供してくれる。なぜなら『存在と時間』においても、言語が開示性の根本的構造として示されながらも、実存論的分析全体の中での言語の位置づけは不安定なものであり、とりわけ哲学的反省における言語の役割という点には十分な考察がなされていなかったからである。もとより『存在と時間』においても、言語は単なる意思疎通の道具ではなく、実存論的分析が展開される作動領域《エレメント》であったはずだが、開示性の構成契機とみなされ

「語り」の議論においては、現存在が差し当たりたいていその内に棲み込んでいる経験的・日常的言語と、反省的場面において働く哲学的言語との関係と区別が立ち入って主題化されることはなかった。この問題は、世界を開示する際の分節化の機能と、現存在自身の内的構造の分節化がどのように関わるのかという問題とも絡み合い、実存論的分析を複雑化する一要因となっている。

さらに『存在と時間』では、現存在の分節機能を「語り」の内に求める方向と、その分節を了解の明確化としての「解釈」に帰属させる方向が未整理のまま残され、語り自身の時間的構造の分析も決着を見たわけではない。何よりもそこでは、経験的現象としての「言語」(Sprache)と、存在論的・超越論的構造としての「語り」(Rede)の関係が連続的に捉えられ、その媒介そのものに働く差異性、あるいはその超越論性が的確に問われることがなかったため、言語と語りの断絶と接合の緊張関係、つまりは超越論的図式性の時間化構造を見極めることができなかった。その結果、『存在と時間』の実存論的分析は、語りの分節性、および解釈学的な反省の働きを、了解の優位によって基礎づける着想に傾きがちであり、その点で『存在と時間』もまた、言語を言語以外の観点から——極端に言えば、主観性の一能力から——根拠づけているとも言えるのである。それ自体が未完に終わった『存在と時間』の言語論がこのような難点を抱えていたことを考えるなら、ハイデガーが後期の論考において、フンボルトの言語観を批判しながら、言語の生成と刷新の新たな可能性を探っているのは、『存在と時間』で歩み切れなかった「言語への道」を再度踏みしめ、媒介の問題をあらためて吟味する試みであったように思える。それは、また言語の「起源=根源」を新たに探り出し、その重層的な構造を言語それ自体の内部で明らかにしていく困難な道を示唆するものでもあった。

結語　差異と裂開

ドイツ人文主義の言語論を考察したヘルダー・ゼミナールの「覚書き」、および「言語への道」のそれぞれにおいて、ハイデガーはヘルダーやフンボルトの言語論から説き起こしながら、形而上学の言語からの「移行」を図り、未来の語りの姿を遠望しようとしている。ヘルダー・ゼミナールではゲオルゲの詩句が、「言語への道」ではノヴァーリスの一節が、来たるべき言語の指標として示され、言語の変革が語られる。そこでは、「誰も知らずにいるが、言語は言語のことのみを配慮するというのが、言語本来の特質なのだ」[95]というノヴァーリスの『独白』からの引用が、「言語を言語として言語にもたらす」(die Sprache als die Sprache zur Sprache bringen) という、それ自体が独白的なモットーへと展開されていく。言語の純粋な自己関係を強調するこの見解は、フンボルトを通して見られた精神的・思弁的な言語理解を転換し、対話モデルに即して構築された言語の弁証法的特質を解体することで、言語の内で生起する言語自身の媒介そのものを救い出す試みと表裏一体のものであった。その模索は、内的言語形式そのものが生成する自己形成に注目し、超越論的図式性が自らを図式化するところ、「あいだ」(Zwischen) が「あいだ」となり、「として」(Als) が「として」となる場所、すなわち「自性態」(Ereignis) が自性化する地点を目指して進んでいく。「なぜなら、自ら自性化し、保持し、自らの元に留め置く自性態は、あらゆる関係の関係だからである」[96]。言うなれば、そこで生起するのは媒介の媒介であり、形式の形式化、すなわち「〈内的言語形式〉、言語を形成する思考、〈根源的総合〉」[97]である。

このように自己形成的に捉えられた媒介は、対立した差異項を前提にするものではなく、むしろ差異の接合であると同時に差異の産出でもあるため、差異項が存立する平面そのものからは姿を隠す不可視の活動である。「あらゆる関係の関係」、媒介の媒介としての自性態は、実体と属性、部分と全体、個と普遍、主観と客観といった二極性においては影に隠れてしまう中間領域であり、それら古典的な二項対立の手前にあって、その二項を成立させる自性化の活動を意味する。そのため媒介は、分節された諸項目をある全体的同一性のもとに包摂し総合するのではなく、むしろ諸項目の分節線である「裂開」(Riß)が裂けることによって、初めて個々の項目を自立させながら、全体を全体として顕現させる。主観と客観、意識と対象、自己と他者など、それらの分節線によって媒介の安定した関係が成立することで経験の領界が開かれ、個々の経験が可能になる。そうした意味での媒介は、既存の事象を繋ぐだけの二次的な「連関」(Beziehung)ではなく、常に自らの内から差異を産み出すことで、経験を固定化する分節線を揺り動かす。「関-係(Ver-hältnis)とは、ここではいかなる場合でも自性態にもとづいて考えられているのであって、単なる連関の形式として表象されるものではない[98]」。したがって、媒介という生成する「関係」の記述において、何らかの極や対立項を構造的に定立し、体系の不動の準拠点と化すなら、それは媒介のある局面のみを絶対化した錯視であり、媒介の遂行性に対する裏切りとなるだろう。それゆえ媒介とは、それ自身が活動であることによってのみその機能を発揮するものであり、構造であると同時に運動であるような現実的遂行、単なる形式の適用には還元しえない創造の過程を名指す概念なのである。

こうしてハイデガーは、中間領域としての言語の「あいだ」を、二元的対立の弁証法的総合としてではなく、「あいだ」そのものとして記述し、媒介性をその成立において指し示すことに徹するようになる。もはや分節を、世界や実存といった何らかの全体の分節と捉えるのではなく、分節の運動そのものに目を凝らし、そこに走る裂け目の分割線を見据えること、そしてその裂罅の内から出現する世界の発生を媒介そのものの生起と捉えることが要求される。そこでは、もはや何ものの中間でもない「あいだ」という逆説的な現象が自らを隠しながら現出し、媒介的でありながら被媒介的、規定的でありながら被規定的という媒体自体がもっていた逆説がさらにかたちを変え、被媒介項なき媒介、裂けるものなき「裂開」というより困難な逆説へと転じていく。それに従ってハイデガーの言語思想も、そうした緊張に拮抗しつつ対応するだけの強靱さを自らに対して要求するものとなる。

註

（1）H. A. Korf, *Geist der Goethezeit. Versuch einer ideellen Entwicklung der klassisch-romantischen Literaturgeschichte*, 4 Bde., 6. Aufl., Leipzig 1962.〔H・A・コルフ『ゲーテ時代の精神』第一巻、永松譲一訳、櫻井書店、一九四四年〕, id., *Humanismus und Romantik. Die Lebensauffassung der Neuzeit und ihre Entwicklung im Zeitalter Goethes. Fünf Vorträge über Literaturgeschichte*, Leipzig 1924.〔H・A・コルフ『人間主義と浪漫主義』羽白幸雄訳、改造社、一九四二年〕

（2）J. G. Hamann, Vermischte Anmerkungen über die Wortfügung in der französischen Sprache, zusammengeworfen, mit patriotischer Freyheit von einem Hochwohlgelahrten Deutsch-Franzosen, in: id., *Kreuzzüge des Philologen*, Sämtliche Werke. Historisch-kritische Ausgabe von J. Nadler, Wien 1950 (= HKA), Bd. 2, S. 129.

（3）I. Kant, *Kritik der reinen Vernunft*, A211 (Akademie Ausgabe [= AA], Bd. 4, Berlin 1911, S. 141), B257 (AA 3, S. 180).

（4）J. G. Fichte, *Grundlage der gesamten Wissenschaftslehre*, Johann Gottlieb Fichte's sämtliche Werke, Bd. 1, hg. I. H. Fichte, Berlin 1845, S. 216.

（5）W. von Humboldt, *Über den Geist der Menschheit* (1797), hg. A. Leitzmann, Gesammelte Schriften, Berlin 1903-36 (Akademie-Ausgabe: Nachdruck, Berlin 1968 [=AA]), Bd. 2, S. 332.〔W・v・フンボルト「人間の精神について」西村貞二訳、『フムボルト歴史哲学論文集』創元社、一九四八年〕

（6）*Ibid.*, AA 2, S. 328, 333.

（7）Id., *Das achtzehnte Jahrhundert*, AA 2, S. 6ff.

（8）この点からハイデガーは『純粋理性批判』の解釈に際して、第二版（B版）に対して第一版（A版）を優先させる。M.

Heidegger, *Kant und das Problem der Metaphysik*, 4. erweiterte Aufl. Frankfurt a. M. 1973, S. 163 (Gesamtausgabe [= GA], Bd. 3, 2. Aufl., Frankfurt a. M. 2010, S. 169).「第一版の基礎づけで開拓された基礎である超越論的構想力の不可解さと〈奇異〉、および純粋理性がもたらした明るい力とが相俟って、超越論的構想力のより根源的な本質に関して、いわばただ一瞬だけ現れた見通しは〔第二版において〕再び隠されてしまった」。

（9） J. G. Hamann, *Metakritik über den Purismum der Vernunft* (1784), HKA 3, S. 284.〔J・G・ハーマン「理性の純粋主義へのメタ批判」川名子義勝訳、『北方の博士／ハーマン著作集』上、沖積舎、二〇〇二年〕

（10） *Ibid.*, HKA 3, S. 285.

（11） 磯江景孜『ハーマンの理性批判――十八世紀ドイツ哲学の転換』第九章「ハーマンの言語思索」世界思想社、一九九九年、一六八―二〇〇頁。

（12） J. G. Hamann, *Zwei Scherflein zur neusten Deutschen Literatur* (1780), HKA 3, S. 231.

（13） Id., *Metakritik über den Purismum der Vernunft*, HKA 3, S. 284.

（14） E. Heintel, *Einführung in die Sprachphilosophie*, 3. Aufl. Darmstadt 1986, S. 131f.〔E・ハインテル『言語哲学入門』磯江景孜・下村鍈二訳、『言語哲学の根本問題』晃洋書房、一九七九年、所収〕

（15） J. G. Hamann, *Metakritik über den Purismum der Vernunft*, HKA 3, S. 286.

（16） 正式な標題は以下の通り。J. P. Süssmilch, *Versuch eines Beweises, dass die erste Sprache ihren Ursprung nicht von Menschen, sondern allein vom Schöpfer erhalten habe.*

（17） J. G. Herder, *Abhandlung über den Ursprung der Sprache* (1772), in: *Sprachphilosophie. Ausgewählte Schriften*, hg. E. Heintel, Hamburg 1960, S. 23 (Herders Sämtliche Werke [= SW], Bd. 5, hg. B. Suphan, Berlin 1891, S. 34)〔J・G・ヘルダー『言語起源論』大阪大学ドイツ近代文学研究会訳、法政大学出版局、一九七二年〕

（18） *Ibid.*, S. 25 (SW 5, S. 36).

（19） I. Kant, *Kritik der reinen Vernunft*, A103-110 (AA 4, S. 79-83).

（20） Cf. E. Cassirer, *Philosophie der symbolischen Formen*, 1. Teil: *Die Sprache*, Darmstadt 1994, S. 96.〔E・カッシーラー『シンボル形式の哲学』（一）生松敬三・木田元訳、岩波文庫、一九八九年〕

（21） J. G. Herder, *op. cit.*, S. 26 (SW 5, S 38).

（22） Id., *Vom Erkennen und Empfinden der menschlichen Seele* (1778), SW 8, Berlin 1892, S. 197.

（23） J. Trabant, Jenseits der Grenzlinie: Der Ursprung der Sprache, in: id., *Traditionen Humboldts*, Frankfurt a. M. 1990, S. 94-111.

（24） W. von Humboldt, *Essai sur les langues du nouveau continent* (1812), AA 3, S. 324.

（25） H. Steinthal, *Ursprung der Sprache im Zusammenhange mit den letzten Fragen alles Wissens*, Berlin 1858, S. 68.

（26） I. Kant, *Kritik der reinen Vernunft*, B1 (AA 3, S. 26).

（27） J. Trabant, Der innere Begriff der Sprachwissenschaft: Humboldt und Leibniz, in: id., *op. cit.*, S. 80f.

（28） E. Heintel, Herder und die Sprache, in: J. G. Herder, *Sprachphilosophische Schriften*, S. XXI.

（29） W. von Humboldt, *Über das vergleichende Sprachstudium in Beziehung auf die verschiedenen Epochen der Sprachentwicklung* (1820), AA 4, S. 15.

（30） *Ibid.*

（31） *Ibid.*, AA 4, S. 15, Anm. 2. 手稿における表現。

（32） *Ibid.*, AA 4, S. 14f.

（33） Id., *Fragmente der Monographie über Basken* (1801/02), AA 7, S. 596.

（34） Id., *Über das vergleichende Sprachstudium in Beziehung auf die verschiedenen Epochen der Sprachentwicklung*, AA 4, S. 14f.

（35） Id., *Über die Verschiedenheiten des menschlichen Sprachbaues* (1827/29), AA 6, S. 119.〔W・v・フンボルト「人間の言語構造の相違について」（抄訳）村岡晋一訳、フンボルト『双数について』新書館、二〇〇六年、所収〕

（36） Id., *Latium und Hellas oder Betrachtungen über das klassische Altertum* (1806), AA 3, S. 167.

（37） *Ibid.*

（38） Id., *Grundzüge des allgemeinen Sprachtypus* (1824/26), AA 5, S. 428.

（39） *Ibid.*, AA 5, S. 430.

（40） *Ibid.*, AA 5, S. 429.

（41） *Ibid.*, AA 5, S. 376f.

（42） Id., *Ästhetische Versuche. Erster Teil: Über Goethes Hermann und Dorothea* (1797/98), AA 2, S. 158f.

（43） J. Trabant, *Apeliotes oder Der Sinn der Sprache*, München 1986, S. 75.〔J・トラバント『フンボルトの言語思想』村井則夫訳、平凡社、二〇〇一年〕

（44） W. von Humboldt, *Über Denken und Sprechen* (1795/96), AA 7, S. 581-583. 元々は無題の手稿。

（45） この断章についての優れた内容的検討は以下を参照。H. Gipper, Sprache und Denken in der Sicht Wilhelm von Humboldts, in: id., *Wilhelm von Humboldts Bedeutung für Theorie und Praxis moderner Sprachforschung*, 2. Aufl., Münster 1994, S. 75-98.

（46） Cf. J. G. Herder, *Abhandlung über den Ursprung der Sprache*, S. 22f.; 60f., etc. (SW 5, S. 31f.; 99f., etc.).

（47） Cf. E. Heintel, Gegenstandkonstitution und sprachliches Weltbild, in: id., *Gesammelte Abhandlungen*, Bd.1, Stuttgart/Bad Cannstatt 1988, S. 252-261.

（48） *Der Briefwechsel zwischen Friedrich Schiller und Wilhelm von Humboldt*, Bd. 2, Berlin 1962, S. 207.

（49） *Ibid.*, S. 206.

（50） *Ibid.*, S. 209: Fähigkeit, innere Gedanken und Empfindungen und äußere Gegenstände vermöge eines sinnlichen Mediums, das zugleich Werk des Menschen und Ausdruck der Welt ist, gegenseitig auseinander zu erzeugen oder vielmehr seiner selbst, indem man sich in beide teilt, klarzuwerden.

（51） W. von Humboldt, *Über die Verschiedenheit des menschlichen Sprachbaues und ihren Einfluß auf die geistige Entwicklung des Menschengeschlechts* (1830/35), AA 7, S. 82. Cf. J. Trabant, *Apeliotes oder Der Sinn der Sprache*, S. 27f. カッシーラー以来問題とされるフンボルトとカントとの関係については例えば、G. Wohlfart, *Denken der Sprache. Sprache und Kunst bei Vico, Hamann, Humboldt und Hegel*, Freiburg/München1984, S.167-207 を参照。またこれに対する批判的見解として、T. Borsche, Die innere Form der Sprache, in: R. Hobert (Hg.), *Sprache und Bildung. Beiträge zum 150. Todestag Wilhelm von Humboldt*, Darmstadt 1987, S. 200ff. を参照。

（52） W. von Humboldt, *Ankündigung einer Schrift über die vaskische Sprache und Nation nebst Angabe des Gesichtspunktes und Inhalts derselben* (1812), AA 3, S. 296.

（53） Id., *Über die Verschiedenheit des menschlichen Sprachbaues und ihren Einfluß auf die geistige Entwicklung des*

Menschengeschlechts (1830/35), AA 7, S. 55.〔W・v・フンボルト『言語と精神――カヴィ語研究序説』亀山健吉訳、法政大学出版局、一九八四年〕

(54)　*Ibid.*, AA 7, S. 46. 有名なこのテーゼの分析および解釈史を一覧できる文献として以下を参照。L. Jost, *Sprache als Werk und wirkende Kraft. Ein Beitrag zur Geschichte und Kritik der energetischen Sprachauffassung seit Wilhelm von Humboldt* (Sprache und Dichtung , Neue Folge Bd.6), Bern 1960; T. Borsche, *op. cit.*, S. 59-70.

(55)　多くの議論を呼んだこの根本概念についての解釈の概略には以下を参照。T. Borsche, *op. cit.*, S. 193-216. 寺川央・福本喜之助編訳『現代ドイツ意味理論の源流』大修館書店、一九七五年。

(56)　N. Chomsky, *Cartesian Linguistics: A Chapter in the History of Rationalist Thought*, New York/London 1966, pp.24, 64ss.〔N・チョムスキー『デカルト派言語学――合理主義思想の歴史の一章』川本茂雄訳、みすず書房、一九七〇年〕

(57)　図式論および構想力のこのような理解が、ドイツ観念論・ドイツ人文主義において芸術の領域でさらに推し進められていく経緯について、優れた叙述として以下を参照。S. Dietzsch, *Dimensionen der Transzendentalphilosophie 1780-1810*, Berlin 1990, S. 156-177: Das Kunstwerk als Werkzeug: Schellings System des transzendentalen Idealismus.〔S・ディーチュ『超越論哲学の次元一七八〇―一八一〇』長島隆・渋谷繁明訳、知泉書館、二〇一三年〕

(58)　W. von Humboldt, *Über die Verschiedenheit des menschlichen Sprachbaues und ihren Einfluß auf die geistige Entwicklung des Menschengeschlechts*, AA 7, S. 21f.

(59)　I. Kant, *Kritik der Urteilskraft*, S. 254-260 (AA 5, S. 351-354). 以下を参照。円谷裕二『経験と存在――カントの超越論的哲学の帰趨』第七章「図式・象徴・美感的理念」東京大学出版会、二〇〇二年、一六三―一八四頁。

(60)　カッシーラーが遺稿で導入した区別を援用した。E. Cassirer, *Zur Metaphysik der symbolischen Formen*, Nachgelassene Manuskripte und Texte, Bd. 1, Hamburg 1995, S. 18.〔E・カッシーラー『象徴形式の形而上学――エルンスト・カッシーラー遺稿集　第一巻』笠原賢介・森淑仁訳、法政大学出版局、二〇一〇年〕Cf. R. L. Fetz, Forma formata – forma formans. Zur historischen Stellung und systematischen Bedeutung von Cassirers Metaphysik des Symbolischen, in: R. L. Fetz, S. Ullrich (Hgg.), *Lebendige Form. Zur Metaphysik des Symbolischen in Ernst Cassirers »Nachgelassenen Manuskripten und Texten«*, Hamburg 2008, S. 15-33.

(61)　B. Liebrucks, *Sprache und Bewußtsein*, Bd.2: *Sprache. Wilhelm von Humboldt*, Frankfurt a. M. 1965, S. 370. ここでリーブルクス

は、世界との出会い（Weltbegegnung）の過程としての世界観をマルクスの「交通・貨幣ないし資本」といった概念と引き較べている。これらもやはり、媒介という同じ主題のもとで考察されるべき問題群だからである。

（62） W. von Humboldt, *Über die Verschiedenheiten des menschlichen Sprachbaues*, AA 6, S. 179f.

（63） *Ibid.*, AA 6, S. 180.

（64） クザーヌスにも遡る「表現」ないし「超越」の問題を辿ったものとして以下を参照。酒井潔『ライプニッツのモナド論とその射程』「クザーヌスとライプニッツ——機能主義・関係・世界」知泉書館、二〇一三年、二五—四七頁。「記号」としての「表現」の問題については以下を参照。山下志朗『「誤読」の哲学』「ライプニッツと記号論」青土社、二〇一三年、九九—一一八頁。

（65） J. B. Carroll (ed.), *Language, Thought and Reality: Selected Writings of Benjamin Lee Whorf*, Cambridge, Mass. 1956.〔B・L・ウォーフ『言語・思考・現実』池上嘉彦訳、講談社学術文庫、一九九三年〕

（66） K.-O. Apel, *Die Idee der Sprache in der Tradition des Humanismus von Dante bis Vico*, 3. Aufl., Bonn 1980, S. 49.

（67） Cf. H. Gipper, P. Schmitter, *Sprachwissenschaft und Sprachphilosophie im Zeitalter der Romantik*, 2. Aufl., Tübingen 1985, S.117ff.: Die Humboldt-Renaissance im 20. Jahrhundert. 一九三〇年代には、言語学においてポルツィヒ（Walter Porzig, 1885-1961）、トリアー（Jost Trier, 1894-1970）、ヴァイスゲルバー（Leo Weisgerber, 1899-1985）らを中心に、中間領域としての言語という問題、あるいは母語と世界観の関係など、フンボルト的な主題群をめぐって活潑な議論が展開された。高田珠樹「世界観としての言語」、新田義弘他編『言語論的転回』（「岩波講座・現代思想」四）岩波書店、一九九三年、五五—八四頁。

（68） M. Heidegger, Der Weg zur Sprache, in: *Unterwegs zur Sprache*, GA 12, Frankfurt a. M. 1979, S. 234.

（69） E. Heintel, *Einführung in die Sprachphilosophie*, S. 56.

（70） 同様の問題意識は現代の現象学の動向にも見出される。E. Pazi, *Dall'esistenzialismo al relazionismo*, Messina/Firenze 1957.〔E・パーチ『関係主義的現象学への道』上村忠男編訳、月曜社、二〇一一年〕

（71） M. Heidegger, *Sein und Zeit*, 15. Aufl., Tübingen 1979, S. 37 (GA 2, Frankfut a. M. 1977, S. 50).

（72） Id., *Prolegomena zur Geschichte des Zeitbegriffs* (1925), GA 20, Frankfurt a. M. 1979, S. 287f.

（73） Id., *Sein und Zeit*, S. 162 (GA 2, S. 216).

（74） *Ibid.*, S. 161 (GA 2, S. 214).〔強調は原文通り〕

(75)　W. v. Humboldt, *Über die Verwandtschaft der Ortsadverbien mit dem Pronomen in einigen Sprachen* (1829), AA 6, S. 304-330.〔W・v・フンボルト「いくつかの言語における場所の副詞と人称代名詞の類縁性について」、『双数について』所収〕

(76)　M. Heidegger, *Sein und Zeit*, S. 119f. (GA 2, S. 159f.); id., *Prolegomena zur Geschichte des Zeitbegriffs*, GA 20, S. 343f.

(77)　Id., *Sein und Zeit*, S. 120 (GA 2, S. 160).〔強調は原文通り〕

(78)　Id., *Prolegomena zur Geschichte des Zeitbegriffs*, GA 20, S. 343.

(79)　Id., *Die Grundprobleme der Phänomenologie* (1927), GA 24, Frankfurt a. M. 1975, S. 423-429; cf. id., *Sein und Zeit*, S. 365 (GA 2, S. 482f.).

(80)　Id., *Die Grundprobleme der Phänomenologie*, GA 24, S. 436.

(81)　Id., *Sein und Zeit*, S. 349 (GA 2, S. 462).

(82)　Id., *Vom Wesen der Sprache. Zu Herders Abhandlung »Über den Ursprung der Sprache«*, GA 85, Frankfurt a. M. 1999, S. 1-150. ただし、本書の後半に「付録」として付された「講義記録」では、ヘルダーの『言語起源論』の議論が忠実に紹介されているところから、実際のゼミナールでは原典に即した講読がなされたものと推察される。

(83)　*Ibid*., GA 85, S. 55.

(84)　*Ibid*.

(85)　*Ibid*., GA 85, S. 56. Cf. id., *Zum Wesen der Sprache und Zur Frage nach der Kunst*, GA 74, Frankfurt a. M. 2010, S. 179; id., Die Sprache, GA 12, S. 11.

(86)　W. von Humboldt, *Über die Verschiedenheit des menschlichen Sprachbaues und ihren Einfluß auf die geistige Entwicklung des Menschengeschlechts*, AA 7, S. 176; M. Heidegger, Der Weg zur Sprache, GA 12, S. 237.

(87)　M. Heidegger, Der Weg zur Sprache, GA 12, S. 236.

(88)　Cf. C. Lafont, *Sprache und Welterschließung. Zur linguistischen Wende der Hermeneutik Heideggers*, Frankfurt a. M. 1994, S. 140f.

(89)　M. Heidegger, Der Weg zur Sprache, GA 12, S. 238.

(90)　リープルクスのフンボルト解釈が代表的なものであるが、それに先立って、そうした方向の先鞭をつけた古典的著作は、H. Steinthal, *Die Sprachwissenschaft Wilhelm v. Humboldt's und die Hegel'sche Philosophie*, Berlin 1848 (Neudruck, Hildesheim/Zürich/

New York 1985) である。

（91） M. Heidegger, Der Weg zur Sprache, GA 12, S. 236.

（92） Cf. W. von Humboldt, *Über die Verschiedenheit des menschlichen Sprachbaues und ihren Einfluß auf die geistige Entwicklung des Menschengeschlechts*, AA 7, S. 55.

（93） M. Riedel, Sprechen und Hören. Humboldt und Hegel oder das ursprünglich dialektische Grundverhältnis, in; id., *Hören auf die Sprache. Die akroamatische Dimension der Hermeneutik*, Frankfurt a. M. 1990, S. 50-69; 亀山健吉『言葉と世界――ヴィルヘルム・フォン・フンボルト研究』「フンボルトにおける言語比較の方法」法政大学出版局、二〇〇〇年、二六―三二頁、村岡晋一『対話の哲学――ドイツ・ユダヤ思想の隠れた系譜』講談社、二〇〇八年、一三三―一五一頁。

（94） W. von Humboldt, *Über den Dualis*, AA 6, S. 25.〔W・v・フンボルト「双数について」、『双数について』所収〕

（95） Novalis, Monolog, in: id., *Schriften*, Bd. 2: *Das philosophische Werk I*, hg. P. Kluckhohn, R. Samuel, Darmstadt 1965, S. 672; cf. I. Strohschneider-Kohrs, *Die romantische Ironie in Theorie und Gestaltung*, Tübingen 1960, S. 249-273.

（96） M. Heidegger, Der Weg zur Sprache, GA 12, S. 256: Denn das Ereignis ist, eignend-haltend-ansichhaltend, das Verhältnis aller Verhältnisse.

（97） *Ibid.*, GA 12, S. 256, Anm. c.

（98） *Ibid.*

第七章　地平と遠近法

――ハイデガーの『ニーチェ』第一巻における地平論の帰趨――

序　地平と限界線

「地平」（Horizont）という概念は、古くは古代ギリシアの天文学において天体現象の観察が及ぶ「視界」（ὁ ὁρίζων κύκλος）を名指すものであった。しかしその語は元来が「限定する」（ὁρίζειν）という動詞に由来するところから、他の分野にも比喩的に転用され、古代・中世においては、人間の生の限界や有限性を考察する人間論的な思考と結びつき、例えばトマス・アクィナスにおいては、精神と感覚に囲まれた限定的存在たる人間を指す表現として、「感覚と非感覚的なものの地平と境界」、ないし「永遠と時間の地平」といった用語法が導入されている[1]。人間存在の中間的性格に刻印された「限定」を意味する「地平」の語は、近代になると、とりわけ人間の認識能力の射程を論じる際に、「人間の学知の地平」（ライプニッツ）といった用例において認識論的な意味合いを強く帯びていく[2]。そこには当然のことながら、近代絵画での遠近法理論による絵画空間の構成、つまり地平と遠近法の関係をめぐる理論が反響し、近代の思考と表象空間において、「視点」（Sehe-punkt）という知の立脚点が大きな役割を果たすことになる[3]。それに応じて、世界の表象化と表象空間の自己限定が、哲学という知の営みそのものの中に深く介入し、哲学的思考を有限的な知の自己限定や境界画定という方向へと導いていくのである。人間の理性能力の自己吟味を主題とするカントの『純粋理性批判』では、「超越論的方法論」の中で「人間理性の地理学」が語られ、表象世界の空間的な領土化の隠喩を通して、地平概念の導入が理性批判の問題に直結する。「われわれの純粋理性をめぐる問題は、この地平の外部にあるもの、そしてまたともかくその限界線上にあるものに関わっている(4)」。こう語るカントにとっての理性批判は、理性の地理学というかたちで、理性固有の地理を測定し、「地平」によって画された領土を自己の能力内に登記し、なおかつ領土外の「未知の領域《テラ・インコグニタ》」との境界を定めることである。したがって「地平」とはカントにおいて、既知性と未知性、領土と脱領土がせめぎ合う限界線であり、理性批判と形而上学の対立は、その限界線をめぐって争われる理性の攻防であった。こうして「地平」という概念の内には、その始めから人間の有限性に関わる内部性と、その領界が接している未知の超越的な外部性との関係が書き込まれている。そうした境界をめぐる緊張は、十九世紀においてニーチェが生の領域の自己確立の文脈の内に地平概念を導入した際に、生の脆さと強さの両面を表す「力」の論理と融合していくのである。

二十世紀の現象学・解釈学の現代的刷新の中で、ハイデガーもまた『存在と時間』において「存在了解の超越論的地平の解明」という課題を掲げ、地平論の着想のもとに「事実性の解釈学」にもとづく基礎存在論を構想した。ハイデガーが存在論的に練り上げようとした地平概念は、知覚的現象に根差したフッサールの地平理解をさらに人間存在の構造全体に拡張し、世界-内-存在における世界開示と、意味を通して具現化される存在了解を媒介する役割を担っていた。対象的領域そのものを可能にする超越論的制約は、意味地平としての世界に書き換えられ、さらにその意味地平の成立は、現存在の存在了解における投企と分節を通して、地平的図式によって裏づけられる。したがって、ハイデガーが構想した超越論的地平の理論は、カント的な超越論哲学の衣鉢を継ぎながら、経験の超越論的原則である「知覚の予料」を現象学的な「先行構造」（Vor-Struktur）と読み替え、論理的なア・プリオリ性を解釈学的な意味了解の時間性へ転換するものであった。そのような理論的背景のもとで、ハイデガーの地平論は、人間の有限性を表現する古代以来の地平の理解、あるいは生の力の内に遠近法的地平性を見抜くニーチェ的な地平概念をも響かせながら、地平の主題《トポス》を現存在の実存論的分析に組み入れ、人間の有限性と超越性のはざまに見え隠れする危うい限界線を探り出そうとしていた。しかしこの構想はいわゆる「転回《ケーレ》」とともに放棄され、さらに『存在と時間』に付された「第一部」の表記も第七版（一九五三年）以降削除されるように、その試みは最終的に断念される。こうした動向にともない、地平概念の用例もまた批判的色彩を強く帯びることになり、地平性の表象的性格が近代的主観性の理解と重ね合わせられていく。「地平と超越は、したがって諸対象とわれわれの表象作用の側から経験され、諸対象とわれわれの表象作用の観点に限定されている(5)」。

地平論をめぐるこのような経緯をハイデガーのテクストに即して追跡するために、本論では一九三〇年代半ばに行われたニーチェ講義を主題として、特に『ニーチェ』第一巻で論じられた図式論および地平論を再構成することによって、地平論に潜む難点を見極めていきたい(6)。なぜなら、ニーチェの遠近法的地平論を詳細に縷説しながらも、ニーチェの内に近代形而上学の完成者の姿を見抜いていくその過程は、ハイデガーが自らの地平論的存在論に潜在する難点を自覚し、かつそれを積極的に超克する過程と並行していると考えられるからである。このような観点から、ここではまず第一に、ハイデガーの視点からニーチェの地平的図式論を再構成し、続いてその根拠づけの試みを「等しいものの永劫回帰」の内に見ていきたい。こうした手続きにもとづいて、ハイデガーのニーチェ批判を地平論そのものに対する内在的批判として理解するのがここでの考察の最後の課題である。したがって本論は、ニーチェ講義を手掛かりに、ハイデガーがニーチェを読解する過程で自らニーチェによって読解される過程を目撃するための試みである。そのためここでは、何らかの既存のニーチェ解釈を前提するのではなく、ニーチェをハイデガーの肩越しに読むことに努め、ニーチェの思想の再構成をもっぱらハイデガーの解釈に則って行いたい。

一 地平的図式と遠近法

(1) 力への意志の一般的性格

ハイデガーのニーチェ解釈の特徴は、力への意志を哲学的伝統の内に位置づけたうえで、ニーチェ思想を独自の知の理論として読み解いていくところにある。力への意志は、有機的生命体の活動において顕著に見られるように、絶えざる「差異の意識」に貫かれた維持と昂揚の連続であり、同一形態での自己保存をすら停滞ないしは憔悴とみなすような流動的生成の次元を自ら体現している。この自己拡張の運動は、自己否定をともないながら力の「プラス」(7)を意志する自己超越の過程であり、その力の自己遂行にあっては、作用と反作用、活動と抵抗の二重性が自らの内で感受される。そのため力への意志は、対象に向けての直線的作用であるばかりか、「……とは別様であること(Anders als...)、しかも本質的なところにおいて別様であること」(8)によって自己をそのつど差異化するものであり、否定性の契機に媒介された再帰的自己関係の遂行である。そしてニーチェ思想の根本的目標が「諸価値の無意味化」(9)としてのニヒリズムの超克にあり、しかも「すべての価値の価値転回」の原理が力への意志の内に求められていることを考え併せるなら、力への意志とは、既成の価値体系内部での支配欲や権力志向などではなく、むしろそのつど新たな理解地平を切り拓きながら不断の自己革新を遂行する「決-断」(Entschlossenheit）であり、自己との決裂（Ent-）を続行することで、その「差異の意識」（Differenz-Bewußtsein）とともに、意志そのものと意志対象とを同時に現出させる「開示的開放性」（das eröffnende Offenhalten）としての性格をもっている。(10) 一般的に意志概念は、理性的認識とは区別された存在実現の能力を指すが、このような意味での「決-断」と解された力への意志においては、意志対象の存在定立は、存在者についての了解ならびに意志主体の自己理解をも実現するものとなる。ハイデガーは力への意志の規定のために、中世において「悟性表象をともなう欲望」と捉えられた「知性的欲求」（appetitus intellectualis; ὄρεξις διανοητική）を始め、ライプニッツの「行為」（agere）概念など、意志の「観念論的解釈」を参照するが、(11) これは力への意志の内に、単なる物理的・生物学的な動力だけでなく、知と力の統一、つまりその行為的性格を見て取るためにほかならない。したがって「力への意志」は、意志対象の無規定性と意志主体の解消をその究極的様態とするショーペンハウアー的な「盲目の意志」とは異なり、衝動による状況の開示の内で自らの自己関係をも遂行するもの、「何ものかを自らの前に所持し、自らの前に立てること」（sich vor-halten, sich vor-stellen）というかたちで知と表象を絶えず自己との関係において措定するものと理解されなければならない。(12)

自己再帰的関係を有した自発性の構造ゆえに、力への意志の解明は、その生物学的外観にもかかわらず、刺激・反応といった行動主義的因果論の図式を大きく逸脱する。確かにニーチェもその記述に際しては、生物学や心理学を始めとする自然科学的意匠を随所に鏤めてはいる。しかしこのことは、形而上学的思弁による「背後世界」の混入を排除し、「実験」に象徴される批判的精神を顕揚するための戦略と理解すべきであって、(13) 科学主義的態度への無批判の信頼とは区別されなければならない。(14) 例えば「概念と感覚の化学」(15) なども、高次の理性的能力を低次の能力の「昇華」と捉える暴露心理学の性格をもつとはいうものの、この「化学」の内には、後年のニーチェ思想における徹底した現象論と、それにともなう近代的意識の系譜学的解体とが予告されているとも言えるだろう。ハイデガーもこのような理解に沿うかたちで、いわゆる実証主義的時期以降のニーチェを重視すると同時に、意識論的および科学主義的先入観を括弧入れしながら、「力への意志」の現象論を徹底化しようとする。こうした方途にともない、近代の意識哲学における「意識の事実」は、論定不可能な事実性として前提されるのではなく、身体性の次元にまで遡及する超越論的事実性として前景化する。そのため力への意志の究明の場は、内省による自己観察やエゴによる構成論の内にではなく、現在的な遂行の中での自己解釈の内に求められねばならない。ニーチェにおける「肉体への信憑は精神への信憑よりも根源的である(16)」といった言明、あるいは身体を「大いなる理性(17)」とみなす主張は、近代的意識哲学における認識源泉としてのエゴに疑義を呈したうえで、意識の明証性に対して脱自的身体の開示性を対置する。認識もそうした身体の遂行形態にほかならない以上、認識そのものについての解明もまた、経験の可能性の制約に対する論理的推定としてではなく、存在者との脱自的関係の中での自己開示に即して記述されねばならない(18)。ここには、個別諸科学と近代的自我論からその自明性を奪い、客観的事物の対象性と自我の実体性を解体し、それらを現存在の自己解釈から捉えようとする『存在と時間』での解釈学との確かな連続性を看取できる(19)。『存在と時間』において解釈学が、元来の出自である古典解釈・ローマ法解釈・聖書釈義という次元を離れて、現存在の開示性の契機へと組み込まれているように、そのニーチェ論もまた、新カント学派的な自然科学と精神科学の区別という学問論的枠組み以前のところで、認識を知性の自己実現としてではなく、身体を含めた人間存在の実現という面から存在論的に解明することをひとつの重要な課題としているのである。

（２）　カオスの図式化としての認識

ニーチェにおいて「障碍は力への意志の刺激である[20]」と言われるように、状況を自らに対する抵抗として現前させることは、力への意志の自己昂揚の過程における不可欠の契機をなす。意志主体は、自らの拡張を阻む対象を措定することによって初めて意志主体としての自己を確立することができるからである[21]。自己超越は、確かな基盤に裏づけられた先駆性であるために常に自己限定を要求する。そのため力への意志の一様態としての認識もまた、抵抗性の定立における自己形成の一環、つまり生の無拘束性に対する自己限定として記述される。その過程を端的に表現しているためにハイデガーによってもつぶさに検討されるのが、次のように始まるアフォリズムである。「〈認識する〉のではなく、図式化するのである――つまり、われわれの実践的要求を満たすに足るだけの規準や形式をカオスに課すのである[22]」。

このアフォリズム解釈を中心としたハイデガーの地平的図式論は、生の流動的生成という直接性の場における認識形成の解明といった発生論的性格をもつ。世界はその総体の算定不可能性ゆえに「永遠にわたってカオス[23]」であるが、そのような生の混沌内部での概念的固定化の働き、つまり「図式化」（Schematisieren）こそが、ニーチェ的に理解された認識である。力への意志に根差した認識は、生の無規定な奔流を形態化する「規準と形式」を確立するために、自らに対する「限定するもの」（τὸ ὁρίζον）である「地平」（Horizont）を形成していく[24]。そして地平とは可視的領野、それも特定の視点から開かれた有限的な視界を意味するため、地平性は本質的に遠近法的性格を有する。しかも「地平形成は生命体自身の内的本質に属する[25]」と言われるように、この遠近法的地平は、単に可能的知覚という意味での対象化の地平に尽きるものではなく、理論的であると実践的であるとを問わず、生の遂行としての経験一般を特徴づけるものとなっている。こうしてニーチェ的地平論は、古くは「光学」（ὀπτική）に由来し、近代においては絵画空間や劇場空間の構成の場面で用いられた「遠近法」（Perspektive）概念、あるいは視界を縁取る可視性の限界を意味した「地平」概念を、独特の生命理解を介在させることによって視覚の隠喩系から解放し、世界了解一般の文脈へと組み入れるのである。

遠近法的地平は、視覚的経験の構造であるばかりか、個別的経験一般に先立ちそれを媒介する基本構造と理解される以上、認識以前に存在する無媒介の即自的存在者をあらかじめ前提することは許されない。そのため地平形成としての図式化の過程は、いまだ認識のかたちを取らない雑多な感覚与件の組織化などではなく、むしろ存在者との遭遇に関する先行的条件、つまり対象性一般の形成を意味する。存在者の現出とは、常に何ものかとして（als）の現出であるが、そのような現出と分節とを同時に可能にするのが地平形成としての図式化の機能である。

図式化によって構造化された地平の先行的形成とともに、存在者の現出とその多様な意義規定が可能となる。地平としての全体性は、部分の累積によって到達しうるような加算的総計ではなく、存在者の意味論的同定としての解釈を可能にする意義全体性の謂である。この場合の「図式」は、個々の存在者を何ものかとして主題化する際の解釈の分節性をなす。地平的平面での個々の意義の同定は他の意義との差異において初めて可能になる点を顧みるなら、そのような地平内部での同定と否定との相互性こそが解釈の「として」（Als）構造を特徴づけるものと考えられる。しかし地平の機能は、地平としての可知的領域の組織化に尽きるものではない。絵画の遠近法が視覚空間を秩序づける「消尽点」として無限遠点をもつように、現出地平もまた特定の観点を理念的な中心としながら、限界づけの中で無限への開放性をもつ。地平的図式とは、その語源に見られるような「限界づけ」の意味をもちながらも、それを通してのみカオスとしての世界総体が望見されうるような透明な臨界面、ないしはそれ固有の制約の内で生の実相を顕現させる開きの場をも名指しているのである。

遠近法的地平とは特定の視点に拘束された有限的な意味化の原理ではあるが、その意味遂行の過程では、地平内での存在者の現れとしての意義と、地平それ自体の現出とのあいだの位相の差異が了解されている。世界地平はそれ以上背進不可能な現出地平であるため、それ自身を内世界的存在者として解釈することはできない。それゆえ地平開示とは、地平そのものと地平内部的な個々の意義との差異の開示でもある。「認識」を比量的算定と捉えるアフォリズムの中で、ニーチェが「遠近法的真理」を「絶対に〈認識〉できない」[26]と言ったのは、このような両次元をめぐっての知の絶対的不連続性、言うなれば存在的次元と存在論的次元の異質性を洞察してのことであったと考えられる。確かに地平的全体性は統制原理としての理念とは異なり、それ自体現象にもたらしうるものではあるが、この地平の現出としての「遠近法的真理」を見届けるには、知の根源的態度変更としての「還元」が施行されなければならない[27]。ニーチェにおけるカオスとは、このような還元の果てに開示される次元、つまり内世界的投企によっては有意義化することのできない存在了解の場を伝えている。「地平とは透明な媒質を通じて初めてカオスをカオスとして（als）現出せしめるものである」[28]と述べたとき、ハイデガーもまた、カオスとしての世界総体というニーチェの主張を単なる不可知論の表明としてではなく、むしろ地平内部で機能する分節性とは異なった「として」の場を名指したものと理解したように思える。そしてハイデガーが「カオス」（χάος）の語源である「カイノー」（χαίνω）、すなわち「裂目を開くもの」（das Auseinderklaffende）の内に「アレーテイア」としての真理のはるかな余韻を聴取しているように[29]、地平においてカオスがカオスとして把握されるというこの事態の内には、地平のもつ独自の真理論的機能が表現されている。カオスは十全な意味へともたらしうるものでも、また意味化以前の何ものかとして地平に対して外在しているものでもない。それに応じて地平論的思惟は、存在と意味との関係を独立した二項間の差異と捉えたうえで一方を他方に還元するといった思考を排除する。図式化としての認識は、概念的図式を媒介にして生の流動性を意味の内に固定する働きではあるが、この意味化の運動は、意味と存在とのギャップそのものを意味了解の只中で洞察するものなのである。

　ニーチェにおける「図式化」とは、遠近法的地平性とともに世界を意味として現出させ、しかもその意味遂行の内部で、存在者同士の差異のみならず、意味と存在との差異を存在者の自体性に即して洞察する差異化の振動にほかならない。そのような意味で理解された「図式化」は、その言葉の響きとは異なり、けっして外部から強制される形式化や、硬直したパターンの刻印ではなく、それ自身の内で差異を産出しながら、同時にそれを媒介する活動性である。確かに一般的に図式性には、個物と普遍との媒介の性格が帰せられるところから、アリストテレスにおいては「範疇的規定《カテーゴレイン》の諸図式[30]」（τὰ σχήματα τῆς κατηγορίας）が語られ、カントの『純粋理性批判』においては、感性の個別的受容性と悟性の普遍的総合力を仲立ちする場所に超越論的「図式論」が設定されるが[31]、ニーチェの図式論はそこでの問題を引き継ぎながら、所与としての個物を普遍的範疇のもとに包摂する論理的な処理や、感性と悟性の結合といった能力論上の説明ではなく、カオスへの帰属性の内での概念形成をその力動性のままに見届けるという発生論的課題に応えようとするものであった。図式化が論じられる同じアフォリズムの内で、「先在的〈イデア〉」（eine präexistente „Idee“）が否定され、理性あるいは範疇の「形成」や「発達」が語られる所以もここにある。「類似のもの、同等のものへと調整し創出すること――どの感覚印象も経過するこの過程が、すなわち理性の発達である！　ここには先在的〈イデア〉など働いていない[32]」。ニーチェの「図式化」によって語られているのは、純粋悟性概念としての範疇を感性的所与に適用する操作ではなく、むしろ純粋悟性という自立した能力そのものの流動化であり、その生起なのである。こうした論点には、意識あるいは理性を自存する能力として前提するのではなく、意識自身の根底へと遡ることで、意識が自らの発生を、自己の内部の差異とともに見届けようとする現代の現象学と共通する問題意識を想定することができる。現出論的差異の洞察の徹底化を通じて「生き生きとした現在」という発生論的次元に直面し、自らが拠りどころとしていた近代的反省論を自覚的に超克するところに現代の現象学の基本的動向があるとするならば[33]、このような現象学の基底層とニーチェの図式論、およびそれを積極的に解釈するハイデガーのニーチェ論との距離は予想以上に近いとも言えるだろう。その洞察はまた同時に、ニーチェの視線を介してカントの図式論を再解釈することで、超越論的図式性ないし構想力の存在論的意味を発生論的現象学の観点から問い直すことに繫がるものなのである。

二　地平論と永劫回帰

(1)　循環と時間性

地平的図式化としての認識理解は、遠近法的地平形成を図式化の機能の内に求めることによって、現出と概念的分節との不可分性を示し、経験一般における概念的媒介の普遍性を明らかにした。このことは同時に、既知性と未知性の二元的対立を解消し、顕在的な知の内に潜在的に機能している先行知の働きを明るみに出すことでもあった。この先行知は、顕在化した知の「地」となってそれを規定してはいるが、視点の向け換えによって顕在化しうると同時に、「図」との相互関係の中でそれ自身変更可能なものでもある。こうした運動が知の不断の革新を約束し、自己反復の同語反復《トートロジー》に停滞することを封じている。そのため地平的図式が具体的経験に先行するとは言っても、それはコードとして自立したア・プリオリなどではなく、むしろその本質が遂行と分かちがたい解釈学的ア・プリオリとでも言うべきものである。そこから図式化による地平形成には、先行性と行為性とを共に表現する「理性の創作的本質」（das dichtende Wesen; das dichterische Wesen）との名称が与えられる。[34]

この創出機能は、知の本来的な革新を保証するだけではなく、世界了解内部での意味了解の相対性を主題化しうる場面、つまり、意味に還元しえない存在者の自体性を把握する可能性を開くものでもある。ニーチェの汎解釈主義は、実証主義の素朴性を暴露するに急なあまり、ともすると存在者の客観的自立そのものを解体し、真理性の理解を失効させる傾向にあるが、ハイデガーは、図式化に関するアフォリズムの中でニーチェが言及した「類似のもの、同等のものへと調整し創出する（ausdichten）こと」[35]の内に、類型化による範疇形成の働きとともに、対象の自己同一性を確保する機能を見届けようとする。認識が理性的認識でありうるためには、存在者に関する多様な解釈と存在者の存在との差異を洞察し、意味の多様性と存在の同一性を区別可能にする機能、つまり同一性の「創出」という先取的定立の働きが本質的契機として含まれなければならないからである。このような意味での同一性の創出は、現在の「覚知」（Apprehension）における存在者の意味論的多様性や、過去の「再生」（Reproduktion）における存在者の再現に先立ち、それらを可能にする同一性に対する源信憑として機能している。「理性の創作的性格は、カントがその超越論的構想力の理論において初めて明示的に発見し、考え抜いた」[36]とハイデガーが指摘する通り、この創出的機能は、同一性の先行的構成という点で、カントの「構想力」（Einbildungskraft）、とりわけその中心的機能である「再認」（Rekognition）の働きに相当する。同一性の先行把握として捉えられた構想力は、地平的図式の思考を徹底化することで、超越論的図式論そのものを刷新し、理性の二元的能力の結合にとどまらない発生論的次元を開き始める。そこにおいて理性の創出的機能は、存在者の解釈がそのつどの意味に解消しえない何ものかについての解釈であるということを洞察可能にし、その限り地平の真理論的機能を対象理解の次元へと媒介する役割を果たすのである。それゆえこの媒介性の次元こそが、真理論的次元での「として」と地平的分節における「として」とが交錯する場であるとも言えるだろう。存在における真理と意味の媒介といった問題意識――思想史的に見るなら、カントの超越論的構想力の理論を起点として、ドイツ観念論に繋がる流れ(37)――は、ハイデガーのニーチェ解釈において、それが内包していた存在論的な潜勢力を目覚めさせるのである。

カオスの図式化としての認識は、同時に「力への意志」にとっての「維持と高揚の観点」としての「価値(38)」設定でもあり、そのため地平的図式の形成は、創出的機能による存在者の同一性の保持のみならず、力への意志の「自己確知(39)」(Selbstgewißheit) をも可能にする。力への意志は、世界意味と世界総体との差異の意識に動機づけられるかたちで、地平自体の不断の自己破壊と新たな地平創出とを遂行し、その無窮の活動をもって自己高揚の指標とする。「解釈の多様性が力の徴候である(40)」と言われるように、ニーチェにとって諸々の遠近法は、ライプニッツのモナド的遠近法とは異なり、その明瞭性の質に従って階層化されるものではなく、むしろ地平開示における力の度数が逆に力の質を決定するのである(41)。こうして力への意志の地平形成は、同時にその地平の内に反映する自己の力としての質を査定することに通じるため、解釈は解釈されることと循環的な関係に置かれ、世界開示と自己了解は相互依存的なものと捉えられる。このように地平的解釈は、それを通じての再帰的な自己規定を内含するため、そこから力の徴候学ないしは力の病跡学としての「系譜学的」解明も可能になると言えるだろう。

このようにして提示された解釈学的循環の思想を、『存在と時間』での現存在の解釈学と対比し、さらに理性の創出的機能とカント解釈における構想力との類縁性にまで思い至るなら、ここから「時間性」にもとづく地平的図式論の根拠づけへの道程は実にわずかでしかないことが理解できる。このことは特に、理性の創出的機能が有する先行性をカント解釈における「純粋再認」の機能と重ね合わせることによって顕著に見て取ることができる。ハイデガーは『カントと形而上学の問題』に代表される一連のカント解釈において、『純粋理性批判』第一版の「超越論的演繹論」に依拠しながら、対象の対象性の構成にとって構想力が果たす決定的な役割を指摘し、その働きを時間性の内に求める議論を展開していた。そこにおいて純粋再認、すなわち「再認の総合」(Synthesis der Rekognition)は、個別的経験に先立つ同一性の投企の性格をもつため、構想力の他の二契機である「覚知の総合」(Synthesis der Apprehension)、「再生の総合」(Synthesis der Reproduktion)に対して優位をもつものとして、将来性の位置づけが与えられていた。そのうえで構想力の三契機が時間性の脱自的三方位性として理解され、対象一般の地平形成の根拠が構想力の時間的本質の内に求められていたのである。[42] 力への意志にもとづく地平的図式論、特にその創出的本質と構想力との対応を考慮するなら、ハイデガーの理解する力への意志もまた、カント解釈における構想力がそうであったように、自らの時間的構造の内に地平的図式形成の根拠を有すると言えるだろう。そして永劫回帰を「時間がもつ秘められた本質[43]」と語っていたハイデガーの言葉に照らすなら、永劫回帰のもつ循環構造の内に時間性のあり方を求める存在論的時間論の構想も十分に可能である。力への意志は理性の創出的機能にもとづいて地平的図式を開示すると同時に、世界解釈の過程において自ら循環的に自己規定を受けるという自己関係的な過程であった。力への意志が遂行する自己超越と自己限定の連続、そしてこの過程に随伴する世界解釈と自己解釈との相互性は、「等しいものの永劫回帰」のもつ自己回帰的構造、すなわち、将来性から発して既在性に還帰して現前性において時間化するその時間的本質の内にその循環の根拠を見出す。自己昂揚に内在する否定性の契機もまた、時間性における「まだ……ない」(noch nicht) と「もはや……ない」(nicht mehr) という二重の否定と捉え直すことができる。こうして、その遂行過程にともなって不断に変貌を遂げていく力への意志の自己性も、時間性の自己触発における自己差異化、あるいは時間性の統一と脱自的地平の相互触発と理解することができる。したがって力への意志の自己高揚における「自己」(sich)とは、実体として作用に先行する「自体」(An-sich)ではなく、それ自身が時間の時間化である「等しいものの永劫回帰」として生起する事象に対する事後的表現であり、その自己は自らの内で制約と被制約、世界への超出と自己への還帰を同時に遂行する作動性なのである。

(2) 瞬間性としての永劫回帰

ニーチェによる「等しいものの永劫回帰」の論証は、力への意志は総量として無限ではありえないという主張にもとづいて、そこから同一事象の反復を演繹するものである。これまでの時間性に関する論述は、図式化の過程と「等しいものの永劫回帰」との連繫を「力への意志」の本質から導出しようとするものであり、その意味ではニーチェの行った演繹過程を図式論の観点から再構成したものと言ってよい。しかしハイデガーはこのような論証法を、力への意志の内に潜在している内容の単なる顕在化とみなし、その根拠づけとしての効力に制限を加えている(44)。なるほど「等しいものの永劫回帰」は、カオスの図式化を通じての自己解釈の過程を、その地平開示性と地平における遠近法的限定とを介して統一的に理解可能にするものではある。しかしこのような仕方で演繹された永劫回帰は、力への意志の自己再帰的構造の論理的帰結にすぎないのであって、それ自身現象として証示されたものとは言いがたい。そもそも論理的導出は、論理性の成立そのものを力への意志の活動として理解するニーチェの現象論に背馳するものであり、そこにおいては時間性の時間化、あるいは「等しいものの永劫回帰」の生起それ自身は経験されるべくもない。そのため力への意志からの推論過程では、力への意志に内在する差異化の事態が、構造上の相似性ゆえに永劫回帰の再帰性と等置されたにとどまり、根拠づけの過程そのものは正面から論じられなかったとも言えるだろう。根拠づけの試みが、永劫回帰の現象的証示を欠くならば、根拠づけられるものの構造が根拠の次元に投影されることは避けがたい。たとえ力への意志の自己超越の構造が時間性の自己触発過程に求められるにしても、この場合そのような差異性を可能にする同一性、時間性としての統一そのものは前提となったまま問われることがない。つまり地平的図式論から推論によってその構造を提示するという行き方では、永劫回帰は差異化の構造としてのみ扱われるため、それが「等しいものの永劫回帰」である所以が十分に解明されえないのである。そこで「等しいものの永劫回帰」をその現象性において取り上げ、永劫回帰自身が自らその姿を示す本来の開示の場を獲得することが要求される。

「等しいものの永劫回帰」の思想は、今‐継起の直線的系列という通俗的時間表象を排除するのはもちろんのこと、古代の円環的時間観の単純な復興とも一線を画す(45)。永劫回帰は時間に対する何らかの主観的な「観点」ではなく、カオスの「必然性(46)」であり、生の混沌を貫くある種の法則性を名指しているが、すでに見たようにハイデガーはこの法則性を論理的・自然科学的に証明するという方法には与せず、その開示の本来の場を「決断」の瞬間性に求めようとする。それはニーチェの教説が帯びる自然哲学的・宇宙論的傾向を、解釈学的・超越論的方法と統一的に理解しようという試みである。言い換えるならそれは、力への意志の有限的な認識の只中で、総体として算出不可能なカオスがどのように了解されるのかという、有限性と全体性をめぐる思惟だとも言えるだろう。『存在と時間』において、決断の瞬間性の内に、自然学的時間が無効化されるのと並行して、本来的な時間性が開示され、将来への投企から再帰的に自己へと還帰する時間化の運動が見届けられたのと同様に、ハイデガーはニーチェにおいても、「決断」の一瞬において、永遠と瞬間とが接触し、無限性と有限性が交叉し、時間が崩壊《クラッシュ》を起こす亀裂から、永劫回帰という時間性の神秘が自らを告げる姿を見ようとするのである。

ニーチェにおける「決断」は、「すべての価値の価値喪失」としてのニヒリズムという歴史的状況に動機づけられ、その超克として試みられる。そして決断とは、一方で状況の自明性からの離脱である反面、他方では、転換が図られるべきその状況に前もって帰属し、そこから決断の力を汲んでくるという逆説的事態である。そのため決断における思惟は、課題の将来性に向けての「先行的思惟」（vorausdenken）であると同時に、そこにおいて状況全体が同化されるという意味で「回想的思惟」（zurückdenken）でもある。[47] ここでは決断の瞬間性と時間の連続性とを対立関係に置くような思考、あるいは時間内容と時間形式とを区別するような理解が止揚され、瞬間における時間性の時間化構造が忠実に記述されている。ニーチェの語る「正午の時」こそがこのような決断の瞬間、つまり「すべての時間的なものが最も清明な光によって浄化され合一する最高の統一の瞬間」[48]であり、「等しいものの永劫回帰」が開顕する場なのである。この「正午の時」は、時間内での客観的諸現象が統一的に現出する時間化の生起そのものであるため、それ自身を時間客観とすることはできず、時間相の名前をもたない非有の地点で、ただ「瞬間」として経験されるほかはない。そしてこの瞬間の経験においてこそ、循環がそれをめぐって転回すべき同一性の次元、つまり思惟する者自らが「永劫回帰の円環の内に組み入れられ、円環を共に円環として回転させ、かつそれを決断にもたらす」[49]ような、循環をまさに循環たらしめる現象の場が開示される。

このような時間化としての瞬間性においては、自然科学的であると哲学的であるとにかかわらず、およそ発生論的思考というものが暗黙の内に前提しがちな「流れる時間」という直線的な時間表象が相対化され、発生という事態を問い直す機縁が獲得されることになる。ここでは、発生そのものを自然学的表象から解き放ち、時間的序列や継起の段階といった着想を二次的構成物として斥け、それにもかかわらずなおも「発生」を語り「生起」を唱えること、そして経験的に把握しえない「超越論的な発生」、あるいは論理を破綻させる「ア・プリオリ性の生起」という逆説に身を置くことが要求される。そのような発生論の徹底化のためには、「正午の時」に顕現する永劫回帰の現象を、再び地平的図式論における意味の論理の側から定式化することが必要となってくる。「等しいものの永劫回帰」の経験は、力への意志の図式化の内で概念的な分節を受けてこそその妥当性を主張しうるものであってみれば、ここで「力への意志」と「等しいものの永劫回帰」との関係が、哲学的言説の可能性という観点からあらためて問い直されねばならないだろう。力への意志と永劫回帰は、現象論的視点を貫き通すことによって、それぞれがその哲学的射程に即して総合的に理解されるだけでなく、その総合が語られる次元そのものを自ら開き、自らを自らにおいて自己透徹的に語るものでなければならないからである。

三　地平と真理

(1)　人間化と脱人間化

ハイデガーは、「力への意志」を存在者全体の「本質」(essentia) として、また「等しいものの永劫回帰」をその「事実」(existentia) として解釈したうえで、両者の相互関係を認識根拠と存在根拠の相互性として理解する[50]。ここでは本質・事実の対概念が存在・非存在というプラトン主義的枠組みから離れ、意味と存在との対立へと変更されている。そのためここで論じられるのは、認識論的制約の中での存在論的次元の主題化という問題、つまり存在論的根拠を認識論的制約を投影することなしに提示することがいかにして可能かという存在論的知の形成の問題なのである。力への意志は永劫回帰がそれを通じてのみ洞察されるという意味では認識論的前提となってはいるが、存在論的な原理という点ではむしろ永劫回帰が優位をもつ。しかし永劫回帰はその現象性においては力への意志から論理的に演繹されるべきものではなく、また瞬間における永劫回帰の開示は伝達不可能な神秘的・私秘的体験にとどまるべきものでもないとしたら、「等しいものの永劫回帰」は、哲学的言説としてどのように記述されるのかがここでは問題になる。

「世界の人間化」（Vermenschung）と「存在者全体の脱人間化」（Entmenschung）というニーチェの相反する要請に関してハイデガーが語ろうとしたのが、まさにこのような存在論的知見の言説化の問題である。(51) 視点拘束性は知の不可避的な本質をなし、その意味ですべての知は人間化であるはずだが、それにもかかわらず、例えば「われわれはわれわれ自身に警戒しよう(52)」というモットーに端的に現れるように、ニーチェの思想の内には人間化に対する警告と存在者全体の脱人間化の要求も頻繁に見られる。ハイデガーはこの対立する要請を、人間的知の認識論的制約と存在論的次元の拮抗として解釈し、その外見上の矛盾を哲学的に生産的な議論へと一転させる。こうして人間化・脱人間化の対立は、すべてを解釈に解消する人間化の要請、つまり解釈の普遍性要求と、遠近法的な解釈に還元しえない存在論的洞察との葛藤として理解される。「存在するのは解釈のみ(53)」という表現に見られる通り、「力への意志」は自らの開く地平的図式の内にすべてを包含するものである以上、力への意志の根拠としての永劫回帰は「諸解釈の解釈(54)」という位置づけをもつはずだが、そのときこの解釈自体はどこまで存在論的な正当性を主張できるかが問われなければならない。(55) つまりこの問いは、一方では地平論的論理の一貫性に関する方法論的問題であるのと同じ程度に、解釈の普遍性と永劫回帰の事実性との統一を問うという意味で、解釈学にもとづく存在論構築の根底に関わる問題でもある。力への意志の地平的図式論からするならば、「等しいものの永劫回帰」もまた一個の解釈ではあるが、他方では「等しいものの永劫回帰」が存在論的根拠の位置を主張するには、解釈の普遍性が相対主義の絶対化に陥らないだけの現象的基盤が要求されるのである。

「等しいものの永劫回帰」は「正午の時」の瞬間性において開示される存在の事実ではあるが、その事実は地平的図式によって意味化されたときに初めて事実として了解可能になる。ここで問われなければならないのは、決断の瞬間において開示される永劫回帰そのものと、その根源的次元を力への意志の内部から論証し、定式化する言説化の場面との角逐、つまり「事実」としての永劫回帰と「思想」としての永劫回帰との抜きがたい緊張関係そのものである。この両次元を分裂させることなく、そこでの真理性の理解を存在論的な知にまで鍛え上げることによってこそ、「等しいものの永劫回帰」の真正な形態化が実現される。力への意志は、有限的な意味化の地平の内で、解釈の意味論的多様性と原理的に意味化を拒むカオスとの差異を自ら遂行するものであるため、それに応じて解釈としての回帰思想もまた、差異化としての真理性の境位をその意味了解の過程で見届けうるものでなければならない。そうであってこそ初めて、力への意志と回帰思想とは「同一の事柄」を思惟すると言えるはずだからである。

（2）地平論の破綻

しかしハイデガーのニーチェ解釈に従うなら、カオスとしての真理性の洞察、つまり地平形成と世界総体との差異の理解、そして「正午の時」において顕現した時間性の現象といったこれらの存在論的知見は、回帰思想が思想として形成される過程で隠蔽を余儀なくされる。そしてこの場面において、幾多の点でニーチェ思想の創造性を浮彫りにしてきたハイデガーは、最終的にニーチェから離反し、彼に「形而上学の完成者」の位置を与えるのである。なぜなら回帰思想は、力への意志において開示されたカオスとしての真理を「形態化」するという側面をもちながらも、その思想としての制約上、それ自身不可避的に力への意志の自己拡張の一契機に限定されざるをえないからである。ニヒリズムに対する「克服の思想」として企図された回帰思想は、「真とみなすこと」(Für-wahr-halten) としての「信仰」と見なされることで、[56] 解釈と事実との差異が問われないまま、もっぱら力の昂揚のみを「正義」(Gerechtigkeit) とする力の自己励起の論理へと還元される。「ここにおいて〈正義〉とは、真理の本質を名指す形而上学的名称である。しかもそれは、西洋形而上学の終局において真理の本質がどのように把握されるに至るかを名指しているのである」[57]。「命令的-創出的、遠近法的-地平形成的で、存立を確立する清明化」[58] はもはや、カオスに対して自らを開きながらそれ自身が創出的に形成する知の地平を、存在と意味との差異の発生へ向けて透明化する自己透徹の運動ではなく、自らの存立確保のために自己再帰性を強化し、その内に自己を封じる閉域となる。回帰思想はこうして、力への意志の内で「諸解釈の解釈」の位置が確認されるどころか、力への意志による意味付与に限りなく接近することで、その解釈としての身分をすら危うくする。存在者全体の事実である永劫回帰は、力への意志にとっての「意味」ないし「価値」としての回帰思想に解消され、それにともなって力への意志もまた自らの主体性あるいは無制約的な「意志への意志」[59] としての本質を露呈するのである。こうして力への意志の内で開示される真理性としてのカオスもまた、力の自己制覇に資する「意味」となった限りでのみ把握され、それが本来もっていた差異性の洞察は見失われるに至る。永劫回帰は地平拡張における循環の生産性を保証しはするものの、その地平論的創造性と代償に存在論的内実を逸することで、単に力への意志の自己把握の論理へと制限されることになる。このような自己確立は、ハイデガーが拒絶しようとしていた論証方式、つまり図式化の循環構造からの永劫回帰の導出となんら選ぶところがない。真理性の現象地盤を欠いた論理的解明は、もはや自分自身を思弁と区別する方策をすら欠くのである。

そのためハイデガーは、「脱人間化の意志」を「幕の上がった人間化[60]」（Vermenschung in Potenz）と規定したうえで、やがて「ニーチェはすべての存在者の擬人化を、しかもただそれのみを意志する[61]」と断じ、地平論における脱パースペクティヴ性の可能性を最終的に否定する[62]。そのため「等しいものの永劫回帰」を開示した決断の特権性すら曖昧になり、そこでの時間本質の開示もまた、主体の自己解明以上のものとは考えられなくなる。その論拠となるのがとりわけ、「生成に存在の刻印を押すこと――これが最高の力への意志である[63]」というアフォリズムである。ハイデガーは、ここに「等しいものの永劫回帰」の時間性としての時間化様態が、力への意志の無制約的現在の内に併呑される事態を見て取り、回帰思想を現前性としての存在了解の極限形態とみなすのである。こうして遠近法は時間性としての自身の現出の仕方を問うこともなく、無制限の自己拡張に奉仕するものとなるため、人間化の観点としての「正義」は、「遠近法を〈有する〉のではなく、遠近法の設定・開示・開顕として、遠近法そのもの[64]」というかたちでその本質を現す。このとき遠近法は、地平を介しての差異性の提示であることを止め、生を擬似的に固定化する仮象的詐術の技法と化し、一点からの望視のみを絶対化する視点の専制を招来するのである[65]。

　力への意志にもとづく回帰思想の形態化の課題は、遠近法的地平論をその内側から根拠づけることを主眼としており、その限りそこには解釈学の自己根拠づけの問題が含意されていた。そしてハイデガーのニーチェ批判ではその試みの挫折が追跡されたわけだが、ニーチェ論における地平論と、『存在と時間』あるいはカント解釈における地平論との類縁からも察せられるように、この批判はひとりニーチェのみならず、地平論的発想そのものに対する究明として容易に読み直すことができる。この議論を一般化するに当たって、何よりも注目しなければならないのは「として」（Als）の位置づけ、すなわち地平的図式の意味である。解釈が解釈として自らを意味付与と区別するための要件は、第一には解釈地平一般と地平内で同定される意味との差異を了解すること、そして第二には解釈における意味と存在との差異を洞察することにある。対象理解の場面では、前者が地平的図式における分節性の「として」と定式化され、後者は地平投企の際の源信憑である「同一性の創出」というかたちで提示された。この両契機によって、解釈は無尽蔵の豊かさを保持すると同時に、それらの解釈が、そのつどの意味に解消しえない同一性についての解釈であることが保証される。もちろんこのような同一性は解釈に先立って実体的に措定しうる何ものかではなく、むしろ意味遂行の内に存在との差異が開かれる差異化の事態そのものを指す。

　そしてニーチェ批判において焦点となったのは、このような地平性の境位それ自体を解釈の論理によって根拠づけることのパラドクスであった。確かに解釈学的循環の動向は時間性の脱自的地平の議論によって根拠づけられ、懸案の自己性の問題にも一定の解答が与えられたかに見えた。しかしニーチェ批判を通じて闡明されたことは、このような根拠づけの試みにおいては、自己性の構造が解明されはするものの、それは単に構造契機同士の相補性にとどまり、自己の開きの最終的な根拠は究明しえないということであった。そのため地平形成における二重の「として」は、理性の創出的機能にその場を有することが示されたにとどまり、最終的には自己の自由な投企としての「正義」の内に基礎づけられることになった。こうしたかたちで根拠づけられた図式論は、もっぱら内世界的自己規定の論理に制限され、自己了解の開示性において与えられる次元を積極的に提示するに足る論理を提供することができなかった。そのためここでは、カオスのカオスとしての把握と言われたときの「として」、つまり地平論的な規定によって内世界化しえない次元を記述するための言語を積極的に示しえないまま、地平的図式の根拠が主体の無制約的な投企の内に求められることになる。地平の真理論的機能が主題化されえず、それどころか真理本質が解釈主体の自己解明の確実性へと制限されるのもまた、そうした動向に正確に対応している。つまりニーチェ的意味での地平的図式論は対象理解の根拠ではありえても、理解主体の自己性を自らの内で根拠づけうるような本来的な超越論的反省の場面ではありえないというのが、ハイデガーのニーチェ批判の要諦をなすとも言えるだろう。

結語　「地平とはさらに別の他なるもの」

以上のような論点を『存在と時間』の陥った難点と対比するならば、ニーチェ講義の内にハイデガーの自己克服の過程を読み取ることは不可能ではない。『存在と時間』は解釈学の実存論的基礎づけを通じて、存在了解の根拠を時間性の脱自的地平の内に求める試みであった。現存在の自己解釈を通じて時間性の次元を摘出する方途は、方法論的な首尾一貫性を保持しながらも、現存在分析が依って立つ存在了解の自明性を前提としたまま、その自明性自身の成り立ちを問いえずに終わった。ここには例えば、道具的世界をモデルとした世界概念の狭さや、了解と解釈の関連の曖昧さ、あるいは言語性の位置の不明確さなどの問題が入り組んでいるが、最大の難点はその地平論的解釈学の発想、および経験的次元と超越論的次元を接合する超越論的図式論の不徹底の内に求めることができるだろう。確かに地平論は内世界的知の生産性を記述し、さらに時間性の次元に遡行することで解釈学的循環の正当化を可能にしたが、超越論的次元を名指す言語の未成熟という事態も相俟って、そこでは地平自体の真理論的機能を十分に主題化することはできなかった。そして地平論の自己根拠づけは最終的には存在と意味との差異性を見失い、主体の自己規定の論理に終始するというその間の究明を、ハイデガーはニーチェに仮託して行ったとも考えられる。解釈学的循環が世界関係の中での主体の自己規定の多様化のみを意味し、自己存在の真理を問うことがないならば、いかにそれが経験の変革に対して開かれていようとも、最終的には主体性の根源を不問に付したままの主体の自己確立という自己完結的過程に終始せざるをえないのである(66)。このようなかたちでの解釈の自立は、解釈の内の意味と事実との差異を封印し、解釈自身の論理に反した独断に陥る危険を常にともなうことになる。後年の『放下』における「地平とは、地平とはさらに別の他なるものである(67)」という表現も、地平はいつでも地平内に解消しえない真理性の次元に根差しており、そのため地平論の自己根拠づけは最終的には断念されざるをえないという事情を告げている。

解釈とはもとより、解釈する者が同時に解釈されるという相互的過程である。しかしその循環を循環たらしめている同一性と差異性とが洞察されない限り、それは自ら存在論的地位を主張することは不可能だろう。そのためハイデガーのニーチェ講義は、ニーチェを読解すると同時にニーチェによって読解されるというその運動のさなかで、地平論の可能性を最後まで踏破し、その循環を循環たらしめる「等しいもの」の「明るみ」(Lichtung)の場を存在史的解明の中で切り拓こうとする。それは地平の論理を歩み切った果てに望み見られる地平の限界であり、地平の外部ではないにせよ、地平を透過して自らの姿を像として告げるものの到来であり、地平が地平自らに当たって砕け散るところの出現でもある。地平という被膜がどれほどの厚みをもち、またどの程度の襞と褶曲度をもつかといったことが、存在史の思考の中で吟味され、地平論自身の前提そのものがその根底から問われなければならない。そうした思考の徹底の中で、ニーチェの思想が存在論の歴史の中で占める位置も刻々と変貌せざるをえないが、その変容過程を追跡するのは『ニーチェ』第二巻の課題となる。

註

（1） Thomas Aquinas, *Summa contra gentiles libri quattuos* II, 68: horizon et confinium corporeorum et incorporeorum, ed. K. Albert, P. Engelhardt, lateinisch und deutsch, Bd. 2, Darmstadt 2001, S. 288f.; *ibid.*, II 81: quasi in horizonte existens aeternitatis et temporis, S. 388f.

（2） Cf. N. Hinske, P. Janssen, M. Scherner, Art. „Horizont“, in: J. Ritter et al. (Hgg.), *Historisches Wörterbuch der Philosophie*, Bd. 3, Basel/Stuttgart 1974, Sp. 1187-1206; R. Zill, Art. „Grenze“, in: R. Konersmann (Hg.), *Wörterbuch der philosophischen Metaphern*, Darmstadt 2007, S. 135-146, bes. S. 139.

（3） G. Boehm, *Studien zur Perspektivität. Philosophie und Kunst in der Frühen Neuzeit*, Heidelberg 1969.

（4） I. Kant, *Kritik der reinen Vernunft*, A760, B788 (Akademie-Ausgabe [= AA], Bd. 3, Berlin 1911, S. 496).

（5） M. Heidegger, Zur Erörterung der Gelassenheit, in: *Gelassenheit*, Pfullingen 8. Aufl. 1985, 36 ff. (in: *Aus der Erfahrung des Denkens*, Gesamtausgabe [= GA], Bd. 13, Frankurt a. M. 1983, S. 44ff.).

（6） 『ニーチェ』第一巻と第二巻は、ニーチェ解釈の点で大きく性格が異なっている。おおまかに言えば、第一巻では、『存在と時間』の論理を重ね合わせながらニーチェの思想が積極的に解釈されるのに対して、第二巻では「形而上学の完成者」としてのニーチェの姿を浮彫りにすることに力が注がれ、その姿勢は批判的となる。そのため、第一巻と第二巻のニーチェ解釈の相違の内に、ハイデガー自身の思想の「転回」を読み取ろうとする誘惑は大きい。Cf. H. Arendt, *The Life of the Mind*, San Diego 1978, II-4-13.〔H・アレント『精神の生活』第二部「意志」佐藤和夫訳、岩波書店、一九九四年、二〇六―二三二頁〕しかしここではそうした発想には与せず、むしろ『ニーチェ』第一巻に収められた三講義（第一講「芸術としての力への意志」〔一九三六／三七年〕、第二講「等しいものの永劫回帰」〔一九三七年〕、第三講「認識としての力への意志」〔一九三九年〕）の内的論理を透明化することで、逆に転回で何が起こったかを映し出すという行き方を取りたい。ハイデガーのニーチェ評価の変遷は特に「超人」解釈において顕著に見られるが、以下のものでその間の事情の簡潔な整理が得られる。W. Müller-Lauter, Das Willenswesen und der Übermensch, ein Beitrag zu Heideggers Nietzsche-Interpretation, in: *Nietzsche-Studien*, Bd. 10/11, Berlin/New York 1981/1982, S. 132-192.

（7） Fr. Nietzsche, *Nachgelassene Fragmente*, Frühjahr 1888, 14 [174], Kritische Studienausgabe, hg. G. Colli, M. Montinari, 2. Aufl.,

Berlin/New York 1988 (= KSA), Bd. 13, S. 360 (*Wille zur Macht*, hg. P. Gast, E. F.-Nietzsche, Stuttgart 1964 [= WM] 702).

（8）M. Heidegger, *Der Wille zur Macht als Kunst*, in: *Nietzsche* I, Pfullingen 1961, S. 73 (GA 6-1, Frankfurt a. M. 1996, S. 58).

（9）Fr. Nietzsche, *Nachgelassene Fragmente*, Herbst 1887, 9 [35], KSA 12, S. 350 (WM 2).

（10）M. Heidegger, *Der Wille zur Macht als Kunst*, in: *Nietzsche* I, S. 63 (GA 6-1, S. 49).

（11）*Ibid.*, S. 68 (GA 6-1, S. 53).

（12）*Ibid.*, S. 70 (GA 6-1, S. 55).

（13）ニーチェ思想の実験哲学としての性格については以下を参照。Fr. Kaulbach, *Nietzsches Idee einer Experimentalphilosophie*, Köln/Wien 1980.

（14）このようにニーチェの心理学および生理学は「否定の道」（via negativa）の性格をもつため、ある論者は否定神学になぞらえ、「否定心理学」との呼称を与えている。Cf. J. Stambaugh, *Nietzsche's Thought of Eternal Return*, Washington D. C. 1988, p. 73. またニーチェの実証主義の過渡的性格については以下を参照。E. Fink, *Nietzsches Philosophie*, Stuttgart 1960, S. 51-59 bes. S. 54.〔E・フィンク『ニーチェの哲学』吉澤傳三郎訳、『ニーチェ全集』別巻、理想社、一九六三年〕

（15）Fr. Nietzsche, *Menschliches, Allzumenschliches* I, KSA 2, S. 23f.

（16）Id., *Nachgelassene Fragmente*, Herbst 1885-Herbst 1886, 2 [102], KSA 12, S. 112.

（17）Id., *Also sprach Zarathustra* I, KSA 4, S. 39.

（18）M. Heidegger, *Der Wille zur Macht als Kunst*, in: *Nietzsche* I, S. 63 (GA 6-1, S. 49).

（19）現代の哲学的解釈学の先蹤としてのニーチェ思想の位置づけに関しては以下を参照。H.-G. Gadamer, G. Boehm (Hgg.), *Hermeneutik und Wissenschaften*, Frankfurt a. M. 1978, S. 12 ff. また、地平論と遠近法主義をより包括的な視点から扱ったものには例えば以下のものがある。J. Figl, Nietzsche und die philosophische Hermeneutik des 20. Jahrhunderts, in: *Nietzsche-Studien*, Bd. 10/11, Berlin/New York 1981/82, S. 408-441. この本論とそこに付された「討論」では、解釈の「媒体」である言語に対する透徹した理解がニーチェ思想の特徴として指摘されたうえで、そこからガダマー以降の解釈学の可能性を開く試みが暗示されている。Cf. *ibid.*, S. 428 f., 435. さらには、以下をも参照。M. Baum, Hermeneutik bei Nietzsche, in: B. Himmelmann (Hg.), *Kant und Nietzsche im Widerstreit*, Berlin/New York 2005, S. 16-27; 新田義弘『現象学と解釈学』第六章「解釈学の論理と展開」ちくま学芸

文庫、二〇〇六年、二三三―二六三頁。

(20) Fr. Nietzsche, *Nachgelassene Fragmente*, Frühjahr 1888, 14 [174], KSA 13, S. 360 (WM 702).

(21) Id., *Nachgelassene Fragmente*, Herbst 1887, 9 [151], KSA 12, S. 424.

(22) Id., *Nachgelassene Fragmente*, Frühjahr 1888, 14 [152], KSA 13, S. 333f. (WM 515).

(23) Id., *Die fröhliche Wissenschaft*, 109, KSA 3, S. 468.

(24) M. Heidegger, *Der Wille zur Macht als Erkenntnis*, in: *Nietzsche* I, S. 573 (GA 6-1, S. 516). さらに前期ハイデガーが地平概念を主題的に論じた個所として以下を参照。Id., *Metaphysische Anfangsgründe der Logik im Ausgang von Leibniz*, GA 26, Frankfurt a. M. 1928, S. 269.

(25) Id., *Der Wille zur Macht als Erkenntnis*, in: *Nietzsche* I, S. 573 (GA 6-1, S. 516).

(26) Fr. Nietzsche, *Nachgelassene Fragmente*, Sommer 1886-Frühjahr 1887, 6 [14], KSA 12, S. 238 (WM 565).

(27) ニーチェの記述においては、すでに触れた実験的姿勢に支えられた「自由精神」の態度、そして何よりも各々の観点のずれによって独特の異化機能をもつアフォリズムによる著作構成が「還元」の役割を担っていると言ってよいだろう。しかしハイデガーのニーチェ解釈では、ニーチェの言語使用の特異性はほとんど言及されることがない。そのためニーチェのもつ多面性が大幅に制限されていることも事実である。カオスにおける差異化の事態とアフォリズムによる表現形態との照応関係を、「解釈」および「テクスト」との連関で論じた以下のものを参照。M. Blanchot, Nietzsche et l'écriture fragmentaire, in: id., *L'Entretien infini*, Paris 1969, pp. 227-255; Nietzsche und die fragmentarische Schrift (aus *L'Entretien infini*), in: W. Hamacher (Hg.), *Nietzsche aus Frankreich*, Frankfurt a. M./Berlin 1986, S. 47-73.

(28) M. Heidegger, *Der Wille zur Macht als Erkenntnis*, in: *Nietzsche* I, S. 575 (GA 6-1, S. 518).

(29) Id., *Die ewige Wiederkehr des Gleichen*, in: *Nietzsche* I, S. 350 (GA 6-1, S. 312).

(30) Cf. id., *Der Wille zur Macht als Erkenntnis*, in: *Nietzsche* I, S. 529 (GA 6-1, S. 476).

(31) I. Kant, *Kritik der reinen Vernunft*, A137-148 (AA 4, S. 98-105); B176-187 (AA 3, S. 133-139).

(32) Fr. Nietzsche, *Nachgelassene Fragmente*, Frühjahr 1888, 14 [152], KSA 13, S. 333 f. (WM 515). Cf. M. Heidegger, *Der Wille zur Macht als Erkenntnis*, in: *Nietzsche* I, S. 583 (GA 6-1, S. 525).

（33）　Cf. K. Held, *Lebendige Gegenwart: die Frage nach der Seinsweise des transzendentalen Ich bei Edmund Husserl, entwickelt am Leitfaden der Zeitproblematik*, Den Haag 1966.〔K・ヘルト『生き生きした現在』新田義弘他訳、北斗出版、一九八八年〕

（34）　M. Heidegger, *Der Wille zur Macht als Erkenntnis*, in: *Nietzsche* I, S. 582ff. (GA 6-1, S. 524ff.).

（35）　Fr. Nietzsche, *Nachgelassene Fragmente*, Frühjahr 1888, 14 [152], KSA 13, S. 334 (WM 515).

（36）　M. Heidegger, *Der Wille zur Macht als Erkenntnis*, in: *Nietzsche* I, S. 584 (GA 6-1, S. 526).

（37）　*Ibid.*「ドイツ観念論（フィヒテ、シェリング、ヘーゲル）の形而上学における絶対的理性の本質についての見解は、どこまでも、〈形成的〉で創出的な〈力〉としての理性の本質に迫ったカントの洞察にもとづいている」。

（38）　Fr. Nietzsche, *Nachgelassene Fragmente*, November 1887-März 1888, 11 [73], KSA 13, S. 36 (WM 715).

（39）　M. Heidegger, *Der Wille zur Macht als Erkenntnis*, in: *Nietzsche* I, S. 584 (GA 6-1, S. 527).

（40）　Fr. Nietzsche, *Nachgelassene Fragmente*, Herbst 1885-Herbst 1886, 2 [117], KSA 12, S. 120 (WM 600).

（41）　この点にニーチェの遠近法主義とライプニッツの予定調和に裏づけられた多元論との相違があると言えるだろう。S. Müller, Perspektivität der Erkenntnis und Perspektivität des Willens, Zur Pluralität des Wirklichen bei Leibniz und Nietzsche, in: W. Gebhard (Hg.), *Friedrich Nietzsche, Perspektivität und Tiefe*, Frankfurt a. M./Bern 1980, S. 61（in: S. Müller, *Topographien der Moderne. Philosophische Perspektiven – literarischen Spiegelungen*, München 1991, S. 77-117.〔S・ミュラー『近代のトポグラフィー——哲学的遠近法と文学的反映』武居忠通訳、創文社、一九九四年〕）また一般的にニーチェにおけるライプニッツ的側面に論及したものとして以下を参照。Fr. Kaulbach, Nietzsche und der monadologische Gedanke, in: *Nietzsche-Studien*, Bd. 8, Berlin/New York 1979.〔F・カウルバッハ『ニーチェにおけるモナドロギー』小島威彦訳、明星大学出版部、一九八一年〕

（42）　M. Heidegger, *Kant und das Problem der Metaphysik*, Frankfurt a. M. 4. erweiterte Aufl. 1973, S. 177ff. (GA 3, 2. Aufl, Frankfuet a. M. 2010, S. 183ff.). また「同一性の創出（詩作）」と「再認の総合」の関係を論じたものとして以下を参照。門脇俊介「詩作する理性——『ニーチェ』講義の一節を巡って」、『理想』第六二六号（一九八五年）、二〇五—二一五頁。

（43）　M. Heidegger, *Der Wille zur Macht als Kunst*, in: *Nietzsche* I, S. 28 (GA 6-1, S. 17).

（44）　Id., *Die ewige Wiederkehr des Gleichen*, in: *Nietzsche* I, S. 377 (GA 6-1, S. 337).

（45）　Cf. J. Stambaugh, *op. cit.*, IV: Time and eternal return, pp. 103-127.

（46） Fr. Nietzsche, *Die fröhliche Wissenschaft*, 109, KSA 3, S. 468.

（47） M. Heidegger, *Die ewige Wiederkehr des Gleichen*, in: *Nietzsche* I, S. 398 (GA 6-1, S. 356).

（48） *Ibid.*, S. 402 (GA 6-1, S. 360).

（49） *Ibid.*, S. 447 (GA 6-1, S. 401).

（50） *Ibid.*, S. 425 (GA 6-1, S. 381).

（51） *Ibid.*, S. 356ff. (GA 6-1, S. 318ff.).

（52） Fr. Nietzsche, *Die fröhliche Wissenschaft*, 109, KSA 3, S. 468; cf. *ibid.*, 374, KSA 3, S. 626; id., *Nachgelassene Fragmente*, Herbst 1885-Herbst 1886, 2 [108], KSA 12, S. 114 (WM 614); id., *Nachgelassene Fragmente*, Frühjahr 1884, 25 [312], KSA 11, S. 92 (WM 616).

（53） Id., *Nachgelassene Fragmente*, Ende 1886-Frühjahr 1887, 7 [60], KSA 12, S. 315 (WM 481); cf. id., *Jenseits von Gut und Böse*, 22, KSA 5, S. 37.

（54） G. Abel, *Nietzsche. Die Dynamik der Willen zur Macht und die ewige Wiederkehr*, Berlin/New York 1984, VIII-5: Der Wiederkunftsgedanke als Urlogik des Interpretations-Zirkels, S. 300-323.

（55） 解釈の原理的問題についてさらに以下を参照。W. Müller-Lauter, Nietzsches Lehre vom Willen zur Macht, in: *Nietzsche-Studien*, Bd. 3, Berlin/New York 1974, S. 41-60; K. Jaspers, *Nietzsche*, Berlin/Leipzig 1936, 5. Kapitel: Weltauslegung, S. 255-292.

（56） M. Heidegger, *Der Wille zur Macht als Erkenntnis*, in: *Nietzsche* I, S. 434 (GA 6-1, S. 389).

（57） *Ibid.*, S. 637 (GA 6-1, S. 574).〔強調は原文通り〕

（58） *Ibid.*, S. 636 (GA 6-1, S. 574).〔原文は全体を強調〕

（59） Cf. W. Müller-Lauter, Das Willenswesen und der Übermensch, ein Beitrag zu Heideggers Nietzsche-Interpretation, S. 151. ここでは、ハイデガーのニーチェ解釈の存在史的性格を見極めて、「力への意志」から「意志への意志」への移行が「退歩」（Schritt-zurück）として位置づけられている。

（60） M. Heidegger, *Die ewige Wiederkehr des Gleichen*, in: *Nietzsche* I, S. 359 (GA 6-1, S. 320).

（61） Id., *Der Wille zur Macht als Erkenntnis*, in: *Nietzsche* I, S. 653f. (GA 6-1, S. 590).〔強調は原文通り〕

(62) しかしすでに見たように、「正午の時」の創造的理解も可能である。ハイデガーの後期思想とニーチェの「正午の哲学」との類縁性を主張するものとして、ハイデガー、ガダマーのイタリア語への翻訳者ヴァッティモの手になる以下のものを参照。G. Vattimo, *La fin de la modernité, Nihilisme et herméneutique dans la culture post-moderne*, Paris 1987 (traduit de l'italien par Ch. Alunni, original 1985), pp. 117-132.

(63) Fr. Nietzsche, *Nachgelassene Fragmente*, Ende 1886-Frühjahr 1887, 7 [54], KSA 12, S. 312 (WM 617).〔強調は原文通り〕

(64) M. Heidegger, *Der Wille zur Macht als Erkenntnis*, in: *Nietzsche* I, S. 646 (GA 6-1, S. 583).

(65) Perspektiveという言葉が元来は「瞞し絵」(trompe l'œil) の意味をもつという事実をここで思い起こしておくのは無駄ではない。Cf. Art. "perspective", in: *The Oxford English Dictionary*, Oxford 1933, vol. 8, pp. 729s.; cf. E. B. Gilman, *Curious Perspective: Literary Wi in the Seventeenth Century*, New Haven, Conn. 1978.

(66) デリダのガダマー批判の中心的論点はこの点にあると言えるだろう。地平融合の過程の対話性を主張することで主観性の哲学を乗り越えようとするガダマーに対して、デリダはそうしたガダマーの解釈学の内になおも、主体の自己確立を意志する近代的主観の痕跡を指摘する。H.-G. Gadamer, Text und Interpretation, J. Derrida, Guter Wille zur Macht (I), H.-G. Gadamer, Und dennoch: Macht des Guten Willens, J. Derrida, Guter Wille zur Macht (II), in: Ph. Forget (Hg.), *Text und Interpretation*, München 1984, S. 24-77〔Ph・フォルジェ編『テクストと解釈』轡田収・三島憲一訳、産業図書、一九九〇年〕, cf. E. Behler, Derrida·Nietzsche-Nietzsche·Derrida, München/Paderborn/Wien/Zürich 1988, S. 147-168. デリダはこの二〇年ののち、ガダマー歿後の記念講演でこの議論を続行することになる。J. Derrida, *Béliers. Le dialogue ininterrompu: entre deux infinis, le poème*, Paris 2003〔J・デリダ『雄牛――途切れない対話：二つの無限のあいだの、詩』林好雄訳、ちくま学芸文庫、二〇〇六年〕

(67) M. Heidegger, Zur Erörterung der Gelassenheit, in: *Gelassenheit*, S. 38 (in: *Aus der Erfahrung des Denkens*, GA 13, S. 45).

第八章　存在の思索と分極の力学
――ハイデガーとニーチェにおける修辞学・解釈学・文献学――

序　ロゴス論の再構成

古代ギリシア以来の伝統をもつ修辞学・解釈学・文献学は、いずれも言語・意味・文書に関わる技術論として、人文学的・神学的知の中枢を占めてきた。特に十九世紀半ば以降、ドイツ人文主義や初期ロマン主義の文献学や人文主義的言語理解を通じて、言語の媒介機能が知における構成的な契機と認められることによって、言語に関わるこれらの学の三重性が、哲学の中で再評価される気運が高まった。Fr・シュレーゲルによって「哲学と文献学の相補性」が宣言され[1]、W・v・フンボルトによって言語起源論が思考の構成論へと拡張されることで[2]、言語的活動が哲学的思考にとって根本的な条件とみなされるなど、そこでは二十世紀の「言語論的転回」にも劣らない言語的思索が展開されることになった。さらに一九六〇年代以降は、ガダマーの哲学的解釈学、ブルーメンベルクの隠喩論《メタフォロロギー》、デリダのグラマトロジーなど、修辞学・解釈学・文献学の問題圏に根差しながら、それらの構成を徹底的に改変するような哲学的言説が続々と生み出されることになった。それらの動向においては、唯名論的・記号論的言語理解の背後に潜む人間の言語経験や世界経験の分析を通して、人間存在の隠喩《メタファー》的性格を炙り出す哲学的人間学の観点や[3]、伝統と文化の伝承媒体である言語の内に世界了解の創造性を求める哲学的解釈学の視点、あるいは経験的言語の可能根拠でありながら、同時にその存立を内部から揺さぶる原エクリチュール性といった事態を発見するグラマトロジーの議論などが複雑に絡み合う。(4) 言語現象と高度の哲学的反省を結びつけるこうした現代哲学の動向は、それぞれ観点と見解を異にしながらも、言語的意味の同一性から始まり、世界理解の多元性、果ては存在と思考の原初的関係にまつわる根本的問題を主題にする点で、哲学的省察の新たな次元を切り拓くと同時に、修辞学・解釈学・文献学の関係そのものを、深い伝統に由来するそれらの問題群の組み替えによって大胆に刷新することになる。その問題の系列は、言語による思考の分節や、文化を規定する言語的構成といった経験の存立構造という主題を超えて、むしろ哲学的思考の根幹に関わる広義にして深層的意味での「ロゴス性」(Logizität) の領域に迫っているとも言える。そのためここでニーチェとハイデガーを修辞学・解釈学・文献学の観点から扱うということは、そうした十九世紀から現代を貫くロゴス論の深層を問い直すことに繋がらざるをえない。それは同時に、シュライエルマハーからディルタイを経てハイデガーに至るといった、ガダマーによる解釈学理解とはまた系統の異なる路線を指し示し、意味理解の学であるはずの解釈学を「意味」の限界に立ち合わせることになるだろう。

一　ニーチェにおける文献学・修辞学・解釈学

(1) 同一性の解体と構成

若きニーチェが、古代ギリシア研究を通じて構想した文献学とは、ヴォルフ (Friedrich August Wolf, 1759-1824) を模範として、著者や作品の統一性を複数の伝承過程へと解体する批判的手法を意味していた。バーゼル大学での講義『古典文献学大全』（一八七一年頃、七三／七四年）において、伝承内容の理解である「解釈学」（Hermeneutik）と、伝承過程の分析である「批判」（Kritik）が密接な相互関係において捉えられているように(5)、文献学の実現においては、伝承された作品や著者について歴史的に形成されたさまざまな予断や先入見は、複雑な伝承経路へと還元されることによって、その効力が中断され中立化される。そこでは伝統の権威や信憑性に対する判断留保《エポケー》が課せられ、伝承された文献が依拠する複数の源泉や、その伝承過程で生じた変動が、歪曲や誤謬を含めて、徹底的に洗い出されなければならない。そうした批判的解釈学としての文献学を遂行するに際して、ニーチェは、アリストテレスの「著作群《コルプス》」の伝承・編集過程や、古代の伝記作者であるディオゲネス・ラエルティオスの源泉、そして古典文献学最大の難題とも言える「ホメロス問題」などの主題を通じて、歴史を客観的な事実の蓄積としてではなく、むしろ編集され改竄されたテクスト群として見る感覚を養っていく。そこでニーチェは、ロドスのアンドロニコスによる「アリストテレス著作集」の編集に疑念をもち、そこに収録されなかった真正文献を探索する一方、古代に関する資料的典拠とされる『哲学者列伝』を、それが依拠したはずの主要な二系統の伝承へと解体していく(6)。つまり、伝統の中で培われたある伝承の「古典性」や「正統性」とは、それ自体が構成されたものなのであり、ニーチェが模範としたアリストテレス文献学の泰斗V・ローゼ（Valentin Rose, 1829-1916）の著作『アリストテレスの偽書』にならって言うなら、伝統とは正典と偽書とが分かちがたく入り組む錯綜体であり、むしろその両者の編成過程こそが、「歴史」と呼ばれる統一的事象を形成していると見ることも可能である。「歴史とは、それぞれの存立を賭けた無限に多様で無数の利害関心（Interessen）相互の闘争でないとしたら、いったい何であろうか(7)」。文献学に携わったきわめて早い時期にニーチェがこう記しているように、ニーチェにとって文献学とは、歴史において組成化される利害関心という多様な「力」を洞察し、客観的事実として構成された伝承の背後に、見極めがたいほど複雑な諸力の相互関係を見抜いていく手法として理解されている。つまりニーチェにおいて文献学は、一個の実証科学たることを自負し、無批判な先入観からの脱却に貢献する一方で、その実証性が前提とする客観的事実としての歴史といった想定を、それ自身の遂行の内で内在的に瓦解させていく自己解体の技法なのである。

文献学においては、歴史的過程における偶然や非連続性が浮彫りにされると同時に、ニーチェが文献学者にとって重要な課題として「没入」（Hineinleben）や「愛着に満ちた透徹」（liebevolle Durchdringung）を挙げているように[8]、そこでは当の分析を行う文献学者自身の主体的関与が問題とならざるをえない。「現代による古代の理解」と、それによって逆照射されることで獲得される「古代による現代の理解」とが、葛藤を起こしながらも相互に互いを要求し合う関係を、ニーチェは「文献学の二律背反《アンチノミー》」と呼んでいるが[9]、歴史認識をめぐる主客の転倒に関するこうした洞察は、現代の哲学的解釈学が「解釈学的循環」の名称のもとで論じている事態に対応するものである。歴史理解においては、事実の同定そのものが理解する者の先行了解に左右され、同時にそこで浮上する歴史理解によって、理解する者自身の了解地平が変更される以上、そこでは純粋に客観的な事実を要求することはできないし、主観的な読解を一義的に排除することもできない。しかもニーチェはこうした複合的事態から、歴史理解における相対主義という消極的な結論を引き出すのではなく、むしろその「二律背反」とともに発生する「同一性」の問題を取り上げ、それを「人格」という概念によって論じようとしている[10]。

バーゼル大学就任講演「ホメロスと人格」（一八六九年。翌年『ホメロスと古典文献学』として公刊）において、ニーチェはヴォルフの先蹤に従って「ホメロス問題」を正面から扱い、古くから議論の的となっていたホメロスの歴史的実在性に疑義を呈し、詩人ホメロスという「人格」を、オルフェウスやダイダロスと同様に、多様な伝承が複合したうえで神話化されたものと考える。ニーチェはホメロスの名によって流通した作品の内に、多様で雑多な伝承を一個の統一的現象として構築し、文化的規範にまで昇華する伝統の力学を発見する。それによれば、「『イーリアス』のような叙事詩の計画は、けっして統一的全体でも有機体でもなく、継接《つぎは》ぎにして、美的規則に従って行われる反省の所産[11]」なのであり、「『イーリアス』と『オデュッセイア』の詩人としてのホメロスは、歴史的な伝承ではなく、ひとつの美的判断なのである[12]」。ここにおいては、歴史的伝承の断片性や偶然性を最大限に承認しながらも、それにもかかわらず伝統が一個の統一体でありうることの謎を、「美的判断」――カント的に言えば「反省的判断力」としての構想力――の働きの内に求める思考が提示されている。実際に、ニーチェ自身が「カント以降の目的論」を学位論文として計画していた際の草稿に見られるとおり、機械論的な因果関係によっては捉えきれない理念としての全体性や目的論の把握を、ニーチェはカントの『判断力批判』のみならず、ゲーテの「形態学」(Morphologie) に即して考察し、合目的性としての全体性の理解を「美的産物[13]」とみなしていた。

こうしてホメロスの存在を、歴史上の実在としてではなく、「美的判断」によって構成された虚構的・神話的「人格」と捉えることによって、ニーチェは非連続的で断片的な歴史的伝承の内から組成化される可塑的な同一性を主題化したことになる。実在的因果関係に解消されることなく、歴史の非連続的で複数的な伝承が遂行される中で理念的に形成されるこうした同一性は、多様における一性の「現れ」(Scheinen) であると同時に、経験的現実から離脱した「仮象」(Schein) でもある。文献学者ニーチェが語る「人格」とは、歴史遂行の内で初めて現れる遂行的同一性であり、歴史《ヒストレイン》という「語り《ナラティヴ》」とともに浮上する「物語的同一性[14]」(リクール) とも言えるものである。こうしてホメロスは、伝承を総括するために仮構された単なる符牒であることを止め、その口から当の伝統が語られる詩的人格となることによって、ホメロス自身が一個の歴史として生成する。「ホメロス」は、それ自体が伝承されたものでありながら、その伝承過程そのものを自ら語り出す語り手であり、虚構を物語る特権的な虚構である。そのため、この「人格」は個々の経験的事実に依存することなく、むしろそれらを象徴的に包括する一個の「形象」(Bild; image)として、時間的に形成されながらも時間を超えた普遍性を獲得する。こうした「人格」の延長線上に、ニーチェが同時期に着手した『悲劇の誕生』でのアポロンとディオニュソスの姿を思い浮かべるのは不可能ではないだろう。この『悲劇の誕生』の独自性は、文献学的に理解された「人格」の形象を、歴史的伝承の次元から飛躍させ、文献学的考察において獲得された可塑的な同一性や仮象性の理解を、哲学的言説の内に一挙に流入させた点にあった。生の根源的な自己分裂と自己生成を叙述するための有効な手立てとして、ギリシアの二柱の神々の形象が導入され、その両者の葛藤と宥和という演劇的ドラマが語られたとき、そこでは哲学的言説そのものが伝統的な学的概念と詩的形象の区別を逸脱し、いわば概念形象、あるいは「概念的人物」(15)(ドゥルーズ)とでも言うべき叙述形態へと自らを大きく変貌させることになった。このように見る限り、文献学において洞察された生成する同一性の思考は、初期の一エピソードにとどまらず、ニーチェの思考に固有の哲学的感性と共鳴するものであった。何よりも、のちに「主著」として著される『ツァラトゥストラはこう語った』は、まさにツァラトゥストラという「人格」によって語られる哲学の未来であり、仮象によって演じられた仮象のドラマであった。

(2) 解釈と仮象性

哲学の言語慣習のなか、とりわけ近代以降は忘却されていた「概念形象」の技法を取り戻し、そこに新たな意味を与えたのは、哲学的言説の伝統に挑んだニーチェの大きな挑戦であった。ディオニュソスをギリシアの深層から呼び起こし、そこに一種の「人格」を付与していく『悲劇の誕生』の考察は、いわば哲学のロゴス性を問い直し、起源に関する清新な感性をもって哲学の原初を甦らせることを意味していた。この人格的形象を形而上学的な根源の「象徴」とみなすのか、あるいはそれ自体が自らを仮象化する事象の現出形態と理解するのかに関して、この時点でのニーチェの思考にいまだ動揺が見られるのは、『悲劇の誕生』の論理構成そのものの二義性に由来している。ギリシア悲劇の「誕生」(Geburt) を論じるこの起源論の内で、ニーチェはショーペンハウアーの意志の形而上学と文献学的な歴史理解を併せて導入することによって、起源を存在論的な「根源」(Ursprung) と歴史的な「来歴」(Herkunft) の二重性のもとで理解し[16]、存在論的な根源理解と歴史的な派生形態のはざまに立って、「美的仮象」の成立を生の存立要件として語っていく。こうした視点の両義性にともなって、「生と世界が永遠に是認される[17]」場としての美的仮象は、根源的意志からの表象の成立という仕方で、根源的一者の自己像化 (Bildung) として語られる一方で、仮象の一次性から「仮象の仮象」である美的反省への上昇といった美的主観性の自己相対化の運動としても語られる。「不協和音[18]」(Dissonanz) と呼ばれる根源的意志と仮象的意識との緊張関係は、『悲劇の誕生』においては、事態そのものに由来する葛藤である以上に、形而上学的観点と現象論的・仮象論的観点という、観点の二重性に起因している。これに対して、それ以降のニーチェの思想は、形而上学的色彩を弱める一方で、徐々に現象論としての側面を前面に押し出し、生の自己運動の視点から全体の理論化を推し進める方向へと大きく傾いていく。

ショーペンハウアー的・形而上学的観点の後退と並行して、哲学を語る言語そのものに対する反省が強まり、それとともにニーチェのテクストには、「言語」とその周辺現象としての「隠喩」など、言語論・修辞学にまつわる語彙の頻度が高まっていく。[19] 何よりもニーチェ自身がバーゼル大学で行った古代修辞学に関する一連の講義に従えば、[20]「われわれが依拠することのできるような非修辞学的な言語の〈自然性〉などは存在しない」[21]のであり、その限り言語は、原型的規範をもたない代理的表象の無限の連鎖であり、超越的被指示体《シニフィエ》をもたない根源的「隠喩《メタファー》」そのものなのである。[22] こうしてニーチェは修辞学・文飾論において、「転移」(übertragen)という力の移行の現象を強調するばかりか、「転移」の語そのものをも隠喩的多義性に即して使用し、言語的な「転喩」、他者との「伝達」、あるいはメディア同士の「融通」といったさまざまな局面に転用していくことで、それらの境界面で働く移行の「力」に注目することになる。この「移行」の思考形態は、「道徳外の意味における真理と虚偽」(未完)や「生にとっての歴史の利害」(『反時代的考察』第二編)において、真理論と仮象論の緊張関係を言語論に照らして論じるという仕方で、まさに哲学的ロゴスの根幹に関わる問題へと踏み込んでいく。

基体的意味を消去された隠喩という理解を元に脱形而上学的な仮象論を深めるとともに、ニーチェの思考は、科学的・客観的な知見をも常に生の内在的視点へと結びつけることで、生の自己運動の叙述という性格を強めていく。こうして、主観的・経験的な「力感情」(Machtgefühl)という心理学的側面から出発しながら、物理学的・熱力学的な「力」(Kraft)という自然学的概念を介して、自己との内在的・求心的関係と世界への外的・脱自的関与の二方向を宿した「力への意志」(Wille zur Macht)の理解が形成されていく。純粋に内在的に捉えられた「力への意志」は、力の高揚と拡張をその存立要件とするため、その遂行の内部であらゆる事象を自らの視点から有意味化し、自身にとっての世界を遠近法的地平として産出していく。[23]「人間のいかなる高揚も、より狭い諸解釈の克服をともなっており、達成された強化と力の拡大は新たな遠近法を開き、新たな地平を信じさせてくれる。……われわれに何らかの関係のある世界は、虚偽なのである」[24]。ここに見られるように、ニーチェの思考の内には、そのつど新たでより包括的な解釈を産出することで「力」の充実を内的に確証する意志の力動論とともに、そこで形成される遠近法的解釈を「虚偽」として相対化することで、真理そのものを宙吊りにする仮象論の二つの契機が認められる。複合的で複数的な「力への意志」は、能動的な自己肯定に貫かれた自己否定を遂行することによって、自らの力能を増大させ、それぞれに自己を拡張する力相互の「闘争」（Kampf）を自身の生の現実として再び肯定していく。それと同時に、「力への意志」はその増大と拡張の只中で、次々と新たな解釈を生み出し、自らの生存の自己正当化を自己の生きる「正義」として実現し、真理との差異をむしろ積極的な自己肯定へと繋げていくのである。

ニーチェの思考においては、こうして遠近法的解釈の仮象性と、それ自体は意味化しえない「力」との緊張関係が主題化され、地平的・仮象的「意味」の形成と脱地平的な「力」との葛藤が、意味の多元論と複数の力の闘争論へと分極していく。そのため「力への意志」の思想の内には、自己解釈の意味論を仮象の多元化を通じて洞察する仮象の解釈学と、そうした意味論的な領域の内にはけっして姿を現すことなく、地平的意味からは退去する力の潜勢的活動性をめぐる意志の動力学とが、互いに還元されることなく交錯している。意味と意味化、あるいは地平と地平化とのあいだに開けるこのわずかな間隙を狙って、ニーチェの系譜学が作動する(25)。それはまさに、解釈によって創作された価値観や世界観を、意味論的な比較の平面を超えて、それを構成している力の次元に遡り、その力の能動性ないし反動性を見極める技法なのである。遠近法的に意味化された多様な解釈を斜めに読解するこの系譜学の構想は、錯綜した伝承の叢を掻き分け、そこから「利害関心」の複合を見抜こうとした初期ニーチェの文献学の理念と共振し響き合う。このような事情を視野に収めるなら、「ニーチェにとって哲学とは、常に宙吊りにされた一種の文献学、終点をもたず、絶えず先へと繰り延べられていくような文献学でないとしたら、いったい何であろうか」[26]と語るフーコーの評言もおそらくは誇張ではないだろう。

二　ハイデガーにおける修辞学・解釈学・文献学

（1）解釈学と修辞学の実存論化

早い時期から神学的な「聖書釈義」（Exegese）の意味での解釈学に親しみ、「使徒伝承」（traditio apostolica）などに見られる言語性と歴史性の緊張といった問題群に触れていたハイデガーにとって、存在論の再構築は言語的了解に対する反省と不可分の関係にあった。新カント学派の判断論や後期スコラ学の「思弁文法学」（grammatica speculativa）を手がかりに、論理的な意味構成の志向的構造を現象学的に分析する初期の論考においても、ニーチェの文献学的実践にもまして、言語の働きをより原理的な場面で捉えようとする問題設定がなされている。しかしながら真にハイデガーの独創と言えるのは、論理的・範疇論的な観点によって見出された存在論的次元を超越論的に反省し、その超越論性を「関心」（Sorge）という現存在の世界開示と自己関係の相即として捉え返した点、そしてそれにともなって問題の構図そのものを、志向的意味に関する範疇論から転じて、志向性そのものの遂行である現存在の様態論へと移行させた点にあった。アリストテレス的な範疇論から実存の様態論への転換においては、聖書解釈学の伝統に見られる意味了解と人間存在との対応関係が、解釈学の実存論化というハイデガーの構想の内に反映しているものと思われる。それというのも、聖書の多重的意味（三重ないし四重の意味）の理論においては、オリゲネスやアウグスティヌスの場合がそうであるように、意味の次元において理解の多様性が主張されるのみならず、その多様性そのものが人間存在の構造に呼応するものであることが明確に示されていたからである。

意味了解を人間存在そのものの遂行と不可分の活動と捉える解釈学の構想は、アリストテレスの修辞学（弁論術 Rhetorica）に対する関心によって補強され、言語的・間主観的に媒介された世界性の理論に結実する。了解の遂行論的・様態論的分析を中心的課題に据えることによって、修辞学に対するハイデガーの関心は、ニーチェの修辞学理解を踏まえながらも、(27) 弁論の技術として発展した修辞学の根幹に迫るものとなった。古代・中世においては自由学芸の一部門に組み込まれ、学問全体のなかでも主要な地位を占めていた修辞学（弁論術）は、対話と演説の技術論として、状況全体に対する大局的な展望や、話者と聴衆の感情、間主観的に構成された「通念」（sensus communis）までも含めて論じるものであったが、近代以降は方法意識の高まりにともない、実践的な弁論の場面から切り離され、措辞や文飾の技法に限定されていった。(28) その点で文飾や転喩を中心とするニーチェの修辞学理解は、たとえ古代の弁論術を扱ってはいても、その問題設定は近代以降の動向に制約されていたのに対して、アリストテレス解釈を通じて展開されるハイデガーの修辞学理解は、その学科がもっていた潜在的な哲学的・人間学的意味を存分に引き出してみせるものであった。(29)

『弁論術（修辞学）』の読解を含んだ講義『アリストテレス哲学の根本概念』（一九二四年）において、ハイデガーはすでに、了解および情態性と言語との相互浸透的関係とともに、(30)『存在と時間』での「語り」（Rede）の時間性の原型を提示し、(31)「ロゴス」そのものの存在論的意味に踏み込むと同時に、現存在の存在構造と言語性の相関を積極的に論じている。修辞学は、共同的・社会的な弁論の場を主題とするものであるため、「現存在そのものの具体的経験」に即して、「現存在そのものに関する本来的了解という根本的機能」を有するとされるのである。(32) 修辞学においては、「通念《ドクサ》」という仕方で構成される日常的・間主観的な世界と、現存在自身の自己了解および自己表現が、言語活動を媒介にして結合されることによって、世界性と自己性、存在了解と現存在の自己了解との相即が示される。日常的言語使用の存在論的意味を考究するこれらの議論は、現象学的に言うなら、存在措定の排去という現象学的還元の前提となる原信憑《ウアドクサ》（Ur-doxa）へと遡り、学的構成による言語使用に先立って、根源的な世界関係そのものの内に働く言語的・ロゴス的機能を見出していくものである。そのためこのアリストテレス講義においてハイデガーは、ロゴスを「世界‐内‐存在の規定、世界が生と出会う特定の様式」[33]と捉え、ロゴスが有する事象開示の機能を「世界を何ものかとして語り示すこと」の内に見出し、この「として」（als）をロゴスの根本的特質とみなしている[34]。

ロゴスによる存在の根源的分節性の理解は、ハイデガーの現象学理解、特にその「学《ロゴス》」の語源的解明の内にも顕著に示される。「あるものをそのものとしてそれ自身の側から見えるようにさせる」という現象学の定義によって、ハイデガーは事象の自体的顕現における現出性（sich zeigen）と規定性（als）の相即を正確に捉える一方で、そうした現象の自己示現が、「見えるようにさせる」という現存在の開示性の関与によって成立することを示し、その開示性そのものの自己解明によって事象の自己顕現の構造を析出する途を取るのである。こうして『存在と時間』においては、修辞学理解に見られる根源的言語性というロゴスの問題とともに、意味了解の多様性と人間存在の諸様態との相関という解釈学的な洞察が総合され、それらが解釈学的現象学へと結実する。その具体的実践である実存論的分析において、ハイデガーは言語的意味の形成である「として」を、現存在の「了解」から派生する「解釈」固有の「として」構造と捉えることによって、修辞学的な意味了解の問題を実存の遂行論としての解釈学の内に統合していくのである。解釈における意味の分節構造は、了解を含む根源的な開示性相互の様態上の変容を通じて自己言及的に根拠づけられ、自らを時間性の脱自的地平として露呈することになる。

こうして『存在と時間』でのハイデガーは、修辞学が主題とした意味の具体的内実を、意味の遂行論としての解釈学へと収斂させ、意味地平の成立と了解遂行との循環的な関係を、現存在の自己関心と時間性における自己再帰的な関係の内に基礎づけていった。

（２）ハイデガーのニーチェ解釈

『存在と時間』を通じてハイデガーが構築した解釈学とは、修辞学を生活世界のロゴス性の問題として捉え、了解による地平開示と解釈によるその分節の機能を統合することによって、伝統的な意味理解の学としての解釈学を実存論的様態論という意味遂行の論理として体系化するものであった。書記言語《エクリチュール》の学としての文献学よりも、口頭言語《パロール》的世界経験に根差す弁論術（修辞学）の存在論的優位性を重視し、現存在の自己了解と存在了解との相関を元に統一的な実存論的解釈学を組織化していったハイデガーと対比するなら、ニーチェの思考は、文献学と解釈学との相互関係を十分に考慮しながらも、両者の差異をその作動領域《エレメント》とするものであった。それどころかニーチェにとっては、文献学と解釈学、あるいは力の論理と意味の論理という二つの視座が区別され、両者のあいだに多様な移行関係が成立することによって、その移行形態の分析論である系譜学が可能になっているとも言える。なぜならニーチェの系譜学は、力と意味という視点同士の視差《パララクス》を通じて、その中間領域に「仮象」という一種の虚像が発生すること、そしてこの虚像は力そのものの遂行を逸脱し、「超越論的仮象」としての「道徳」や「真理」を産出することを、その発生メカニズムともども見抜いていく超越論的弁証論を意味するものだからである。世界解釈の発生を「力への意志」の「転倒した像[35]」として暴露する系譜学は、その世界解釈の視点そのものを横滑りさせ、異なった視点によって相対化することによって、その解釈の虚構性、仮象の仮象性を洞察していく。その点でニーチェの系譜学は、解釈の視点拘束性によって遠近法《パースペクティヴ》的な特質を有するのみならず、視点や観点の転倒や移行を想定するという意味では、むしろ歪曲遠近法《アナモルフォーズ》的な性格をもっているとも言えるだろう。

ニーチェとハイデガーのそれぞれについて、文献学・修辞学・解釈学の配置をこのように見定めるなら、そこからハイデガーが一九三〇年代に行った一連のニーチェ講義の特質を際立たせることができるだろう。「芸術としての力への意志」を主題にした最初の講義(一九三六/三七年)においては、ニーチェ的な「芸術家-形而上学」(Artisten-Metaphysik)に即して、自己創造者であると同時に被創造者である芸術家の現象を手がかりに、芸術を自己透徹的な存在者の根本生起の次元とみなし、「力への意志」の基本構造と発現形態を分析していく。(36) そこでは、「自己自身を産出する芸術作品」と見られた世界の現出を通じて、「力への意志」の自己関係的で自己超克的な基本構造と、脱自的な世界地平の形成が不可分のかたちで分析され、遠近法的・地平的解釈の仮象性が「芸術と真理の触発的分裂」(37)として語られる。続く「等しいものの永劫回帰」の講義(一九三七年)においては、カオスの只中での「力への意志」の無限の自己形成を通じて、地平そのものの先取的構成と、地平内部的存在者の地平への内在的帰属との相互性から「永劫回帰」の必然性が導出され、さらに「認識としての力への意志」の講義(一九三九年)では、「力への意志」による遠近法的解釈の構造が、真理に対するニーチェの反形而上学的な挑戦とともに分析される。このような概略からも、ハイデガーの解釈においては、ニーチェにおける複数の視点の多様性やそれらの相互的な葛藤よりも、哲学的理論、特に解釈学的理論としての全体性と一貫性に重点が置かれているのを見て取ることができる。先に用いた比喩を延長するなら、ハイデガーのニーチェ解釈は、ニーチェ独特の歪曲遠近法《アナモルフォーズ》を、ひとつの視点から論理的に構成された一義的な正形遠近法ないし幾何学的遠近法へと変換する試みとして理解することができるだろう。そのためハイデガーは、文献学や修辞学に示される多様性の力学や、

『存在と時間』で言及されたニーチェの歴史論（「生に対する歴史の利害」）ではなく、最初から「芸術」に照準を定め、創造・被創造の相互返照的な開示性に立脚することによって、そこから「力への意志」の統一的な解釈学を引き出しえたのである。

三　ロゴス論の極限へ

（1）解釈学の根拠づけ

ハイデガーのニーチェ解釈には、「仮象」や「真理」の構成といった、広義の虚偽意識に対するニーチェの認識論的関心を、「力への意志」の存在論的世界構成の内に統合するといった方向が顕著に示されている。そのためその解釈の内では、認識論と存在論を架橋する理論的中点としてのロゴス論に焦点が当てられ、世界開示におけるる言語的・ロゴス的機能の構成的関与が積極的に論じられる。ロゴス論としてのニーチェ思想という観点は、ニーチェの「陶酔歌」（「夜の彷徨い人の歌」）をその末尾に引用した講義『形而上学の根本概念』（一九二九／三〇年）からもすでに窺い知ることができる。世界と現存在の有限性を主題にしたこの講義は、世界との関係の諸相を分析したうえで、現存在の世界開示の構造を解明すると同時に、現存在に対する存在論的解釈そのものの遂行を反省的に把握することによって、現存在の世界形成とその学的把握である形而上学が有する根源的なロゴス性を析出していく。形而上学に関するアリストテレスの定義をも踏まえながら、ハイデガーは世界を「全体における存在者としての存在者の開顕性」[38]と規定し、世界形成の基本構造を「全体における」という現出性の契機と、「存在者と、し、て、の存在者〔存在者そのもの〕」という分節性の契機との複合とみなしたうえで、その世界形成の発生を、ニーチェの「陶酔歌」によって暗示するのである。「世界は深い、昼が考えたよりもなおも深い」という句を含む『ツァラトゥストラはこう語った』のこの一節に託して、ハイデガーは現存在に対して開かれる世界と、その世界に対する現存在の帰属性との相互性、あるいは世界地平の分節である「として」と、地平そのものの全体における現出との相関、さらには学的言説の次元で言えば、論理学と形而上学との連繋といった事態を名指そうとしていた。

世界開示とその理論的叙述のロゴス性という主題は、ニーチェ講義「認識としての力への意志」においてさらに明確に語られる。この講義では、「〈論理学〉としての西洋形而上学[39]」という視点を一貫して保持し、存在者全体の現出性と分節的規定性の論理をニーチェの思想から読み取っていく。とりわけ、「〈認識する〉のではなく、図式化する（schematisieren）のである――つまり、われわれの実践的要求を満たすに足るだけの基準と形式をカオスに課すのである」という断章[40]（『力への意志』五一五）から、ハイデガーは、「実践的要求」という利害関心が、遠近法的な図式化によって初めて「カオスをカオスとして」顕現させるといった構造を読み取り、さらにそうして分化するカオスと了解可能な領域との境界面が、「限定するもの」（τὸ ὁρίζον）としての「地平」（Horizont）を形成するという点を明確にしていく[41]。そのためハイデガーの見るところ、ニーチェの語る「図式化」は、未分節の感覚的多様性に付加される外的で形式的な枠組みの強制などではなく、むしろ認識される世界そのものを限界づけながら構成し、それによって世界内部的存在者の現出を可能にする超越論的制約と理解されている。こうして先行的地平への超越と、存在者を迂回した地平内への還帰の相互運動が、意味の構造化と存在者の現出の統一的な条件とみなされ、そこにニーチェの言う「理性の創作的本質」――「類似のもの、同等のものへと調整し創出する（ausdichten）こと」――が巧みに織り合わされることで、対象の対象性の成立、つまり事象の「同一性」の構成が、地平的論理の内に超越論的に根拠づけられる。

図式化による地平形成は、それ自身としては不可知の事象を現出させ、それ自体の同一性を保証しながら、存在者をそのものとして認識可能にするという点で、事象の現出の成立根拠であるだけでなく、同時に事象の規定性をなす「として」構造の成立根拠でもある。「理性の創作的本質」に関するこの解釈の内で、カントの「超越論的構想力」が言及されるように[42]、このような論理構成は明らかに、構想力の「三重の総合」を現象学的に解釈したハイデガー自身のカント理解を背景としている。一九二〇年代のカント解釈において、ハイデガーは、覚知・再生・再認という構想力の三重の機能の内に、事象の現出と規定性の超越論的根拠を求めるばかりか、それぞれの総合から時間的契機を取り出し、そこに「純粋自己触発」としての時間性の根源的な時間化という事態を見出していた[43]。このような論理構成を対比するなら、ハイデガーはニーチェの内にカント的な超越論哲学の正統的な後継者を見出し、さらにはカント解釈での構想力の時間性の洞察を元に、ニーチェの「永劫回帰」をも、「力への意志」の世界構成に属する根源的な時間性の思想として、現象学的・超越論的に理解しようとしていることが窺える。

(2)　形而上学の形而上学

ロゴス性の超越論的解釈をひとつの支柱とするハイデガーのニーチェ解釈は、ニーチェに見られた文献学と解釈学の差異、あるいは意味と力の葛藤といった主題を、解釈学的な世界了解と自己了解の相互性へと解消し、意味遂行の理論としての超越論的解釈学に一元化することを目指していた。それは同時に、ハイデガー自身が『存在と時間』、および同時期のカント解釈を通じて構築した現存在の実存論的様態論としての現存在分析の成果をニーチェに重ね合わせるといった性格をももっている。そのためそのニーチェ解釈では、投企的了解による世界開示や、解釈による地平の分節、そして現存在の時間性といったそれぞれの実存論的な契機が、あたかもニーチェという鏡に映る鏡像のように、「力への意志」の自己拡張的な世界構成、創作的本質にもとづく図式化、そして「永劫回帰」の時間性の内に反映することになった。しかしながら、ハイデガー自身が『存在と時間』の実存論的・超越論的理論から徐々に距離を取り始めた時期に並行して行われたこの鏡像化の作業は、冒頭にすでに「形而上学との対決」が謳われている以上、ニーチェ思想の内に単純に『存在と時間』を投影するものでもなければ、『存在と時間』の正統性や洞察の正確さをニーチェを手がかりに確証するものでもない。むしろ一連のニーチェ講義で遂行される鏡像化《リフレクション》は、ハイデガー自身の実存論的・超越論的思考に対する自己反省《リフレクション》であり、ニーチェという実験場の中で自らの地平論的解釈学の内圧を極限にまで上げる一種の耐圧実験と見るべきなのである。

ニーチェに託して地平論的解釈学を徹底化するに際してハイデガーが注目するのは、その理論の精緻化といった内容的な拡充ではなく、当の解釈学そのものの理論化に関わる学的反省の次元の問題である。『存在と時間』において、現存在の実存論的分析は、修辞学を解釈学化することによって獲得された了解の先行性と解釈の分節性をその方法論にまで高めるかたちで展開されていた。それは分析の成果を分析の方法論に転じるという自己言及的な構造をもっているが、ハイデガーがニーチェ思想の内に見るのも、そのような自己完結的な論理構成であり、そこに働く自己関係的なロゴス性であった。その解釈を通じて、世界開示の遂行とともに具体化される解釈や図式の分節機能としてのロゴスのみならず、地平性や分節性そのものの成立を語る反省的・自己関係的なロゴスの問題が徐々に鮮明になっていく。「力への意志と永劫回帰との本質一体性」を思惟することを要求するハイデガーの解釈は、まさにその地平的解釈の理論を自己完結させ、自己根拠づけにまで導くことで、最終的にそこに現れるロゴス性の臨界を見定めることを狙っていたと考えられるのである。そのように理解する限り、ハイデガーのニーチェ解釈は、計画されていた『存在と時間』第一部第三編「時間と存在」の成立を妨げ、「時間性」（Zeitlichkeit）から「時節性」（Temporalität）へ向かう途を断念せざるをえなかったハイデガーの理論的模索の過程とも呼応するものであった。

ニーチェにおいて「力への意志」は、存在者全体の根本的本質として、力の無限の自己拡張にして永遠の生成であり、しかも自己の外部に力への意志以外の存在を許さないものである以上、力への意志は力への意志そのものを自らの前に常に現前化させざるをえない。それと同時に、力への意志の理論が、一個の形而上学的言説であり、つまり「全体における存在者としての存在者」についての言説である以上、その言説そのものも、「力への意志」それ自身によって語られ根拠づけられるといった自己関係的な構図を取らざるをえない。「力への意志」が、存在者全体の本質としても、形而上学的理論としても循環的な自己関係を実現するという点に、ハイデガーは力への意志と永劫回帰との接点を見出し、そこに自己自身へと回帰する力への意志の自己確立、あるいは徹底した存立確保の意志を見定めていく(44)。ニーチェにおいては、「永劫回帰」は「力への意志」を最終的に相対化し、そこに世界そのものの仮象性が洞察されることで、実体と仮象といったプラトン主義的区別を超克する道が探られ、また力への意志や永劫回帰の理論化という主題は、『ツァラトゥストラはこう語った』第四部において、ツァラトゥストラの教えを反復する「高等《まし》な人間たち」の問題として扱われるにもかかわらず、ハイデガーはニーチェに見られるこうした脱形而上学の要素を排除し、その可能性をことごとく封じていくのである。その点は、ニーチェ講義と並行してなされたゼミナール（「存在と仮象」一九三七年）において「仮象を仮象として認識する」というニーチェの仮象論に対して、そこではいまだ「構想力の本質」が根源的には洞察されることがなく、

「存在と根源的仮象の本質全体はニーチェにとっては隠れたままである」[45]という見解が示されている点からも窺える。こうしてハイデガーは、仮象論の徹底化によって形而上学の克服を模索するニーチェの道をあらかじめ閉ざし、「力への意志」の思想をどこまでも自己根拠づけの図式によって解釈し尽くしていくことで、ニーチェ思想に宿る複数の可能性の芽を摘み、そこにもっぱら「形而上学の完成者」の姿のみを浮かび上がらせていくのである。

形而上学が形而上学の内で自らを根拠づけ、それ自身の完結した領域の内でその方法論と理論的構成の一切を組み上げること、外的な規範に従うのではなく自らの決定が自らの本質へと転じること――こうした一切がハイデガーによって「反転」[46](Umkehrung)と呼ばれ、形而上学の完成、いわば形而上学の形而上学化の核心とみなされる。「形而上学との対決」を目指すハイデガーのニーチェ解釈は、ニーチェ自身からも引き出すことが可能な形而上学からの逃走線をすべて封鎖し、ニーチェの思想を全面的に「反転」させ、それを容赦なく形而上学化していく。そのためにハイデガーは、ニーチェの中に見られる「脱人間化」という脱形而上学的傾向をも「幕の上がった人間化」ないし「擬人化」とみなし、そこに現れる力への意志の自己解釈の内に、形而上学の絶対的な専制と自己撞着を見出していく。「全体における存在者としての存在者についての真理が、力への意志の形而上学によって完成され、かつ形而上学の歴史がこの力への意志の形而上学を通じて解釈される[47]」――こうした自己根拠づけと自己解釈の空間の内にこそ、ハイデガーは形而上学の絶対的閉塞としてのニヒリズムが生起する光景を見出すのである。

結語　「として」の文献学へ向けて

ニーチェを形而上学者の完成者とみなすハイデガーの解釈においては、ニーチェ思想が「全体における存在者としての存在者」に関する言説であるばかりか、その言説自身が自らを根拠づける循環的な自己関係性の徹底であること、そしてプラトンからニーチェに至る形而上学の歴史は、自らをそうした自己根拠づけの理念に導かれた歴史として理解する形而上学的な自己解釈であることが示される。力への意志による遠近法的地平の論理《ロゴス》それ自身が、力への意志の論理《ロゴス》によって語られ、その自己内還帰が永劫回帰として自らを肯定することをもって、ニーチェは形而上学あるいはニヒリズムの超克を試みるが、ハイデガーにとってはこのような意味での超克の「意志」は、形而上学の克服どころか、むしろ形而上学の本質の昂進でしかない。「形而上学が自らを放置するそうした堂々めぐりに入り込むことによって、その放置がそれと気づかれることもなく、存立確保という形態での真理へと仕立てられ、存在の真理に対する存在者そのものの真理の閉鎖が完了する。そのとき形而上学のあからさまな自己遮蔽にともなって、この封鎖そのものが一切の形而上学からの解放を装うのである」(48)。解放を装うそうした自己完結において、まさしく形而上学《メタフュジカ》が本質的に有している「メタ」という累乗化の論理が全面的に解放され、そのロゴスは「力への意志」による真理規範の設定というメタ論理学《ロジック》として、その歴史は「永劫回帰」というメタ歴史《ヒストリー》として、人間の本質は「超人」(*Übermensch*) という「基体的主体」(Subjektität) として、自らを高次化しながら「反転」し、自己自身の内へと折れ返り、その本質を完成させる。ハイデガーの解釈によれば、ニーチェにおいては、そうした論理学と形而上学の不可分の循環的関係が、力への意志の自己正当化と自己根拠づけの理念としての「正義」（Gerechtigkeit）という門によって最終的に封印されるのである。

形而上学の本質の自己昂進というニーチェ解釈が、ハイデガー自身の実存論的解釈学を変形《デフォルメ》し、その自己根拠づけの論理を極限化した鏡像だとするなら、そうした形而上学の本質を克服する道が、形而上学そのものの論理、あるいは地平的解釈の論理によって拓かれることはないだろう。なぜなら、「形而上学についての形而上学は、けっしてその本質に到達することはない」[49]のであり、現存在の自己了解の構造に根差す実存論的な解釈学は、力への意志の地平的解釈と同様に、解釈の中での意味の確実性を確保するにとどまり、了解そのものの存在論的本質に達することはないからである。形而上学とそのロゴス性に対するこうした徹底した自己究明を通じて明らかになるのは、形而上学とロゴスの基本構造として洞察された「として」を形而上学的・地平論的構図から解放するという課題である。「形而上学は、存在者としての存在者（das Seiende als solches）を思考しながらも、〈そのものとして〉（als solches）そのものは思惟しない」と言われるように、ここではまさしく「存在者としての存在者」（ὂν ᾗ ὄν; ens qua ens; Seiendes als Seiendes）における「として」（ᾗ; qua; als）そのものが、「いまだその本質において思惟されていない非隠蔽性」と名指される[50]。ここで語られる「として」というロゴスは、もはや地平内部的な分節を可能にする了解的解釈ではなく、むしろ地平そのものの発生とともに生じながらも、地平内部の規定性によっては記述しえない次元を示唆するものである。ニーチェにおいて「正義」として変質した真理の本質を、自己自身の存立を支える価値の自己正当化という論理ではなく、隠蔽性と非隠蔽性の運動として、いわばロゴスにおける「として」の振動と分散として取り戻すことが、ハイデガーにとって決定的な課題となる。

このような進展は、「存在の意味」の解釈学から「存在の真理」の思索へと向かう後期ハイデガー自身の歩みを正確に予告している。意味地平と真理生起の差異をめぐって展開される存在の思索は、言語的意味を存在論的差異の分極の生起から捉え直し、その運動をテクスト解釈のうえでも実践するかのように、脱意味化の解釈学、あるいは非解釈学的な文献学への道を進むのである。それはとりわけ、アナクシマンドロス、ヘラクレイトス、パルメニデスといった前ソクラテス期の思索者についての非解釈学的な文献学として遂行される。なぜなら、そこでのテクスト解釈と翻訳は、著者や作品の統一性やギリシア的世界観の一貫性といった先行了解を解体し、ヘルダーリンやベンヤミンの逐語翻訳を思わせるような断片性を帯び、文脈形成的な統語論（*Syn*-tax）を解体し、並列的・分散的（*para*-taxisch）な偏倚性と過激性をまとうからである。そして、前ソクラテス期に関するこの解釈は、テクストのテクスト性を極限まで突き詰めることで、最終的には原テクストを解体せざるをえなかった若きニーチェの文献学、あるいは分極の力学としての系譜学へと接近するものでもあった。

ハイデガーが前ソクラテス期のテクストに対して実践した「文献学」は、形而上学の根底に働きながら、形而上学の眼差しによってはけっして可視化しえないロゴスの原初的発現を捉えようとする試みであった。「存在の問い」の関連語彙で言い直すなら、それは存在者そのものを問う形而上学的な「主導的問い」（Leitfrage）から、そうした形而上学の領域には解消しえない「根本的問い」（Grundfrage）への移行、つまりは存在そのものの真理の問いへの転換を意味している。形而上学は、それ自身の自己根拠づけの構造にもとづいて、存在者に関するすべての問いに答えることができる。むしろ形而上学は、自らが答えることのできるすべての問い（主導的問い）を立て、そのすべてに解答することで自身の内で完成するのである。これに対してハイデガーのニーチェ解釈、そしてそこに究まる「形而上学との対決」が目指したのは、形而上学をそれ自身の内で完結させることを通して、その完結性によっては答えることのできない問い（根本的問い）に直面するように、形而上学そのものを仕向けること、そして形而上学に自らの貧しさを告白させることであった。哲学というものが、先行する哲学的テクストの「解釈」を基盤とするものであるなら、これは同時に哲学という遂行そのものに対する強力な挑戦でもある。哲学的テクストの解釈は、形而上学と同様に、あらゆるものを知っており、すべての問題を解釈することで、その解釈そのものの内に自足することができる。しかしながら、しばしば解釈の成功とみなされるこうした自己完結性は、哲学的には一種の自閉であり、硬直化の罠でしかない。哲学的なテクスト解釈は、それ自身が最終的に挫折するところ、解釈の閉域が事象の重みに耐えかねて自らの底に向かって崩落するところで、哲学的な思惟へと自らを転生させ、最も根本的な「問い」へと開かれる。

こうした問いの変成の運動において、ニーチェによる形而上学の完成の背面に、アナクシマンドロスにおける現前と非現前の謎、パルメニデスが捉えようとした存在と思考の相即、そしてヘラクレイトスが挑んだロゴスという闇が、その反転相として見出される。解釈が思惟へと変容し、媒介が差異へ、自己完結的な思考が、自らの内に裂罅を開く思索の運動へと偏移する。それにともないニーチェ的な自己保持の「正義」は、ギリシア的「正義《ディケー》〔接合〕」へと変貌し、現前と非現前の振動へと自らを譲り渡し、「地平」に解消されない「開かれ」の内で、ロゴスとして自らを集めつつ分散させる。こうして思惟が自らの始源に遡行する探究の内部で、思惟自身の光の届かない暝さを見出し、知が根源的に非知と出会う場所を切り拓くことで、思惟はそれ自身の生成と退去を経験するのである。

註

（1） Fr. Schlegel, *Zur Philologie* I, II, Aus den Heften zur Poesie und Literatur [1796-1801], in: Kritische Friedrich-Schlegel-Ausgabe, Bd. 16, hg. H. Eichner, Paderborn, etc. 1981, S. 33-81.

（２）J. Trabant, Jenseits der Grenzlinie: Der Ursprung der Sprache, in: id., *Traditionen Humboldts*, Frankfurt a. M. 1990, S.94-121.

（３）H. Blumenberg, Anthropologische Annäherung an die Rhetorik, in: id., *Wirklichkeiten in denen wir leben: Aufsätze und eine Rede*, Stuttgart 1993, S.104-136.

（４）Cf. Ph. Forget (Hg.), *Text und Interpretation*, München 1984.

（５）Fr. Nietzsche, *Encyclopaedie der klassischen Philologie* [1871 event. 1873/74], Nietzsches Werke. Kritische Gesamtausgabe (= KGW), II-3, *Vorlesungsaufzeichnungen* [SS1870-SS1871], Berlin 1992, S.375.

（６）M. Gigante, Nietzsche und die klassische Philologie, in: M. Riedel (Hg.), *»Jedes Wort ist ein Vorurteil«. Philologie und Philosophie in Nietzsches Denken*, Köln 1999, S.151-189.

（７）Fr. Nietzsche, *Nachgelassene Aufzeichnungen*, Hebst 1867-Frühjahr 1868, 56 [7], KGW I-4, Berlin/New York 1999, S. 368.

（８）Id., *Encyclopaedie der klassischen Philologie*, KGW II-3 S. 344f.

（９）Id., Notizen zu Wir Philologen, 5, *Nachgelassene Fragmente,* Anfang 1875 bis Frühling 1876, 3=MP XIII 6b. (U II8, 239-200), März 1875, 3 [62], Kritische Studienausgabe (= KSA), Bd. 8, S. 31.

（10）G. Ugolini, Philologica, in: H. Ottmann (Hg.), *Nietzsche Handbuch. Leben-Werk-Wirkung*, Stuttgart / Weimar 2000, S. 160f.

（11）Fr. Nietzsche, *Homer und die klassische Philologie*, KGW II-1, S. 264.

（12）*Ibid.*, KGW II-1, S. 263.

（13）Id., Die Teleologie seit Kant, April/Mai 1868, 62 [51], KGW I-4, S. 554.

（14）Cf. P. Ricœur, *Soi-même comme un autre*, VI: Le soi et l'identité narrative, Paris 1990, pp. 167-198.〔P・リクール『他者のような自己自身』久米博訳、法政大学出版局、一九九六年〕

（15）Cf. G. Deleuze, F. Guattari, *Qu'est-ce que la philosophie*, I-3: Les personnages conceptuels, pp. 60-81.〔G・ドゥルーズ、F・ガタリ『哲学とは何か』財津理訳、河出文庫、二〇一二年〕

（16）Cf. M. Foucault, Nietzsche, la généalogie, l'histoire (1971), in: id., *Dits et Ecrits 1954-1988*, t. 1 (1954-1975), Paris 1994, p. 1005s.〔M・フーコー「ニーチェ、系譜学、歴史」伊藤晃訳、『ミシェル・フーコー思考集成 Ⅵ』筑摩書房、一九九九年〕

（17）Fr. Nietzsche, *Die Geburt der Tragödie*, KSA 1, S. 47.

（18） *Ibid.*, KSA 1, S. 152; cf. id., *Nachgelassene Fragmente*, Ende 1870-April 1871, (7 [165]) , KSA 7, S. 202.

（19） Cf. H. Thüring, Friedrich Nietzsches mnemotechnisches Gleichnis. Von der „Rhetorik“ zur „Genealogie“, in: J. Kopperschmidt, H. Schanze (Hgg.), *Niezsche oder »Die Sprache ist Rhetorik«*, München 1994, S. 63-84; S. Kofman, *Nietzsche et la métaphore*, 2e éd., Paris 1983.〔S・コフマン『ニーチェとメタファー』宇田川博訳、朝日出版社、一九八六年〕

（20） その一部の抄訳は、『ニーチェ『古代レトリック講義』訳解』（山口誠一訳著、知泉書館、二〇一一年）として翻訳・出版された。

（21） Fr. Nietzsche, *Darstellung der antiken Rhetorik*, KGW II-4, S. 425.

（22） Cf. Ph. Lacoue-Labarthe, Umweg, in: W. Hamacher (Hg.), *Nietzsche aus Frankreich*, Frankfurt a. M./Berlin 1986, S. 99f. ; P. de Man, Rhetoric of Tropes (Nietzsche), in: id., *Allegries of Reading. Figural Language in Rousseau, Nietzsche, Rilke, and Proust*, New Haven/London 1979, pp. 103-118〔P・ド・マン『読むことのアレゴリー――ルソー、ニーチェ、リルケ、プルーストにおける比喩的言語』土田知則訳、岩波書店、二〇一二年〕; J. Kopperschmidt, H. Schanze (Hgg.), *op. cit.*; A. Haverkamp, Figura cryptica. Die Dekonstruktion der Rhetorik, in: id., *Figura cryptica. Theorie der literarischen Latenz*, Frankfurt a. M. 2002, S. 23-43. 清水紀子「ニーチェとレトリック」、上智大学ドイツ文学会『ドイツ文学論集』第三七号（二〇〇〇年）、一一五―一三二頁。

（23） J. Figl, *Interpretation als philosophisches Prinzip*, Berlin/New York 1982, S. 102-117.

（24） Fr. Nietzsche, *Nachgelassene Fragmente*, 2=WI8: Herbst 1885-Herbst 1886, 2 [108], KGW VIII-1, S. 118.〔強調は原文通り〕

（25） G. Deleuze, *Nietzsche et la philosophie*, Paris 1962, II-6: Qu’est-ce que la volonté de puissance, pp. 56-59.〔G・ドゥルーズ『ニーチェと哲学』江川隆男訳、河出文庫、二〇〇八年〕

（26） M. Foucault, Nietzsche, Freud, Marx (1967), in: id., *Dits et Ecrits 1954-1988*, t. 1 (1954-1975), p. 598.〔M・フーコー「ニーチェ・フロイト・マルクス」大西雅一郎訳、『ミシェル・フーコー思考集成 II』筑摩書房、一九九九年〕

（27） 実際にハイデガーは、ニーチェの初期の修辞学講義『ギリシア弁論術の歴史』（Geschichte der griechischen Beredsamkeit）に言及している。M. Heidegger, *Grundbegriffe der aristotelischen Philosophie* (1924), Gesamtausgabe (= GA), Bd. 18, Frankfurt a. M. 2002, S. 109.

（28） Cf. W. J. Ong, *Ramus. Method and the Decay of Dialogue*, London 1958.

(29)　J. Kopperschmidt, Heidegger im Kontext der philosophischen Widerentdeckung der Rhetorik, in: J. Kopperschmidt (Hg.), *Heidegger über Rhetorik*, München 2009, S. 9-88. 齋藤元紀「弁論術と解釈学――アリストテレス『弁論術』解釈の射程と制約」、多摩哲学会編『パレーシア』創刊号（二〇〇五年）、五〇―七〇頁。

(30)　M. Heidegger, *Grundbegriffe der aristotelischen Philosophie*, GA 18, S. 123-156.

(31)　Cf. *ibid.*, S. 131.

(32)　*Ibid*, S. 135.

(33)　*Ibid.*, S. 47.

(34)　*Ibid.*, S. 60f. Cf. J. Knape, Heidegger, Rheotik und Metaphysik, in: J. Kopperschmidt (Hg.), *op. cit.*, S. 143-147.

(35)　G. Deleuze, *Nietzsche et la philosophie*, II-8: Origine et image renversée, p. 63-65. ドゥルーズもまた、『道徳の系譜学』の構成を超越論的弁証論と積極的に結びつけ、その並行関係に即した解釈を展開している。Cf. *ibid.*, pp. 99-101.

(36)　M. Heidegger, *Der Wille zur Macht als Kunst*, in: *Nietzsche* I, Pfullingen 1961, S. 82-91 (GA 6-1, Frankfurt a. M. 1996, S. 66-74).

(37)　*Ibid.*, S. 243 (GA 6-1, S. 213).

(38)　Id., *Grundbegriffe der Metaphysik. Welt-Endlichkeit-Einsamkeit* (1929/30), GA 29/30, Frankfurt a. M. 1983, S. 412.

(39)　Id., *Der Wille zur Macht als Erkenntnis*, in: *Nietzsche* I, S. 527 (GA 6-1, S. 474).

(40)　Fr. Nietzsche, *Nachgelassene Fragmente*, Frühjahr 1888, 14 [152], KSA 13, S. 333f. (WM 515).

(41)　M. Heidegger, *Der Wille zur Macht als Erkenntnis*, in: *Nietzsche* I, S. 551-562 (GA 6-1, S. 496-506).

(42)　*Ibid.*, S. 584 (GA 6-1, S. 526).

(43)　Id., *Phänomenologische Interpretation von Kants Kritik der reinen Vernunft* (1927/28), GA 25, Frankfurt a. M. 1977, S. 364.

(44)　Id., Nietzsches Metaphysik, in: *Nietzsche* II, Pfullingen 1961, S. 290f. (GA 6-2, Frankfurt a. M. 1997, S. 260f.).

(45)　Id., *Nietzsches Metaphysische Grundstellung (Sein und Schein)* (1937), *Nietzsche. Seminare 1937 und 1944*, GA 87, Frankfurt a. M. 2004, S. 83.

(46)　Id., Nietzsches Metaphysik, in: *Nietzsche* II, S. 301f. et passim (GA 6-2, S. 270 et passim.).

(47)　*Ibid.*, S. 282 (GA 6-2, S. 254).

(48) Id., Die seinsgeschichtliche Bestimmung des Nihilismus, in: *Nietzsche* II, S. 383f. (GA 6-2, S. 347f.).「非意志の意志」という同様の議論は「放下の所在究明」の冒頭にも見出せる。Cf. id., Zur Erörterung der Gelassenheit. Aus einem Feldweggespräch über das Denken, in: *Gelassenheit*, Pfullingen, 8. Aufl. 1985, S. 30 (in: *Aus der Erfahrung des Denkens 1910-1976*, GA 13, Frankfurt a. M. 1983, S. 39).

(49) Id., Die seinsgeschichtliche Bestimmung des Nihilismus, in: *Nietzsche* II, S. 344 (GA 6-2, S. 309).

(50) *Ibid.*, S. 351f. (GA 6-2, S. 317).〔原文は一句全体を強調〕

初出一覧

本書の原型となった諸論考の初出は、以下の通りである。これらの文章を発表する機会を提供していただいた学会・研究会、各出版社に感謝したい。ただし今回一書にまとめるに当たって、ほとんどの論考には、改稿や大幅な加筆を施した（以下の一覧で、「改稿」は構成自体を変更したり、章単位での増補を加えたもの、「加筆」は構成をほぼ変えずに内容を膨らませたものである）。

第一章　始源への遡行——ハイデガーと前ソクラテス期の哲学者たち

（「ハイデガーと前ソクラテス期の哲学者たち」神崎繁・熊野純彦・鈴木泉編『西洋哲学史Ⅰ——「ある」の衝撃からはじまる』講談社、二〇一一年、三四九—三八八頁。加筆）

第二章　スコラ学からアウグスティヌスへ——初期ハイデガーと中世哲学

（「ハイデガーと中世哲学」『大航海』第六二号「中世哲学復興」、二〇〇七年、一五〇—一五八頁。改稿）

第三章　振動と分散——ハイデガーのライプニッツ解釈をめぐって

（「振動と分散、あるいは「哲学の二つの迷宮」——ハイデガーのモナド論解釈をめぐって」日本現象学会編『現象学年報』二一号、二〇〇五年、三七—四八頁。加筆）

第四章　中間領域としての人間——カントの人間学からハイデガーの脱人間学へ

（「中間領域の逸脱と分散——カントの人間学からハイデガーの脱人間学へ」上智哲学会編『哲学論集』第四〇号、

二〇一一年、九五―一一九頁）

第五章　媒介の論理とその彼方――ハイデガーのヘーゲル『精神現象学』解釈をめぐって

（同タイトル、『現代思想』第二九巻第一七号「現象学――知と生命」、二〇〇一年一二月、青土社、一四一―一五五頁。改稿）

第六章　媒介と差異――ドイツ人文主義とハイデガーの言語論

（「媒介と遂行――ハイデッガーとフンボルトにおける言語の問題」ハイデッガー研究会編『〈対話〉に立つハイデッガー』理想社、二〇〇〇年、一三五―一五三頁。改稿）

第七章　地平と遠近法――ハイデガーの『ニーチェ』第一巻における地平論の帰趨

（「地平と遠近法――ハイデガー『ニーチェ　第一巻』における地平論の帰趨」上智哲学会編『哲学論集』第一九号、一九九〇年、一〇五―一二二頁。加筆）

第八章　存在の思索と分極の力学――ハイデガーとニーチェにおける修辞学・解釈学・文献学

（同タイトル、『Heidegger-Forum』第六号「統一テーマ〈無〉、特集〈ニーチェ〉」、二〇一二年、六七―八二頁）

本書の成立に関して、企画段階から多大なお力添えと激励を頂戴した知泉書館の小山光夫氏、および高野文子氏・齋藤裕之氏に謝意を表したい。質の高い学術出版を継続している本書肆の存在は、学術研究に携わる者にとっての大きな励みとなっている。本書がそのような高い志をもった書肆の一冊として出版されることを、感謝とともに光栄としたい。

本文の校正や索引制作に関しては、上智大学特別研究員・梅田孝太氏の協力を仰いだ。併せて、大学・学会・

研究会を始め、さまざまな機会に筆者を激励し、多くの教示と刺戟を与えてくださった先生方・知友の方々にこの場を借りて、お礼を申し上げる次第である。

村井 則夫（むらい・のりお）

1962年東京に生まれる。上智大学文学部哲学科卒業後，上智大学大学院哲学研究科博士課程満期退学，現在，明星大学人文学部教授。

〔著書〕『ニーチェ　仮象の文献学』（知泉書館，2014年），『ニーチェ——ツァラトゥストラの謎』（中公新書，2008年）

〔共著〕Y. Nitta, T. Tani (Hgg.), *Aufnahme und Antwort. Phänomenologie in Japan* I (Königstein & Neumann, 2011), 『哲学の歴史』（中央公論社，2007-2008年），『西洋哲学史再構築試論』（哲学史研究会編，昭和堂，2007年），『ハイデッガーと思索の将来』（ハイデッガー研究会編，理想社，2006年），他。

〔訳書〕ブルーメンベルク『われわれが生きている現実』（法政大学出版局，2014年），リーゼンフーバー『近代哲学の根本問題』（知泉書館，2014年），ニーチェ『喜ばしき知恵』（河出文庫，2012年），シュナイダース『理性への希望』（法政大学出版局，2009年），トラバント『フンボルトの言語思想』（平凡社，2001年），他。

〔論文〕「田辺元のバロック哲学——絶対媒介の力学性と象徴性」（『思想』1053，2011年），「可能性としての人文主義——グラッシとアウエルバハにおける修辞学的・文献学的思考」（『思想』1023，2009年），「歴史と起源——フンボルトにおける媒体としての言語」（『思想』）949，2003年），他。

〔共編〕『西田幾多郎全集』第14-16巻（岩波書店，2004-2008年）。

〔解体と遡行〕　ISBN978-4-86285-199-4

2014年11月10日　第1刷印刷
2014年11月15日　第1刷発行

著　者　村　井　則　夫
発行者　小　山　光　夫
製　版　ジ　ャ　ッ　ト

発行所　〒113-0033 東京都文京区本郷1-13-2
電話03(3814)6161 振替00120-6-117170
http://www.chisen.co.jp
株式会社　知泉書館

Printed in Japan　印刷・製本／藤原印刷

Destruktion und Rückgang

Heidegger und die Geschichte der Metaphysik

Norio MURAI

CHISENSHOKAN, Tokyo

2014

Inhaltsverzeichnis

人名索引

ア　行

アーペル Apel, Karl-Otto　245
アウグスティヌス Augustinus　55, 56, 68, 71–88, 92, 94, 155, 318, 337
アディソン Addison, Joseph　131
アナクシマンドロス Anaximandros　14, 22–26, 28–32, 35, 37, 44, 45, 49, 331, 332
アリストテレス Aristoteles　6, 8–14, 16, 23, 31, 32, 41, 56–58, 60, 61, 68–71, 74, 109, 122, 146, 182, 235, 261, 286, 311, 318–20, 323
アルベルトゥス・マグヌス Albertus Magnus　87
アンドロニコス（ロドスの）Andronikos　311
イソクラテス Isokrates　138
ヴィーコ Vico, Giambattista　138
ウォーフ Whorf, Benjamin Lee　244
ヴォルフ Wolf, Friedrich August　310, 312
ウルリヒ（シュトラスブルクの）Ulrich von Straßburg　87
エイレナイオス Eirenaios; Irenaeus　85
エンゲル Engel, Johann Jacob　244
オリゲネス Origenes　84, 85, 318

カ　行

ガダマー Gadamer, Hans-Georg　145, 309, 310
カッシーラー Cassirer, Ernst　145, 273
カント Kant, Immanuel　15, 29, 38, 39, 47, 55, 56, 59–62, 67, 69, 70, 72, 74, 77, 80, 84–86, 88, 94, 101–06, 114, 124, 129, 130, 132–58, 160, 165, 177, 178, 184–86, 190, 192, 194, 200, 203, 209, 215, 220, 221, 225–28, 230–34, 237–242, 244, 246, 253, 254, 257, 259, 261, 272, 273, 278, 282, 286–90, 298, 305, 313, 318, 325, 337
キルケゴール Kierkegaard, Søren Aabye　70
クラデニウス Chladenius, Johann Martin　113
クラテュロス Kratylos　236
クランツ Kranz, Walther　14, 25
クレプス Krebs, Engelbert　58, 69, 88
ゲオルゲ George, Stefan Anton　267
コジェーヴ Kojève, Alexandre　167
コンディヤック Condillac, Étienne Bonnot de　230, 235

サ　行

サピア Sapir, Edward　244
シェル Schell, Hermann　57
ジーベック Siebeck, Hermann　59
ジュースミルヒ Süssmilch, Johann Peter　229
シュタインタール Steinthal, Heymann　231
シュトイトリン Stäudlin, Carl Friedrich　133
シュペングラー Spengler, Oswald Arnold Gottfried　4, 7
シュライエルマハー Schleiermacher, Friedrich Daniel Ernst　85, 310
シュレーゲル Schlegel, Karl Wilhelm Friedrich von　97, 98, 309
ショーペンハウアー Schopenhauer, Arthur　281, 315
シンプリキオス Simplikios　25
スアレス Suárez, Francisco　29, 57, 59,

131
スネル Snell, Bruno 21
スピノザ Spinoza, Baruch de 97
ソシュール Saussure, Ferdinand de 234
ソポクレス Sophokles 16, 19

タ 行

タウラー Tauler, Johannes 86, 87
チョムスキー Chomsky, Avram Noam 240, 273
ディートリヒ（フライベルクの）Dietrich von Freiberg 58, 87, 88
ディールス Diels, Hermann 14, 25, 42
ディオニュシオス・アレオパギテス Dionysios Areopagites 87
ディルタイ Dilthey, Wilhelm 71, 146, 310
テオプラストス Theophrastos 142
デカルト Descartes, René 59, 72–74, 97, 102, 103, 105, 109, 114, 131, 137, 138, 191
デモクリトス Demokritos 109
デリダ Derrida, Jacques 140
ドゥルーズ Deleuze, Gilles 50, 314, 335
ドゥンス・スコトゥス Duns Scotus, Johannes 57, 59, 60, 68
ドッズ Dodds, Eric Robertson 19
トマージウス Thomasius, Christian 137
トマス（エルフルトの）Thomas de Erfordia 60, 61
トマス・アクィナス Thomas Aquinas 57–59, 63, 106, 277
トレルチ Troeltsch, Ernst 71
トレンデレンブルク Trendelenburg, Friderich Adolf 58

ナ・ハ 行

ニーチェ Nietzsche, Friedrich 4, 7, 14, 19, 30, 160, 161, 277–83, 285–89, 291–93, 295, 296, 298–307, 309–19, 321–34, 338
ニュートン Newton, Isaac 101
ノヴァーリス Novalis; Friedrich von Hardenberg 267

バーネット Burnet, John 21, 25
ハーマン Hamann, Johann Georg 219, 221, 226–29, 234, 238, 246, 249, 253, 261
ハインテル Heintel, Erich 118, 246
バタイユ Bataille, Georges Albert Maurice Victor 129
ハルナック Harnack, Adolf von 71
パルメニデス Parmenides 14, 22–36, 38, 39, 41, 42, 45, 46, 49, 247, 331, 332
ピウス 10 世 Pius X 57–59
ヒッポリュトス Hippolytos 25, 85
フィンケ Finke, Heinrich 58
フーコー Foucault, Michel 318
ブッデ Budde, Johann Franz 137
ブライク Braig, Carl 58, 59
フラキウス Flacius Illyricus, Matthias 85
プラトナー Platner, Ernst 132
プラトン Platon 4, 5, 7, 16, 23, 32, 33, 41, 73, 75, 122, 138, 294, 327, 329
プルースト Proust, Valentin Louis Georges Eugène Marcel 4
ブルーメンバッハ Blumenbach, Johann Friedrich 144
ブルーメンベルク Blumenberg, Hans 94, 160, 309
ブルトマン Bultmann, Rudolf Karl 70, 91
ブレヒト Brecht, Bertolt 19
ブロッホ Bloch, Ernst 4
フンボルト（弟）Humboldt, Alexander von 243
フンボルト（兄）Humboldt, Wilhelm von 142–45, 223, 226, 230–47, 249, 250, 252–54, 259–67, 309
ヘーゲル Hegel, Georg Wilhelm Friedrich 14, 15, 37, 41, 42, 58, 130, 140–45, 155, 163–68, 170, 175, 178, 184–89, 191–94, 196–206, 209–12, 220, 222, 247, 262

ヘラクレイトス Herakleitos 14, 23, 32, 40–42, 44–46, 49, 50, 331, 332
ヘルダー Herder, Johann Gottfried von 221, 226, 229–31, 237, 245, 246, 259, 261, 262, 267
ヘルダーリン Hölderlin, Johann Christian Friedrich 17, 23, 156, 215, 331
ベルナルドゥス（クレルヴォーの） Bernardus Claraevallensis 86
ヘルバルト Herbart, Johann Friedrich 59
ベンヤミン Benjamin, Walter Bendix Schönflies 23, 331
ボードレール Baudelaire, Charles-Pierre 51
ポープ Pope, Alexander 131, 132
ボップ Bopp, Franz 243
ホッブズ Hobbes, Thomas 230
ボナヴェントゥラ Bonaventura 57, 86
ボリングブルック 1st Viscount Bolingbroke, Henry St John, 136

マ～ラ 行

マルティヌス（ダキアの）Martinus de Dacia 60
マン Mann, Thomas 4
ムージヒ Musig, Martin 137
ムージル Musil, Robert 129
モーザー Moser-Filseck, Friedrich Karl von 219
モスカティ Moscati, Pietro 132

ユンガー Jünger, Ernst 211

ライプニッツ Leibniz, Gottfried Wilhelm 59, 97–100, 102–07, 110–13, 117–19, 144, 147, 185, 188, 230, 244, 262, 277, 281, 289, 305
ラインハルト Reinhardt, Karl 21, 32
ラスク Lask, Emil 59, 60, 101, 102
ラスク Rask, Rasmus Kristian 243
ラファター Lavater, Johann Kaspar 143
ラ・ブリュイエール La Bruyère, Jean de 142
リープマン Liebmann, Otto 59
リクール Ricœur, Paul 313
リッケルト Rickert, Heinrich 59, 60, 102
リューディガー Rüdiger, Andreas 137
リンネ Linné, Carl von 131
ルソー Rousseau, Jean-Jacques 230
ルター Luther, Martin 70, 85, 86, 91
レオ 13 世 Leo XIII 57
ローゼ Rose, Valentin 4, 311
ローゼンツヴァイク Rosenzweig, Franz 4
ロートレアモン Le Comte de Lautréamont; Isidore Lucien Ducasse 19
ロッツェ Lotze, Rudolf Hermann 59

事項索引

ア　行

カ　行

サ　行

タ　行

ナ 行

ハ 行

マ～ラ　行

（索引作成協力：梅田孝太）